HTML5로 터치 인터페이스 만들기

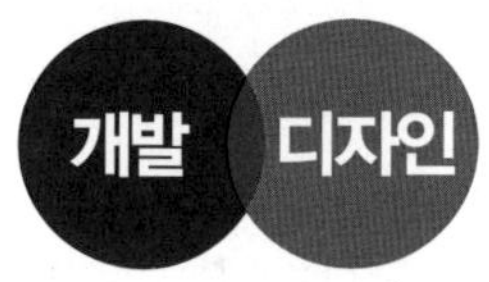

스티븐 우즈(Stephen Woods) 지음

이호웅 · 하정대 옮김

정보문화사
Information Publishing Group

HTML5로 터치 인터페이스 만들기

초판 1쇄 인쇄 | 2015년 1월 5일
초판 1쇄 발행 | 2015년 1월 12일

지 은 이 | 스티븐 우즈
옮 긴 이 | 이호웅, 하정대
발 행 인 | 이상만
발 행 처 | 정보문화사
진　　행 | 오렌지페이퍼
디 자 인 | 디자인허브
주　　소 | 서울시 종로구 동숭동 1-81
전　　화 | 02-3673-0039(편집부), 3673-0114(대)
팩　　스 | 02-3673-0260
등　　록 | 제1-1013호
I S B N | 978-89-5674-623-4

도서 문의 및 A/S 지원
정보문화사 홈페이지 | www.infopub.co.kr
역자 이메일 | always14@gmail.com(이호웅)/julianus78@gmail.com(하정대)

저자 소개

스티븐 우즈(Stephen Woods)는 Flickr의 수석 엔지니어로 1990년대 말부터 지금까지 웹 사용자 인터페이스를 개발하고 있으며, 2006년부터 야후에서 근무하고 있다. Flickr에서 일하기 전에는 야후 홈페이지를 지원하는 자바스크립트 플랫폼을 개발했고, 야후의 Personals UI 팀에서 근무했다. 그는 모든 웹 영역에 대해 전문가이지만, 가장 관심 있는 분야는 웹 기술들에 기반한 반응형 사용자 인터페이스를 만드는 것이다. 터치 인터페이스에 대한 주제로 SXSW와 HTML4DevConf에서 발표했으며 .net 매거진에도 게재했다.

* Flickr는 야후에서 운영하는 사진 공유 웹사이트(www.flickr.com)이다.

차례

차례

들어가기

웹 방문자의 11.42%가 모바일 디바이스를 통해 접속한다고 한다(출처 : Stat-Counter.com). 불과 1년 전만 해도 7% 정도였고, 3년 전에는 1.77%였다고 한다. 한동안 데스크톱이 웹 환경을 지배했다면, 미래는 모바일 디바이스의 세상이 될 것이다.

웹 개발자의 관점에서 모바일 디바이스를 지원하는 것이 2000년대 초반 웹 표준 혁신 이래 최대의 도전일 것이다. 모바일 디바이스는 제한된 메모리와 느린 CPU를 가지고 있기 때문에 네트워크 속도 또한 느리다. 하지만 가장 중요한 것은 모든 모바일 디바이스가 터치 인터페이스를 가지고 있다는 점이다.

모바일 환경에 맞게 개발한다는 것은 터치 인터페이스를 개발하는 것이라고 할 수 있다. 데스크톱 환경에서 사용되었던 기술들이 모바일 웹에서도 대부분 사용되지만 일부는 완전히 새로운 부분이다. 그리고 그런 부분들에 대한 올바른 정보를 얻기가 쉽지 않다. 저자는 이 책에서 이런 새로운 부분들에 대해 올바른 정보를 얻을 수 있도록 도움을 주고자 한다.

누구에게 이 책이 필요한가?

이 책은 다음 2가지 형태의 업무에 종사하는 분들을 위해 쓰여졌다.

- 모바일이나 터치 인터페이스 개발 경험이 전혀 없는데 이런 것들을 배우고 싶은 웹 개발자
- 모바일 환경에서 작업하고 있으나 더 좋은 모바일 웹사이트를 만들기 위해 고민하는 개발자

이 책은 조보자용이 아니다. 이 책을 읽기 위해서는 HTML, CSS, 자바스크립트 등 웹 관련 지식이 필요하다. HTML5와 CSS의 특징들과 새로운 API에 대한 지식도 이 책을 읽는 데 도움이 될 것이다.

이것은 그런 대로 쓸 만한 모바일 사이트로 만족하지 않는 개발자들을 위한 책이다. 여러분이 좀 더 빠르고 유연한 사이트를 개발하고 싶다면 이 책이 도움이 될 것이다.

이 책에서 무엇을 배우는가?

이 책은 사용자가 빠르다고 인식할 수 있는 터치 인터페이스를 만드는 데 초점을 두고 있다. 웹사이트의 최적화 접근법에 방향을 두고 구성되어 있다. 전반부는 모바일 사이트를 기준으로 웹사이트의 속도를 더욱 높이는 데 필요한 기본적인 내용을 중심으로 설명한다. 2장과 3장은 간단한 사이트를 만들어 이 사이트의 로드 속도를 높이려면 어떻게 해야 하는지 설명한다. 4장은 캐싱을 이용해 두 번째 방문 시에 더 빨리 로딩되는 법을 설명한다. 5장은 모든 페이지가 함께 로드될 때의 문제를 해결할 수 있는 모든 방법과 실제 성능과 사용자가 인지하는 성능을 최대한으로 올릴 수 있는 애플리케이션 구조에 대해 설명한다.

책 후반부는 터치 인터페이스를 다루며, 사용자가 최대한 빠르고 유연하게 느낄 수 있도록 개발하는 데 중점을 두고 설명하는데, 뒤로 갈수록 내용이 점점 복잡해질 것이다. 내용이 너무 복잡해서 이해의 한계를 넘어선다고 느껴질 경우에는, 지금까지 배운 것들을 실제 업무에 적용해보는 것이 좋다. 그리고 저자가 마지막까지 설명할 방법들을 되짚어보기 바란다. 웹사이트는 훌륭한 줌(Zoom)을 지원하는 핀치(Pinch)를 필요로 하지는 않는다.

이 책을 공부하기 위해서는 무엇이 필요한가?

이 책을 최대한 활용하려면 최소한 터치 기능을 가진 디바이스와 컴퓨터가 필요하다. 하나만 구입하고 싶다면 iOS6 또는 안드로이드4 디바이스를 추천한다. 여유가 된다면 2개 다 구비하는 것이 좋다.

모바일 웹을 개발할 때는 가능한 많은 디바이스를 가지고 테스트하는 것이 좋다. iOS와 안드로이드 시뮬레이터는 실제 디바이스를 완전히 대체하지는 못한다. 이 책을 집필할 때 저자는 안드로이드 4.0.4가 탑재된 삼성 갤럭시 S3(일명 아이스크림 샌드위치)와 아이폰4, 아이폰5, 아이패드1, 그리고 윈도우8이 탑재된 HTC 8X를 사용하면서 시뮬레이터는 보조적으로

사용했다.

Flickr도 위와 같은 디바이스들을 가지고 테스트하고 있지만, 추가로 여러 가지 안드로이드 태블릿과 킨들파이어를 가지고 있다.

프레임워크

이 책에서는 jQuery나 자바스크립트 프레임워크를 전혀 사용하지 않는다. 여러분은 여러 개의 특성화된 라이브러리를 배우게 될 것이고, 가능한 네이티브 DOM API에 초점을 두고 설명할 것이다. 그렇다고 프레임워크를 사용하지 말라는 뜻은 아니다. 오히려 그 반대다. 저자는 실질적으로 어떻게 동작하는지를 확실히 이해하는 것을 추구하는 편이다. 그래야 jQuery 모바일, Backbone.js, Zepto.js 또는 다른 프레임워크들을 이용해 사이트를 개발할 때, 무엇이 어떻게 돌아가는지 더 쉽게 이해할 수 있기 때문이다.

네이티브 DOM APT를 이해함으로써 얻을 수 있는 또 하나의 큰 장점은 라이브러리에서 버그나 문제점을 발견했을 때 여러분 스스로 해결할 수 있고, 수정한 내용으로 pull 요청을 만들 수 있다. 결국 전체 커뮤니티에도 이롭다. '부록 A'에서는 디버깅 도구들을 설명한 것이다.

'부록 B'에서는 모바일에 초점을 맞춘 일반적인 프레임워크 몇 가지를 설명한다. 새로운 사이트를 개발할 때 거기에 필요한 것들을 자세히 평가해 보기를 권한다. 가능하면 라이브러리 코드와 여러분이 필요로 하는 것들 하나하나를 평가해 보면서 사용하는 것을 추천한다.

웹사이트(지침서 사이트)

이 책의 모든 소스 코드 샘플과 새로 변경된 내용들은 touch-interfaces.com에서 확인할 수 있다. 또한 코드 샘플들은 GitHub에 반영되어 있으며, 샘플 코드의 문제를 제기하거나 pull 요청을 http://github.com/saw/touch-interfaces에 올릴 수 있다.

모바일 웹 세계로의 입문

웹사이트들은 HTML, CSS, 그리고 자바스크립트로 만들어졌다. 모바일 웹사이트들도 다르지 않다. 웹브라우저와 테스트 편집기만 있으면 개발하는 데 문제가 없다. 그러나 정말 생산적인 사이트를 개발하려면 몇 가지 도구들이 더 필요하다.

도구 모음

가장 쉬운 순서는 텍스트 편집기와 데스크톱 브라우저로 개발한 다음 터치 디바이스에서 테스트하는 것이다.

텍스트 편집기와 웹킷 브라우저

저자는 MacOS X에서 TextMate2(github.com/textmate/textmate)를 사용한다. 그러나 어떤 편집기를 사용해도 무방하다.

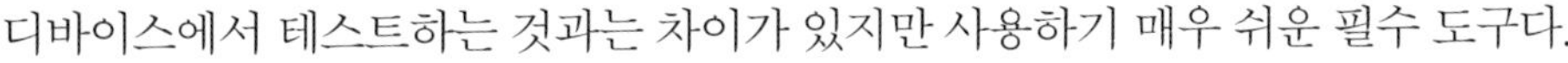

모바일 디바이스는 대부분 웹킷 브라우저를 실행하기 때문에, 개발하다 보면 크롬이나 사파리가 생산적인 도구라는 것을 알게 될 것이다. 실제 디바이스에서 테스트하는 것과는 차이가 있지만 사용하기 매우 쉬운 필수 도구다.

웹 서버

실제 디바이스에서 테스트하기 위해서는 내부 무선 네트워크에 있는 서버 페이지들이 필요하다. 맥의 경우 매우 편리한 도구인  MAMP(www.mamp.info)가 있지만, 맥에 내장된 아파치 웹 서버를 사용하는 것이 디 좋다.

터치 디바이스

실제 디바이스를 대체할 수 있는 것은 없다. 금전적으로 여유가 된다면 최신 안드로이드와

iOS 디바이스를 가지고 있는 것이 좋다. 하나밖에 살 수 없다면 빌려서라도 다
양한 폰에서 테스트하는 것이 좋다.

디바이스 테스트

모든 웹킷 브라우저들이 똑같이 만들어졌다고 가정해서는 안 된다. 여러분이 앱을 개발했다
면, iOS5, iOS6, Android 2.3 Android 4.0, Android 4.1(크롬), IE10.0에서 모두 테스트해야 한
다. 다음은 여러분이 디바이스 자체에 접속하지 않고도, 이런 디바이스에서 테스트하는 방
법에 대한 가이드다.

iOS 사파리

애플은 XCode로 된 매우 유능한 시뮬레이터를 제공하고 있다. 이 시뮬
레이터는 iOS5 또는 iOS6가 탑재된 태블릿이나 폰에서 실행할 수 있다.
사파리를 이용한 리모트 디버깅을 제공한다. 매우 훌륭한 도구이고, 맥
을 보유하고 있다면 여러 도구들 중 가장 핵심적인 도구가 될 것이다.
Xcode는 맥 앱스토어에서 무료로 다운로드할 수 있다.

안드로이드

구글은 모든 안드로이드 버전에 대해 에뮬레이터를 제공하고 있다. 이 에뮬
레이터는 안드로이드 SDK(developer.abdroid.com/sdk)를 이용한다. 안드
로이드 SDK를 가지고 있으면 다양한 안드로이드 버전별 이미지를 각각 다
운로드한다. 이것은 구글의 공식 빌드 버전이라는 점을 기억해야 한다. 왜

냐하면 실제 디바이스에서 안드로이드 버전들은 공식 빌드와 조금씩 차이가 있기 때문이다.

윈도우8

마이크로소프트는 윈도폰 8에서 에뮬레이터를 제공한다. SDK를 이용하며(dev.windowsphone.com/en-us/downliadsdk) 윈도우에서만 실행한다. 데스크톱용 IE10.0과 같은 브라우저이기 때문에 대부분의 디버깅을 에뮬레이터보다 데스크톱 브라우저에서 진행할 수 있다.

디버깅

폰으로 웹사이트를 디버깅하는 것은 따분한 일이다. 그러나 이것을 보다 쉽게 할 수 있는 도구들이 많이 있다. '부록 A'에 이런 도구들을 제공하는 웹사이트 리스트를 실었다.

아이폰이 등장하기 전 모바일 웹사이트는 데스크톱과는 대조되는 단순한 형태를 갖추고 있었다. 일부 모바일 브라우저만 자바스크립트를 지원했고, 대부분 작은 화면에 맞게 페이지를 변형해 보여주는 것들뿐이었다. 아이폰에 내장된 사파리는 자바스크립트와 CSS를 지원하는 진정한 웹브라우저일 뿐 아니라 최첨단 브라우저였다. 아이폰은 HTML5의 초기 기능이 적용된 웹사이트에 접속할 수 있는 장점이 있었다.

오늘날 수백 가지의 모바일 제품들이 쏟아져 나오고 있다. 제품의 종류는 다양하지만 한 가지만큼은 동일하다. 바로 더욱 진화된 웹브라우저와 터치 인터페이스다.

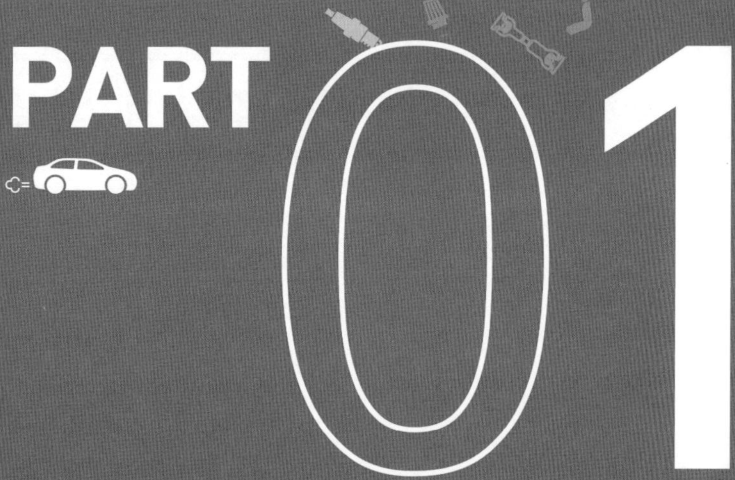

모바일 환경

터치 디바이스와 데스크톱의 차이점

터치 디바이스가 가장 많이 사용되는 것은 모바일 제품들이다. 데스크톱 개발자들은 다양한 브라우저 환경에서 사이트가 잘 작동하도록 개발하는 데 많은 노력을 기울인다. 따라서 여러 브라우저의 차이를 잘 이해하는 것이 웹 개발자들의 주요 업무 중 하나다.

모바일 환경의 이슈는 브라우저가 아니라 디바이스다. 물론 모바일 브라우저에는 몇 가지 종류가 있으며 각 브라우저마다 일부 차이가 있다. 그러나 전반적으로 모바일 브라우저는 데스크톱 브라우저 못지않은 성능을 가지고 있다. 데스크톱과 달리 모바일 디바이스의 4가지 주요 고려 사항은 다음과 같다.

- 기기 형태
- 사용 방법
- 컴퓨팅 파워의 부족
- 터치 인터페이스

기기 형태 

모바일 기기와 데스크톱(또는 노트북)의 눈에 띄는 가장 큰 차이점은 바로 크기다. 모바일 기기는 전체 크기와 더불어 스크린이 작으며, 마우스와 키보드도 따로 없다.

요즘 터치 디바이스는 폰, 작은 태블릿, 큰 태블릿 등 3가지 형태를 취하고 있다.

큰 태블릿에는 아이패드(아이패드 미니는 제외)나, 넥서스10과 같은 다양한 10인치 안드로이드 태블릿이 있으며, 작은 태블릿은 보통 넥서스7, 갤럭시 노트, 아이패드 미니와 같은 7인치 스크린으로 되어 있다.

이들 모든 디바이스들의 브라우저는 항상 풀 스크린(전체 화면)을 지원하며, 사용자들이 브라우저의 크기를 '조절'하는 유일한 방법은 디바이스를 가로, 세로 모드로 회전시키는 것뿐이다.

따라서 모바일에 최적화한다는 것은 웹사이트를 개발할 때 고정된 크기에 맞춰 개발하는 것이 아니라, 웹사이트가 모든 크기의 모바일 디바이스에 들어맞도록 개발한다는 의미다.

파워가 부족한 모바일 디바이스 

이 책을 쓰고 있는 현재 가장 강력한 터치 디바이스는 4세대 아이패드다. 사용자들 대부분의 말에 의하면 아이패드는 믿을 수 없을 만큼 강력하다.

아이패드는 2004년에 출시된 모토로라 맥킨토시의 마지막 세대인 파워맥(Power MAC) G5 수준의 성능을 가지고 있다. 이런 관점에서보면 모바일 디바이스 사용자들은 가장 최신의 가장 빠른 기기를 사용하고 있지 못하다고 해도 무방할 것이다. 아이폰 4나 삼성 갤럭시 이 그질러레이트(Exhilarate)처럼 대부분의 공급자로부터 약정형으로 제공되는 공짜(free with contract) 폰은 더 느린 성능을 가지고 있다. 이러한 공짜 폰 기기들은 CPU 파워 측면에서 보면 세기가 바뀔 즈음의 가장 빠른 데스크톱과 비슷한 성능을 보이고 있다. 아직도 많이 사용되고 있는 애플의 아이폰 3GS는 256MB RAM, 1Core CPU로 구성되어 있으며, 이는 CRT 모니터와 함께 팔렸던 아이맥(iMAC)의 마지막 세대와 비슷한 성능이다. 모바일 기기의 역량은 앞으로도 계속 성장하겠지만 보통의 데스크톱에 비해 여전히 느리다. 다만 이들의 장점은 근래 대부분의 단말기들이 독립적인 GPUs를 가진다는 점이다. 아이폰 4는 강력한 그래픽 카드를 가진 구형 컴퓨터라 할 수 있다.

사람마다 서로 다른 터치 디바이스의 용도 

모바일 기기 사용자와 데스크톱 사용자의 특성은 서로 다르다. 일반적으로 데스크톱 사용자는 구체적인 목적을 가지고 있으며, 컴퓨터를 하면서 다른 일을 동시에 하지 않을 가능성이 높다(보통은 컴퓨터를 하면서 다른 일을 하지는 않는다). 반대로 핸드폰이나 태블릿 PC와 같은 모바일 사용자는 다른 일을 하는 중에도 틈틈이 모바일 기기를 사용한다. 즉, 이들은 버스를 타고 이동하거나, 줄을 서서 기다리거나, 지루한 회의에 참석해서 모바일 기기를 사용할 가능성이 크다.

예를 들어 여러분이 파이낸셜 뉴스 웹 페이지를 만든다고 가정해 보자. 데스크톱 앞에 앉아 있는 사용자는 여러분이 만든 홈페이지를 한동안 클릭하다 기사를 골라 몇 분간 읽어 내려갈 것이다. 반면 모바일 사용자는 한 가지 특정 업무를 몇 초 안에 처리하려 한다.

데스크톱 사이트는 속도가 느려서는 안 되지만, 사용자들은 속도가 좀 느려도 참을 수 있다. 그 이유는 사이트가 열리는 시간이 길어질 경우 사용자들은 탭을 바꿔 다른 화면을 보면서 기다릴 수 있기 때문이다. 그러나 모바일 사용자들에게는 데스크톱 사용자들처럼 다른 화면을 보면서 기다릴 수 있는 환경이 주어지지 않는다.

TIP 모바일 디바이스는 터치 디바이스다.

시장에 출시된 모든 스마트폰과 태블릿은 한 가지 매우 중요한 특성을 가지고 있다. 이들 모두 터치 인터페이스이며 대부분 멀티터치 인터페이스를 제공하고 있다. 스마트폰이나 태블릿들이 편리한 기기 형태, 아름다운 화면, 고급 기능들을 제공하지만, 터치스크린이라는 혁신적인 기능이야말로 모바일 디바이스가 가지는 최대 장점이라고 할 수 있다.

02 SECTION 널리 사용되는 디바이스

2007년 아이폰이 출시되었을 때까지만 해도 '제대로 된(real)' 터치 인식 웹브라우저를 가진 스마트폰은 없었을뿐더러, 멀티 터치 인터페이스가 가능한 기기 또한 없었다. 그 당시 출시되었던 일부 태블릿처럼 대부분의 스마트폰은 스타일러스만을 지원했다. 지금은 수백 개의 터치 디바이스들이 유통되고 있으며, 이제 운영체제, 기기 형태, 사용 가능한 웹브라우저에 따라 각 기기들을 카테고리로 나눌 수는 있지만 기기 하나하나를 모두 파악하기는 불가능하다.

현재 유통되는 터치 디바이스에 적용되는 4가지 주요 운영체제는 다음과 같다.

- iOS
- Android
- Blackberry OS
- Windows 8

안드로이드는 단연코 가장 대중적인 운영체제다. IDC에 따르면 2012년 3분기에 출시된 스마트폰의 75%가 안드로이드를 탑재했으며, 14.9%가 iOS였다. 다른 운영체제들은 겨우 한 자릿수 점유율을 보였다(2012년 10월까지 출시되지 않았던 Win8 폰은 포함되지 않았다).

iOS

iOS는 애플의 모든 폰과 태블릿에 적용된 운영체제다. 애플은 하드웨어도 생산하기 때문에 크기와 전력의 차이만 있을 뿐 모든 아이패드와 아이폰은 동일한 방식으로 작동한다. 또한 애플은 통신사를 거치지 않고 소프트웨어 업데이트를 적용하는데 이는 애플 디바이스들에 가장 최신 버전의 OS가 적용되어 있을 가능성이 높다는 걸 의미한다.

iOS 개발자 데이빗 스미스(David Smith)에 따르면 자신의 앱 사용자들 중 79.2%가 iOS6 이상의 버전을 사용하고 있었으며, 5.1 이상의 버전을 사용하는 비율은 무려 94%에 달했다고 한다.

NOTE ▾

데이빗 스미스(David Smith)의 웹사이트(david-smith.org/iosversionstats/)에서 최신 통계를 제공하고 있다.

애플은 OS와 함께 브라우저를 업그레이드하면서 다른 브라우저 엔진의 설치는 허용하지 않는다. 적어도 현재는 iOS와 사파리의 메이저 버전 이전의 구 버전을 사용하는 경우는 없다고 볼 수 있다.

안드로이드

안드로이드는 상황이 전혀 다르다. 안드로이드는 단말기 제조사들의 기기에 적합하게 맞춰 개발할 수 있도록 무료로 제공되는 오픈 소스일 뿐이다. 따라서 실제 사용자 인터페이스가 제각각이다. 안드로이드는 2, 3, 4 등 3가지 주요 버전이 있으며, 안드로이드 3(허니콤)은 태블릿 전용 OS다. 안드로이드 단말기의 약 50%는 2.3.X(진저브레드)를 사용하고 있다.

가장 최신 버전인 안드로이드 4.1('젤리 빈')은 2013년 1월 기준으로 단말기 설치 비율이 10%가 되지 않지만 근래 급격한 증가세를 보이고 있다. 삼성 갤럭시 S2는 안드로이드 4.0.X(아이스크림 샌드위치)가 적용되었으나, 안드로이드 4.1은 태블릿과 폰 둘 다 지원한다.

NOTE ▾

구글 통계 정보는 다음 개발자 사이트에서 확인할 수 있다.
http://developer.android.com/about/dashboards/index.html/

킨들파이어

아마존의 킨들파이어(Kindle Fire)는 네이티브 안드로이드 앱이 포함되어 있지 않고, 실크라고 부르는 자신들의 브라우저가 탑재된 아마존에 커스터마이징된 안드로이드 버전을 사용한다. 실크 브라우저는 브라우저와 아마존의 클라우드서버가 일을 나누어 하는 것으로 유명하다. 이 때문에 이 브라우저는 성능 면에서 놀라운 향상을 가져올 수 있는데, 특히 네트워크 상황이 좋지 않은 환경에서는 매우 드라마틱한 성능을 보일 수 있다.

'Part 04 두 번째 방문 시 속도 향상'에서 설명하겠지만 킨들파이어는 개발자들에게 몇 가지 의미 있는 내용을 가지고 있다.

블랙베리 OS

블랙베리(Blackberry)는 최초로 큰 성공을 거둔 스마트폰이다. 그러나 2012년 12월 기준 시장점유율이 급속도로 줄어들고 있다(약 4.3%의 단말기만이 블랙베리 OS를 사용하고 있다). 블랙베리는 플레이북이라는 태블릿도 판매하고 있는데 폰과 태블릿 모두 웹킷 기반의 웹브라우저를 사용하고 있다. 구형 넌터치(non-touch)블랙베리 디바이스도 여전히 많이 이용되고 있다.

윈도우

윈도폰 8은 마이크로소프트의 첫 번째 완전한 터치 지원 브라우저를 포함하고 있다. 폰은 IE10.0이 내장되어 있을 뿐 아니라 HTML5 런타임을 가지고 윈도우 첫 화면을 구성하는 '타일(tile)'에서 실행하는 맞춤형 앱을 만들 수도 있다.

디바이스와 기기 형태

데스크톱과 모바일 디바이스의 가장 두드러진 차이점은 기기 형태의 차이라고 할 수 있다. 모바일 디바이스는 대표적으로 폰과 태블릿 2개의 형태로 구분된다.

폰

가장 일반적인 터치 디바이스는 스마트폰이다. 약간 예외가 있긴 하지만 그들은 세로형 터치스크린을 가지고 있는 직사각형 모양의 동일한 기기 형태를 가지고 있다. 폰에 맞게 개발하기 위해 가장 중요하게 고려해야 할 사항은 화면 크기가 작다는 점이다. 이 작은 화면에 콘텐츠가 적당한 크기로 보여져야 하고, 사용자와 기기 간의 상호작용 요소들이 손가락으로 조정할 수 있을 정도의 크기를 가져야 한다.

태블릿

태블릿은 작은 갤럭시 노트(5.3인치 화면)에서부터 13인치의 윈도우 컨버터블 태블릿까지 다양한 종류가 있다. 아이패드와 같은 일부 태블릿들은 세로 모드를 주로 사용한다. 나른 태블릿들은 가로 모드를 주로 사용하는 경향이 있다. 폰과 마찬가지로 모든 태블릿들은 화면을 딱 맞게 채우는 브라우저를 가지고 있다.

다양한 종류의 태블릿들이 있지만, 실제 용도에 있어서는 유사점을 많이 가지고 있다. 아이패드는 가장 많은 판매량을 보이고 있고, 다른 제조사들 중에는 삼성만이 두 자릿수 점유율을 보이고 있다. 가장 인기 있는 것은 10인치(아이패드 등)와 7인치(아이패드 미니와 킨들 파이어 등) 기기다.

하드웨어 그래픽 가속

아이폰은 괜찮은 비디오 카드를 장착한 그저 그런 컴퓨터로 생각할 수 있다. CPU와 메모리 가용성이 있는 다양한 장치들이 생기면서 그래픽 하드웨어가 생겨났다. 안드로이드 3 이전의 브라우저는 가속 기능을 가지고 있지 않았다. 이것은 아이폰 5에서 애니메이션이 아무리 부드럽게 작동할지라도 안드로이드 2.3.3이 탑재된 오래된 폰에서는 절대 부드럽게 동작하지 않는다는 것을 말한다.

현재 모바일 디바이스는 그래픽을 위해서 '공유 메모리'를 사용하고 있다. 데스크톱의 그래픽 카드와는 차이가 있다. 모바일 디바이스의 그래픽들은 전용 메모리를 사용하지 않는다. 그들은 시스템 메모리를 서로 공유해야만 한다. 그래서 그래픽 메모리에 많은 것들이 추가될수록 시스템이 이용 가능한 메모리는 상대적으로 줄어들게 된다. 이것은 뒤에서 그래픽 가속을 얘기할 때 잊지 말아야 할 가장 중요한 부분이다.

브라우저 

다행히 브라우저 형태는 디바이스 형태보다 덜 복잡하다. 웹킷(WebKit)은 가장 인기 있는 모바일 브라우저로 모든 애플, 안드로이드, 블랙베리에서 기본 브라우저로 쓰인다. 윈도폰은 IE10.0을 사용하고 있다. 이외에 많이 알려진 모바일 브라우저는 오페라 모바일이지만 점유율은 1%가 되지 않는다.

웹킷

웹킷(WebKit)은 퀸커러(Konqueror)라는 오픈소스 브라우저용 엔진으로 시작됐다. 애플은 이 엔진을 사파리에 숨겨진 브라우저 엔진인 웹킷으로 발전시켰다. 웹킷은 항상 뛰어난 성능을 보였던 브라우저이며 아이폰이라는 거물을 만드는 데 일조했다.

안드로이드 4.1이 나오기 전까지 '안드로이드 브라우저'로 불리는 웹킷 기반의 브라우저가 안드로이드 디바이스에 설치되었다. 4.1부터 '안드로이드 브라우저'는 또 다른 웹킷 브라우저인 크롬으로 대체되었다. 웹킷 브라우저들은 서로 비슷하나 모두 동일하지는 않다. 그들의 렌더링 동작은 아주 소소한 차이점 말고는 거의 동일하지만 지원 기능은 상당히 다르다. 이에 대해서는 차이점이 나타날 때마다 언급하도록 하겠다.

iOS 사파리

웹킷의 iOS 버전은 iOS에서 허용하는 유일한 브라우저 엔진이다. 보통은 사파리 브라우저로 액세스되지만 Cocoa UIWEBView class가 있는 네이티브 애플리케이션에서도 액세스할 수 있다.

안드로이드 브라우저

안드로이드 내에서 '브라우저 또는 인터넷'이라 불리는 안드로이드 브라우저는 안드로이드 를 위해 내장된 브라우저다. 이것 또한 웹킷 기반인데 크롬은 아니다. 안드로이드 브라우저 의 성능은 버전에 따라 다르다. 그러나 놀랍게도 이 브라우저는 신규 버전이라 해서 꼭 더 많은 기능을 가지고 있지는 않다. 안드로이드 2.3.3 브라우저는 4.0.1 버전보다 어떤 점에서 는 더 많은 기능을 가지고 있다. 그 차이점은 뒤에서 설명하도록 하겠다.

안드로이드용 크롬

안드로이드의 크롬은 일반적으로 크롬의 안정적인 버전보다 버전 하나가 낮다. 안드로이드 4.1부터 네이티브 안드로이드 브라우저는 크롬으로 대체되었다.

윈도우용 IE10.0

IE10.0은 인터넷 익스플로러의 이전 버전과 달리 웹킷과 동일하거나 혹은 기의 동일한 기능 을 가지고 있다. 전혀 다른 터치 이벤트 API를 가지고 있지만 그 기능은 동일하다.

기타 브라우저들

이외에도 많은 브라우저들이 있다. 가장 대중적인 것이 안드로이드에서 쓰이는 오페라와 파 이어폭스다. 두 브라우저 모두 성능이 매우 뛰어나며, 웹킷과 거의 같은 기능을 구현한다. 앞 으로 설명하면서 브라우저에 따라 구문이 다른 부분이 나오면 언급하겠다.

HTML5

모든 모바일 브라우저들이 가지고 있는 한 가지 공통점은 고급 브라우저 기능인 소위 HTML5라 불리는 것을 지원한다는 점이다. 그렇다면 HTML5는 정확히 무엇을 의미하는가? 기술적인 측면에서 보면 HTML5는 WHATWG(웹 하이퍼텍스트 응용기술 워킹그룹, Web Hypertext Application Technology Working Group)에 의해 지정된 API와 마크업 언어를 뜻한다.

HTML이 기존의 문서 위주의 모델로는 웹 애플리케이션의 요구를 더 이상 충족할 수 없자, 이러한 새로운 요구를 충족할 수 있는 특성을 찾아내 HTML5가 HTML4를 대체할 수 있도록 고안되었다(문서 중심의 HTML로는 더 이상 대응할 수 없어 새로운 요구에 맞게 HTML5를 개발했다).

실제로 HTML5는 전통적인 '웹 스택(web stack)'을 크게 확장한 표준화된 최신 기술의 대명사가 되었다.

사양(SPEC)

아쉽게도 HTML 이전 사양들과는 달리 WHATWG는 HTML5를 공식 버전으로 정의하지 않기로 했다. 대신 HTML5(현재 공식적으로 'HTML'이라 부른다)은 ad-hoc 기반에 새로운 API나 기능을 추가하는 것을 허용하는 리빙 스탠다드(Living Standard)라고 할 수 있다. 월드 와이드 웹 컨소시엄(W3C)은 공식적인 버전별 사양을 정의하려고 노력 중이다.

HTML은 리빙 스탠다드이기 때문에 브라우저 제작사들은 표준화 이전에 새로운 기능들을 추가하고 있다. 다시 말하면 브라우저마다 제공하는 기능들은 비슷하지만 구체적인 기능을 구현하고 적용하는 방법은 각기 다르다.

각 사양이 어떻게 되어 있는지를 이해하는 것이 도움이 될 수는 있지만, 지금 개발자들이 알아야 할 것은 어떤 브라우저가 어떤 기능을 가지는지, 또 그것들을 어떻게 다루어야 하느냐에 관한 것이다. 이 책에서 일부 표준화된 기능들은 어떤 것이 있으며, 또 새로운 기능에는 어떤 것이 있는지에 대해 다룰 것이다.

NoTE ▾

'리빙 스탠다드(living standard)' HTML5는 https://whatwg.org/에서 확인할 수 있다. 공식 W3C spec은 http://www.w3.org/에서 확인할 수 있다.

집합체(SUITE)

HTML5의 진정한 힘은 광범위한 기술들의 집합체(Suite)라는 것이다. CSS3(그리고 브라우저 제작사의 구체화되지 않은 CSS 기능들)는 성능에 영향을 주지 않고서도 다이내믹하고 아름다운 인터페이스를 만들 수 있게 해준다.

이 책에서는 HTML5를 좀더 폭넓은 기술들의 집합체로 간주하고 있다. 안타깝게도 오늘날에는 '스펙에 치중한다'고 해서 훌륭한 터치 인터페이스를 만드는 데 필요한 툴을 얻을 수 없다. 앞으로는 기능이 더 표준화되고 더 새로운 API들이 생겨날 것이다. 모바일 웹 등을 포함해서 웹에 대한 흥미로운 사실은 항상 변화한다는 점이다. 그리고 이 변화에 따라 개발자 역시 변화해 나가야 한다.

언캐니 밸리(Uncanny Valley) : 무엇이 터치 인터페이스의 반응성을 증가시키는가?

필자에게는 세 살짜리 아들이 있는데, 한 살 때부터 아이패드 잠금을 해제하고 앱을 찾을 줄 알았다. 즉, 그 아이는 말도 하기 전에 아이패드 잠금을 해제한 것이다. 다른 부모들의 기록들과 비교해 보았을 때 필자의 아들이 딱히 발달이 뛰어난 것이 아니다.

터치 인터페이스는 이렇게 아이들에게도 직관적 감각을 이끌어낸다. 터치하고 움직이는 것은 인간이 할 수 있는 가장 기본적인 반응 중 하나다. 터치 인터페이스는 매우 직관적이고 강력하지만, 그 아성이 쉽게 무너질 수도 있을 것 같다.

'언캐니 밸리(Uncanny Valley)'라는 흥미로운 로봇공학 이론이 있다. 로봇이 사람에게 더욱 매력적일수록, 그러나 로봇이 사람과 완전히 똑같지는 않지만 점점 더 비슷해질 때, 우리는 로봇에 대해 혐오감을 느끼게 된다는 것이다. 여기서 'Valley'란 로봇이 인간과 점점 더 비슷해질수록 우리의 호감도가 떨어진다는 것을 의미한다.

터치 인터페이스는 매우 자연스럽게 느껴지며 꼭 실제로 물체를 움직이는 것 같은 느낌이 든다. 무언가 제대로 되고 있지 않을 때는 속도가 느리지 않다 해도 마치 망가진 것처럼 느껴진다.

직접 조작의 환상이 깨지면 인터페이스의 자연스러움은 멈춘다. 깨진 것 같은 느낌은 '언캐니 밸리'에 빠진 것 같은 느낌으로부터 온다. 즉, 자연스러운 느낌 대신 이상한 느낌을 갖게 되는 것이다.

오브라이언 함장과 직접 조작

우리 세대의 많은 이들처럼 필자와 터치 인터페이스의 첫 만남은 〈스타트렉 : 다음 세대 (Star Trek : The NEXT Generation)〉를 통해서였다. 이 영화를 보지 못한 사람을 위해 설명

하자면, 함선 안의 모든 컨트롤 패널이 터치스크린, 정확히 말해 멀티터치 인터페이스였다. 한 가지 분명한 점은 그 이유가 예산상의 문제라는 것이다. 제작자는 모든 컨트롤 패널에서 많은 복잡성을 보여주는 세트를 원했지만, 그들의 제작 예산으로는 구축할 수 없었다. 그래서 그들이 찾아낸 방안이 인터페이스를 투명한 곳에 출력하고, 뒤에 빛을 두어 터치스크린의 모습을 나타낼 수 있게 한 것이었다.

트랜스포터를 운영하는 오브라이언 함장은 세 손가락 스와이프 제스처를 사용하여 트랜스포터에 전원을 공급한다. 필자는 이 제스처가 매우 흥미로웠다. 인터페이스에는 3개의 슬라이드가 있었는데 이 배우는 마치 실제 물건인 것처럼 슬라이드를 자연스럽게 터치하고 드래그하는 것으로 생각했다. 이는 사람들이 보통 터치 인터페이스를 사용할 때 생각하는 방식이다. 즉, 사람들이 스크린을 터치하고 있기 때문에 이들은 직관적으로 스크린이 실제 물건처럼 움직여야 한다고 생각하게 된다.

애플의 터치 인터페이스 가이드라인에서는 이러한 관념을 '직접 조작(direct manipulation)'이라 부른다. 무언가를 동작하기 위해 터치 인터페이스를 통해 사용자가 자신이 그 동작을 직접 조작하고 있다는 느낌을 주어야 한다.

오브라이언 함장이 손가락을 움직일 때 작은 표시들이 같이 움직이는데, 이것은 직접 조작의 환상을 유지하기 위한 일부이다. 그러나 이것은 또한 컴퓨터가 그의 동작을 받아들이고 있다는 피드백을 제공하는 것이기도 하다.

사용자 피드백 

필자는 이미 빠른 느낌을 주는 인터페이스를 굳이 더 빠르게 해야 할 필요는 없다고 생각한다. 무언가 일어나고 있음을 사용자에게 즉각적으로 주는 반응만 있으면 된다. 좋은 예로 TiVO를 늘 수 있는데, 이것은 필자가 TV 밑에 두고 있는 HD 버전이 아니라 1999년에 만들어진 오리지널 TiVo 박스다. 이 박스는 54MHz CPU와 16MB의 메모리를 갖고 있었다. 비록 TiVo는 비디오 인코딩과 디코딩을 위한 특별한 하드웨어를 가지고 있었지만, 사용자가 클릭하여 그 박스가 실제로 구동(플레이)될 때까지 시간이 꽤 오래 걸렸다. 이 TiVo에 대한 불만은 많았지만, 아무도 속도가 느린 것에 대해 불평하지 않았다. 이는 TiVo에서 나는 삐뽀 소리 때문이다.

사용자가 보기를 클릭하는 즉시 이 소리가 났다. 그 소리가 즉각적으로 나도록 하기 위해 얼마나 많은 엔지니어링 시간이 소요되었는지는 모르겠으나 결국 그것이 모든 차이를 만들었다. 이 소리는 사용자가 그의 요청이 접수되었다는 것을 즉각적으로 알 수 있게 해줬다.

웹 인터페이스에서 이러한 종류의 즉각적인 피드백은 매우 중요하다. 데스크톱 웹사이트의 경우 대부분의 상호작용은 별개로 분리된다. 한 번의 클릭으로 무언가 기능이 동작한다. 터치 인터페이스에서는 많은 상호작용들이 분리되지 않는다. 터치 인터페이스는 제스처이기 때문에 연속성을 가진다. 사용자들은 스크린에서 제스처를 하고 난 뒤 피드백이 올 때까지 기다리지 못한다. 아직까지 제스처가 작동하지 않는다는 것으로 알고 있기 때문이다.

이제 스와이핑에 대해 생각해 보자. 스와이핑이란 어떤 행동을 하기 위해 손가락을 화면 위에서 움직이는 것을 뜻한다. 그리고 사용자가 스와이핑을 하면 인터페이스 요소(interface element)가 스와이핑과 함께 움직여야 한다. 예를 들어 스와이핑을 통해 페이지를 넘기고자 하면 전체 페이지가 손가락과 함께 움직여야 한다. 만약 전체 페이지가 움직이지 않으면 지금 무슨 일이 일어나고 있는지 알 수가 없다. 스와이핑 제스처를 했는데 이렇게 피드백이 없는 것은 마치 키보드로 타이핑을 하고 있으나 타이핑이 다 끝나기 전까지 아무것도 화면에 뜨지 않는 것과 같다. 제스처에 대한 피드백은 끝까지 기다릴 수 없다. 인터페이스가 반응하고 있다고 느끼게 하려면 이러한 피드백 역시 지속적으로 이루어져야 한다. 즉, 사용자의 손가락이 움직이고 있다면 인터페이스도 같이 움직여야 한다는 것이다.

이 점에 비춰보면 인터페이스는 사실상 사용자가 제스처를 취하고 있는 동안, 그리고 사용자의 제스처가 다 끝나가더라도 계속 움직여야 한다. 사용자가 제스처를 취하는 동안 인터페이스가 움직이다 멈추면 인터페이스가 죽은 것처럼 느껴진다.

예를 들어 사용자가 슬라이드 페이지를 스와이핑할 수 있는 슬라이스 쇼를 만든다고 가정해 보자. 사용자가 슬라이드의 맨 끝 장에 다다랐을 때 이 제스처가 멈춰서는 안 된다. 사용자에게 인터페이스가 죽었다고 느끼게 해서는 안 된다. 이때 사용자가 계속 스와이핑을 하게 내버려두지 말고, 사용자가 마지막 페이지를 넘겼을 때, 이전 슬라이드를 그 자리로 끌어다 놓는다면 사용자는 자신의 제스처가 작동했다는 느낌을 가지게 되며 이제 더 이상 슬라이드가 없다는 것을 알게 된다. 이런 이유 때문에 애플은 제스처의 마지막에 'snapping back'이라는 요소를 집어넣는 것에 굉장히 의존하고 있다. 이 방법은 사용자가 메타포를 깨지 않고서도 어떤 것의 끝에 도달했다는 것을 보여주는 유일한 방법이다.

규약 

모든 사용자 인터페이스에는 규약이 있다. 데스크톱에서는 창, 버튼, 스크롤 박스, 클로즈 박스(화면 닫기)가 있다. 모바일에서는 새로운 규약이 있다. 모바일의 선구자로 불리는 애플은 이 2가지 UI 규약을 모두 만들었다.

네이티브 iOS APP과 모든 인터페이스를 똑같이 가져갈 필요는 없다. 하지만 모바일에서의 동작이나 요소가 무엇을 의미하는지를 이해하는 것이 중요하다. 즉, 네이티브 앱을 삭제하는 의미로 스와이프 제스처를 사용할 때는, 무엇을 선택하기 위한 용도로는 스와이프 제스처를 사용해서는 안 된다. 똑같은 기본 동작을 재구현하지 않는 한 일반적으로 OS에서 제공되는 기본 동작(탭이나 컨텍스트 메뉴 hold, 핀칭으로 줌 처리, 더블 탭으로 줌 처리)을 무시해서는 안 된다. Part 10에서 '스크롤링과 스와이핑'에 대해, Part 11에서는 '핀칭(Pinching)과 다른 복잡한 동작'에 대해 더 자세히 다룰 것이다.

SUMMARY 정리

터치 환경은 끊임없이 변한다. 그러나 대부분의 경우 웹브라우저 간의 차이점은 미미하다. 성능의 차이가 더 크지만 HTML5 기반의 터치 디바이스에서는 훌륭한 사용자 인터페이스를 구축할 수 있다. 터치 디바이스들의 본질상 빠른 속도가 매우 중요하다. 사용자 피드백은 속도가 빠르다고 느낄 수 있노록 만드는데 필요한 가장 중요한 부문 중의 하나이다.

인터넷에서 가장 큰 위치를 차지하고 있는 것이 콘텐츠 사이트다. 결국 웹은 사람들의 마음을 사로잡는 콘텐츠들로 구성되어 있고, 여전히 많은 사람들이 웹을 통해 하는 것은 웹페이지에 들어 있는 콘텐츠를 읽는 것이다. 터치 디바이스를 위한 정보 사이트를 개발하는 것이 매우 중요한데도 많은 콘텐츠 사이트들은 이 부분에 대해 특별히 관심을 갖고 있지 않다.

Part 02에서는 '희귀조류협회'라는 가상의 고객을 위해 캘리포니아 지역에 서식하는 새들에 대한 정보로 구성된 웹사이트를 개발해 보려고 한다. 사람들이 일반적으로 집에서 새를 볼 수 있는 기회가 많지 않기 때문에 이 사이트는 모바일과 데스크톱을 모두 지원하는 것을 목적으로 한다. 우리의 고객은 트위터로부터 링크된 수백만 개의 논문들을 통해, 사용자들이 많은 새들에 대한 정보를 접할 수 있기를 원한다. 우리는 사이트가 모두 로딩되기 전에 사용자들이 이 정보를 클릭하게 해서는 안 된다. 그러므로 서버에서 모든 최적화가 완료되어야 하고 가능한 빨리 사이트가 로딩되어야 한다.

PART 02

간단한 콘텐츠 사이트 작성

우리가 만드는 사이트는 100M 기업 통신망보다 3G 통신망에서 더 느리게 로딩될 것이다. 따라서 일단 데이터가 오기 시작하면 즉시 화면에 보여주는 것이 필수 사항이다. 이렇게 하기 위해서는 기본부터 시작할 필요가 있는데, 그것이 바로 Document Object Model(DOM) 과 Cascading Style Sheets(CSS)이다.

아래는 데스크톱 버전(그림 2.1)과 모바일 버전(그림 2.2)의 디자인 화면 설계서(mock-up)다.

[그림 2.1] 데스크톱에서의 화면 설계

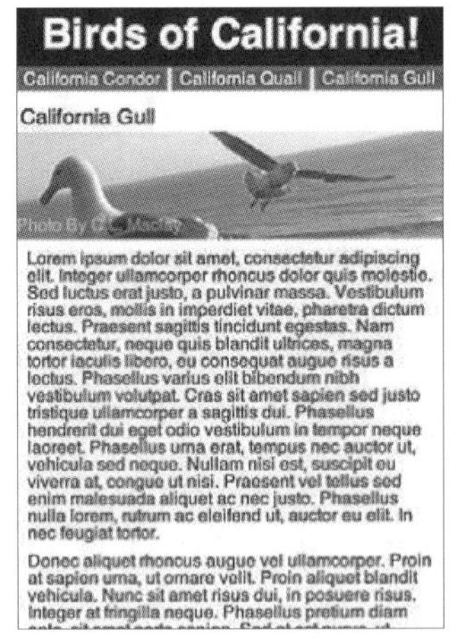

[그림 2.2] 모바일 디바이스에서의 화면 설계[•]

화면 설계서만 보면 전혀 어렵지 않아 보인다. 그러나 우리는 웹사이트가 모바일 디바이스와 데스크톱을 모두 지원해야 한다는 것을 간과해서는 안 된다. 개발자로서 우리는 가능한 최소한의 코드로 작성할 필요가 있다. 왜냐하면 차후 유지 보수를 고려해야 하기 때문이다. 그리고 우리에게는 어떤 기기에서도 최적의 화면을 보여주는 것도 필요하다.

이상적으로는 한번 작성된 코드를 모든 디바이스에서 사용할 수 있다. 또한 많은 경우 호환성을 지원하기 위해 CSS3에 있는 뉴 미디어 쿼리(new media query)를 사용할 수 있다. Part 01에서 언급했듯이 모바일 디바이스는 데스크톱에 비해 매우 제한적이다. 데스크톱에서 훌륭하게 동작했던 아름답고 복잡한 상호작용(Interaction) 방식들을 모바일 디바이스에서도 적용한다면 아마 숨 막혀 죽을 것이다. 여러분들은 이런 문제들을 각각 분리해서 접근해야 한다. 그러나 일반적으로 간단한 정보 사이트는 데스크톱과 모바일에서 거의 동일한 코드로 실행될 수 있어야 한다. 그런 의미에서 '캘리포니아의 새들' 사이트는 완벽한 예제가 될 수 있을 것이다.

01 SECTION 철학을 결정하자 : 모바일 먼저 혹은 나중에?

"모바일을 먼저 개발해야 한다."는 말은 웹 개발에 있어서 최근 몇 가지 트렌드와 관련이 있는데, 그것은 디자인 철학, 개발 접근 방향, 그리고 CSS다.

먼저 디자인 철학은 모바일 디바이스를 목표로 디자인을 만들지만, 데스크톱에도 적용할 수 있는 아이디어를 말한다. 이 책은 디자인 서적이 아니기 때문에, 디자인에 대해 여러분에게 도움이 될 만한 책을 추천한다(Luke Wroblewski의 책 *Mobile First*를 추천한다). 두 번째, 개발 접근 방향도 비슷한 개념이라고 볼 수 있다. 먼저 모바일 환경에 맞게 코드를 작성한 후에 데스크톱에 적용하는 방식이다. 이상적으로만 보면, 이 방법은 군살이 없는 코드를 만들 수 있고, 데스크톱에서의 성능에도 이득이 된다. 그러나 실질적으로 많은 상호작용이 고려되어야 하는 사이트의 경우 이런 코드는 모바일과 데스크톱 사이의 호환성 문제가 생길 수 있기 때문에 데스크톱에서는 다르게 작업해야 하는 상황이 발생한다. 따라서 이 것은 나쁜 접근 방법이라기보다 모든 경우에 쓰일 수 있는 방법은 아니라고 이해하기 바란다.

실제로 모바일에서 먼저 작업해야 하는 CSS는 IE8.0이 미디어 쿼리를 지원하지 않기 때문에, 대부분의 웹사이트들이 준비하고 있지 않다(Part 02 뒷부분에서 미디어 쿼리에 대해 자세히 살펴보기로 하겠다).

우리는 이 사이트를 작업하기 위해 HTML5 태그들을 사용할 것이다. 이것은 IE를 지원하기 위해서는 Medernizr와 같은 라이브러리를 적용하거나 몇 가지 부가적인 작업이 필요하다는 것을 의미한다. 이 책에서는 IE 지원에 관한 내용은 다루지 않는다. 그러나 모바일과 데스크톱에서 모두 동작하는 사이트는 IE8.0을 반드시 지원해야 한다.

마크업 생성

이 사이트를 작업하기 위해 우리는 모바일을 나중에 개발할 것이다. 그러나 모바일과 데스크톱에 모두 동작하기 위해 같은 마크업을 사용할 것이다. 시맨틱(Semantic) 마크업에 초점을 맞추겠지만, 모바일 디바이스에서도 동작할 수 있어야 하므로 DOM과 CSS 성능도 고려할 것이다.

NOTE ▾

모바일을 나중에 개발할 때 불리한 점 중 하나는 모바일 디바이스들이 모든 데스크톱 스타일들을 다운로드해야 한다는 것이다. 만일 모바일을 먼저 개발한다면 모바일 디바이스들은 필요 없는 스타일들을 무시할 수 있다. 다시 말하지만 무엇을 먼저 개발하느냐는 경우에 따라 다른 문제다.

필자의 경우 마크업 작업을 진행할 때 의미상 비슷한 것들을 묶거나 디자인 스타일을 잘 맞출 수 있는 것들로 나누는 작업을 한다. '캘리포니아의 새들' 사이트에는 <nav> 태그 안에 내비게이션 링크를 넣었다. 또한 <aside> 태그 안에 데스크톱의 사이드바와 모바일의 탑 내비게이션 바를 모두 명시했다. 그리고 사진, 타이틀 등 정보를 위해 main 클래스에 <div>를 만들었다.

Listing 2.1은 마크업 작성이 완료된 코드다.

❋LISTING 2.1 Body 마크업

```
<body class="bd">
        <header class="container header">
                <h1>Birds of California!</h1>
        </header>


        <aside class="sidebar">
                <nav class="bird-nav">
                        <ul class="bird-list">
                                <!-- 성능을 위해 작성된 클래스 -->
                                <li class="nav-li">
                                        <a class="nav-link"
                                        → href="/california-condor">California
                                        Condor</a>
                                </li>
                                <li class="nav-li"><a class="nav-link"
                                → href="/california-quail">California Quail</
                                a></li>
                                <li class="nav-li"><a class="nav-link"
                                → href="/california-gull">California Gull</a></
                                li>
                        </ul>
                </nav>
        </aside>
```

```html
<div class="container main">
        <h2>California Gull</h2>
        <div class="hero-shot">
                <a href="http://www.flickr.com/photos/
                catlantis/5514922015/">
                <img class="hero-img" src="http://farm6.staticflickr.
                com/
                → 5171/5514922015_bfeab78ce0_z.jpg">
                </a>
                <p class="caption">Photo By <a href="http://www.flickr.
                com/photos/
                → catlantis/5514922015/">C.L.
                Maclay</a></p>
        </div>
        <section class="content">
                <p>Lorem ipsum dolor...</p>
        </section>

</div>

<footer class="container ft">
        <ul class="foot-links">
                <li><a href="/copyright">&copy; 2012 Awesome Bird
                Foundation,
                → All Rights Reserved</a></li>
                <li><a href="/tos">Terms of Service</a></li>
        </ul>
</footer>
</body>
```

여기서 불필요해 보이는 몇 개의 클래스들이 있다는 것에 주의해야 한다. 예를 들어 내비게이션 링크들은 <li> 태그에 "nav-li" 클래스를 사용하는데, 여기에는 2가지 이유가 있다.

1. 클래스들은 코드가 많아질수록 관리하기 쉽다. "nav-li"를 사용하는 것이 "nav ul li"와 같은

셀렉터(selector)를 사용하는 것보다 더 명확하고 안정감이 있으며 구성하기 쉽다.

2. 사이트가 안드로이드폰에서도 동작해야 하기 때문에, CSS 셀렉터 성능에 관해서는 까다롭게 굴어야 한다. 이는 계층구조의 셀렉터는 피해야 한다는 의미다.

우리가 직관적으로 알고 있는 것과는 반대로 브라우저는 CSS 셀렉터를 처리할 때 오른쪽에서 왼쪽으로 동작한다. 예를 들어 "nav ul li a"와 같은 규칙의 경우, 먼저 맨 오른쪽에 있는 'a'와 일치하는 모든 엘리먼트들(elements)을 얻는다. 그다음 'li a'와 매치되는 것이 있는지 확인한다. 이렇게 계층적으로 사용된 셀렉터들은 매우 편리해 보일지 모르지만 매우 많은 비용이 소모된다.

03 SECTION · 기초 작업 : ⟨HEAD⟩

Listing 2.2는 '캘리포니아의 새들' 사이트의 ⟨head⟩ 태그다.

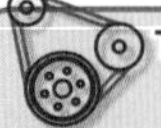

> **TIP HTTP-EQUIV 메타 속성**
>
> http-equiv 메타 엘리먼트들은 브라우저가 마치 같은 HTTP 헤더가 세팅되어 있는 것처럼 행동하게 한다. 일반적으로 서버가 하는 것들을 브라우저에게 명령할 수 있다. 따라서 이것은 서버를 제어하지 못하는 환경에서 유용하게 쓸 수 있다.
>
> 예를 들어 캐시 헤더를 세팅하고 싶지만 서버를 제어할 수 없다면 다음과 같이 http-equiv 속성을 사용할 수 있다.
>
> ⟨meta http-equiv="expires" content="Wed, 05 August 2020 00:00:00 GMT"⟩.
>
> 서버 헤더들이 항상 우선하기 때문에 단지 헤더를 세팅하거나 세팅을 해제할 수 있을 뿐이다. 서버 헤더들을 무시하도록 처리할 수는 없다.

```
<!DOCTYPE html>
<html>
<head>
        <meta charset="utf-8">
        <meta http-equiv="X-UA-Compatible" content="IE=edge,chrome=1">
        <meta name="viewport" content="width=device-width">
        <title>Birds of California</title>
        <link rel="stylesheet" href="reset.css" type="text/css"
media="screen" charset="utf-8">
        <link rel="stylesheet" href="birds.css" type="text/css" media="screen"
        → charset="utf-8">
</head>
```

HTML5 doctype으로 시작했으며, UTF-8 캐릭터 셋(character set)으로 명시했다. 캐릭터 셋을 명시하는 것은 매우 중요하다. 문서의 적절한 화면 표시를 보장할 뿐 아니라, UTF-7 캐릭터 셋이 가지는 보안상 취약점을 회피할 수 있다. 일반적으로 서버는 Content-Type 헤더를 전송할 것이다. 그러나 만약을 위해서 HTML 내에 그것을 명시했다.

비표준 "X-UA-Compatible" 헤더를 세팅하기 위해 http-equiv 속성을 사용했다. 그리고 그 값은 chrome=1과 IE=edge이다. 따라서 크롬 프레임은 지원이 가능하고, IE는 최신의 엔진에서 지원이 가능하다.

다음 메타 속성은 viewport다. 이것은 현재 터치 디바이스에서만 사용되고 있으며, 이 속성에 대해 제대로 이해하는 것이 매우 중요하다.

viewport에 대한 이해

아이폰 이전의 모바일 브라우저는 고정된 웹페이지에 콘텐츠를 맞추려는 다양한 시도를 했다. 아이폰의 사파리는 더 이상 이런 시도를 하지 않기로 결정했다. 그리고 대신 'viewport' 라고 불리는 가상 윈도우에 웹페이지를 표기하는 방법을 선택했다. 이로 인해 웹페이지의 특정 부분을 줌인을하거나 전체를 볼 수 있도록 줌아웃을 할 수 있는 기능이 제공된 것이다. 페이지를 표시하는 컨트롤(control)들을 개발자들에게 제공하기 위해서 애플은 viewport 메타 엘리먼트를 제공한다. 이것은 웹페이지를 개발하는 데 있어서 많은 변화를 주었다. 따라서 훌륭한 모바일 사이트를 개발하기 위해서는 Viewport에 대한 이해가 필요하다.

가상 픽셀(VIRTUAL PIXELS)

웹 개발자들은 픽셀을 좋아한다. 픽셀은 웹페이지의 레이아웃(lay out)을 잡는 데 가장 정확하고 단순한 방법이다. 픽셀은 화면에서 가장 작은 단위다. 픽셀 값을 정의할 때 우리는 그 의미가 무엇인지 정확하게 알고 있어야 한다. 만일 현미경으로 들여다볼 수 있다면 화면상의 픽셀들을 실제로 하나씩 셀 수 있을 것이다.

모바일 브라우저에서의 픽셀과 데스크톱의 픽셀은 차이가 있다. 그 차이는 아이폰에서 볼 수 있는데 우리는 현미경으로 들여다보지 않고는 엘리먼트가 정확하게 300px 폭이라는 것을 증명할 수는 없다. viewport 메타 태크가 없는 페이지 상에서 300px 폭을 가지는 엘리먼트는 viewport 상에서의 가상 픽셀로 300px 폭을

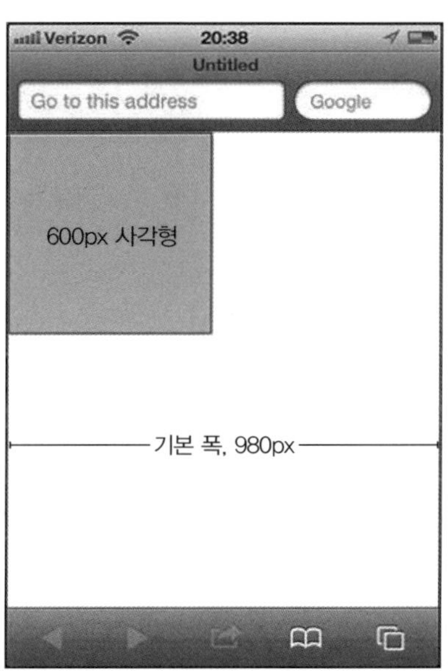

[그림 2.3] 600px 사각형이
기본 viewport 안에 니타난다.

가지게 된다. viewport의 기본 폭은 980px이다. 그래서 예를 들어 다음과 같이 작성을 한다면,

<meta name="viewport" content="width=600">

CSS 안에서 600px로 정의된 엘리먼트는 초기 페이지가 로딩되거나, 줌아웃을 위해 더블탭(double-tab)을 할 때 수평으로 화면을 채우게 될 것이다(그림 2.4).

[그림 2.4] 600px 사각형이
폭 600px Viewport로 나타난다.

TIP PX와 EM

CSS2와 CSS3에는 여러 가지 단위들이 있지만, 대부분의 개발자들이 em와 px로 한정하여 이해하고 있다. 하나의 em은 항상 현재 폰트 크기를 나타낸다. 만일 폰트가 12px라면, 1em은 12px다. 하나의 px는 화면상에서 하나의 픽셀이다. 브라우저에서 폰트 크기를 변경하는 기능을 사용하는 것이 일반화되면서 2005년부터 em을 사용하는 것이 인기를 끌었다. em은 폰트 크기와 관련되기 때문에 사용자가 폰트 사이즈를 선택할 수 있는 레이아웃을 쉽게 구성할 수 있다.

그러나 IE7.0 이후부터는 브라우저가 전체 페이지를 주밍(Zooming)할 수 있는 기능을 가지게 되면서 px는 그 단순함 때문에 디자이너들 사이에서 현재 가장 인기 있는 선택이 되었다. 픽셀은 커뮤니케이션을 명확하게 하고 이해도를 높여준다. em과 같은 단위나 잘 사용하지 않는 ex는 레이아웃보다 식자(植字)에 활용도가 높은 반면, px가 웹페이지의 레이아웃을 잡기에는 가장 편리한 단위라고 볼 수 있다.

---

viewport는 가상 윈도우(virtual window)다. viewport의 경계는 브라우저의 경계가 아니라 윈도우의 경계가 된다.

픽셀 값뿐만 아니라 viewpoint 폭과 높이는 디바이스 화면의 실제 크기를 의미하는 device-width와 device-height를 처리한다(그림 2.5).

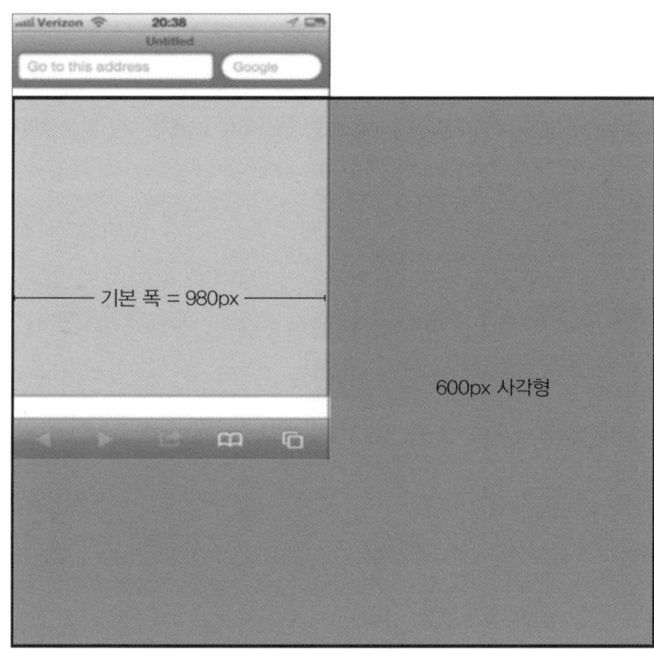

[그림 2.5] device—width의 viewport 폭으로 보여지는
600px 사각형(또는 320px)

속성	설명
width	viewport의 폭을 설정하고 기본값은 980이다. 200~10,000까지 설정할 수 있다.
height	viewport의 높이를 설정한다. 기본값은 폭과 디바이스의 가로세로 비(영상비)로 계산된다. 223~10,000까지 설정할 수 있다.
initial—scale	viewport의 초기 범위(scale)를 설정한다. 기본값은 보여질 수 있는 영역에 맞춰진 페이지로 계산된다. minimum—scale과 maximum—scale 속성으로 범위를 설정할 수 있다.
maximum—scale	viewport의 최내 범위를 설정한다. 기본값은 5.0이다. 0~10.0까지 설정할 수 있다.
user—scaleable	사용자가 viewport를 확장할지 여부를 결정한다. 또한 텍스트가 입력될 때 사용자가 스크롤링을 차단할 수 있다.

[표 2.1] viewport 속성들(안드로이드 2.2 이상, iOS 1.0 이상, 모바일 파이어폭스 1.1 이상 지원)

'캘리포니아의 새들' 사이트는 viewport 폭을 device-width와 같게 할 것이다. 이것은 디자인 관점에서 편의성을 줄 수 있고, CSS가 다양한 디바이스에 잘 적용되는 데 많은 도움을 줄 수 있다. 아이폰 1부터 4S까지 device-width(세로 모드라고 가정할 경우)은 320px이다.

고밀도 디스플레이

아이폰과 viewport 태그가 등장한 후부터 모바일 디바이스의 세대가 바뀔 때마다 모바일 디바이스의 해상도는 높아졌다. 현재의 해상도는 충분히 높으며 픽셀은 현미경과 비교될 만큼 사람의 눈으로 구분할 수 없을 정도로 작다. 웹페이지의 기존 스펙은 바뀌지 않았으나 device-width로 설정된 viewport로 만든 웹페이지들은 결국 모바일 디스플레이에서 매우 작은 인터페이스를 구성하게 되었다. 이러한 디스플레이를 보여주는 첫 디바이스인 아이폰 4에서는 모든 요소들이 이전 아이폰들보다 크기가 반으로 줄어들게 되었다.

또다시 애플은 고밀도 디스플레이 제품을 시장에 처음으로 출시한 기업이 되었다. 웹 개발자들의 혼돈을 없애기 위해서 애플은 아이폰 4의 화면이 물리적으로 640픽셀임에도 불구하고 device-width를 320으로 보여준다.

안드로이드 디바이스도 이 형태를 따라갔다. 그러나 그들의 디바이스들은 화면에 어떻게 보여질지에 대해 사용자가 제어할 수 있는 기능을 많이 제공하면서 더 복잡해지는 결과를 낳았다(안드로이드 크롬은 이것을 지원하기 위해 target-dentisydpi viewport 속성을 가지고 있으나, 그다지 유용하지 않다. 더 많은 정보가 필요할 경우에는 안드로이드 개발자 문서를 살펴보기 바란다). 안드로이드 디바이스들이 가지는 device-width는 인터페이스 엘리먼트들의 레이아웃을 잡기 위해 device-width의 이상적인 크기에 대해 디바이스 개발자들이 고민한 결과다. device-width 값은 디바이스에 따라 많은 차이가 있다. 그래서 디바이스-폭의 viewport 폭으로 웹 레이아웃을 잡을 때, 전통적인 데스크톱 사이트에서의 리퀴드 레이아웃(liquid layout)과 같이 레이아웃을 어느 정도 늘리고 줄이는 것이 가능하도록 할 필요가 있다. 그러면 '캘리포니아의 새들' 사이트에서 의미하는 것은 무엇일까? 이 사이트는 viewport에 깔끔하게 채워지는 모바일 레이아웃으로 디자인되었기 때문에 device-width를 사용할 수 있다.

```
<meta name="viewport" content="width=device-width">
```

대개의 경우 이것이 최선이 될 수 있다. 왜냐하면 사용자의 디바이스 환경에 완벽하게 맞는 인터페이스를 제공할 수 있고, 폭이 깨질 걱정을 안 해도 되기 때문이다.

반응형(RESPONSIVE) CSS

이 책의 협력 사이트인 touch-interface.com에 접속하면 2개의 CSS 파일을 다운로드할 수 있다.

- 에릭 메이어(Eric Meyer)의 reset.css 파일. 추천할 만한 몇 개의 'reset' CSS 스타일들이 있다. 브라우저 기본 스타일로 시도하고 머리를 싸매는 것보다는 아예 백지에서 시작하는 것이 더 좋다.
- '캘리포니아의 새들' 사이트를 위한 스타일 시트인 birds.css 파일. birds.css는 데스크톱 스타일들로 시작한다. 여러분은 투-컬럼 리퀴드 레이아웃(two-column liquid layout)이 얼마나 단순한지 알게 될 것이다. 데스크톱의 콘텐츠 영역은 내비게이션 버튼을 포함해 리퀴드와 사이드바로 고정된다.

Listing 2.3은 기본 스타일들을 보여준다.

✿LISTING 2.3 Base styles

```css
html {
  background: #fff;
  color: #000;
}


a {
  color: green;
  text-decoration: none;
}


p {
  margin-bottom: 10px;
}


h2 {
```

```css
  font-size: 20px;
  margin: 4px;
}

i {
  font-style: italic;
}

.container {
  padding: 0 50px;
}

.bd {
  font-family: Helvetica, "Helvetica Neue", Arial, sans-serif ;
}

.hero-img {
  max-width: 100%;
}

.nav-li {
  display: inline-block;
  background: #5e49ff;
  border: 3px solid #8a7bfd;
  width: 120px;
  margin-bottom: 10px;
}

.nav-li .nav-link {
  color: #fff;
  padding: 4px;
}

.header {
  width: 100%;
```

```css
  height: 60px;
  background: #000;
  padding: 0;
  font-size: 38px;
  font-weight: bold;

}

.header .title{
  color: #fff;
  padding: 10px;
  text-align: left;
}

/* 컨테이너에 비례해서 이미지가 늘어나도 허용한다 */
.hero-shot {
  width: 50%;
  float: left;
  margin-right: 10px;
}

.sidebar {
  position: absolute;
  padding: 10px;
  top: 60px;
  width: 150px;
}

.main {

  margin: 10px 10px 10px 150px;

}

.footer {
```

```
  width: 100%;
}
```

갈매기 이미지가 100% 최대폭(max-width)을 가지고 있다는 점과, 외형 컨테이너(.hero-shot)가 폭과 관련이 있다는 점에 주목해야 한다. 이것은 소위 반응형 이미지(responsive image)를 만드는 데 있어서 가장 단순한 방법이 될 수 있다. 반응형 컨테이너 폭에 비례해 자동적으로 크기가 변하는 것을 말한다.

이런 반응형 이미지 기술은 사용자의 디바이스가 너무 많은 바이트를 다운로드한다는 큰 단점을 가지고 있다. 반응형 이미지에 대해 다시 다루기로 하겠다.

분기점(BREAKPOINT) 생성 

앞서 언급했듯이 '캘리포니아의 새들' 사이트의 모바일 버전과 데스크톱 버전은 같은 마크업을 사용한다. 전체적인 디자인과 레이아웃은 사용자의 디바이스 크기에 맞춰 적용될 수 있도록 하는 관점에서 설계되었다. 우리는 분기점을 생성함으로써 이것을 실현할 수 있다.

픽셀 폭은 서로 다른 화면 폭에 맞춰 변화될 수 있도록 설계되어야 한다. '캘리포니아의 새들' 사이트에서는 2개의 분기점을 생성할 것이며, 하나는 태블릿을 위한 800px와 모바일폰을 위한 480px이다.

만일 화면이 최소 801px 와이드일 경우 우리는 스타일 시트에 나열된 기본 스타일을 적용할 것이다. 그리고 화면 폭이 481~800px까지인 태블릿을 위해 특정 스타일을 만들 것이며, 480px 또는 그 이하의 화면 폭을 가지는 모바일폰을 위해 추가 스타일을 만들 것이다.

만일 이런 작업을 해본 적이 없다면 화면 크기에 맞도록 디자인을 바꿔야 한다는 생각에 지레 겁먹을 수도 있을 것이다. 그러나 감사하게도 미디어 쿼리는 자바스크립트를 사용하지 않고 이러한 디자인을 가능하게 해준다.

미디어 쿼리(MEDIA QUERIES)

CSS2가 아주 흔해지면서 개발자들은 미디어와 link 태그의 media 속성을 구분하기 위해 서로 다른 스타일 시트를 제공하고 있었다. 이것은 'print' 스타일 시트를 따로 구분하기 위한 방법으로 가장 일반적으로 사용되어 왔다. 예를 들어 다음과 같다.

```html
<!-- 이 스타일 시트는 screen을 위한 것이다. -->
<link rel="stylesheet" media="screen" href="styles.css">

<!-- 이 스타일 시트는 print를 위한 것이다. -->
<link rel="stylesheet" media="print" href="print-styles.css">
```

CSS3는 많은 기준을 가지고 스타일 시트를 필터링할 수 있는 매우 강력한 구문을 제공한다. 미디어 타입 대신 미디어 쿼리를 명시할 수 있다. 미디어 쿼리는 미디어 타입과 하나 이상의 표현식으로 구성된다. 미디어 쿼리는 참 또는 거짓을 결정하고, 참일 경우 스타일 시트가 적용된다.

미디어 쿼리는 불리언(Boolean) 연산자를 함께 사용할 수 있다. 'not' 연산자를 사용하면— 자바스크립트의 ! 연산자—부정 쿼리가 뒤에 오는 조건을 부정하는 연산이 된다. 여러분은 대부분 only 연산자를 사용할 것이다. only 연산자는 오래된 브라우저에서는 처리할 수 없고 실질적으로는 생략해도 된다.

연산자 다음에 미디어 타입이 온다. CSS 2.1 표준에는 10개의 미디어 타입이 있다. 그러나 print와 screen만이 광범위하게 지원된다. 여러분은 다음 미디어 타입들을 표현식으로 명시해야 한다. '캘리포니아의 새들' 사이트를 위해서 우리는 화면 폭을 기반으로 하여 스타일을 변경할 것이다. 이것은 미디어 폭의 특성으로 가능한데, 필터링을 위한 값(유효한 CSS 단위로 명시되어 있다)을 가지고 있다.

예를 들어 다음 규칙은 소형 화면을 위해서 스타일 시트를 제한한다.

```html
<link rel="stylesheet" media="only screen and (max-width: 480px)"
→ href="phone-styles.css">
```

그리고 다음 룰은 대형 화면을 위해 스타일 시트를 제한한다.

```
<link rel="stylesheet" media="only screen and (max-width: 2000px)"
→ href="phone-styles.css">
```

'캘리포니아의 새들' 사이트를 위해 우리는 분기점으로 구분된 특정 화면 폭들을 지원하기
위해 미디어 쿼리를 사용할 것이다.

```
<link rel="stylesheet" media="screen" href="birds.css">
<link rel="stylesheet" media="only screen and (max-width: 800px)"
→ href="tablet.css">
<link rel="stylesheet" media="only screen and (max-width: 480px)"
→ href="phone.css">
```

여기에서 픽셀 값은 어떤 브라우저를 선택했느냐에 달려 있다. 예를 들어 레티나 디스플레
이를 사용하는 아이폰이 수직으로 세워진 경우 실제 화면의 물리적인 픽셀과는 상관없이 미
디어 쿼리를 위한 값은 320px이 된다.

NOTE ▾

Part 02에서는 미디어 쿼리의 겉면만 살펴본 것이다. 더 자세한 설명을 보기 위해 모질라 개발자 네트워크
를 방문하길 바란다(https://developer.mozilla.org/en—US/docs/CSS/Media_queries). 몇 가지 예제들을
보려면 mediaqueri.es를 방문하면 된다.

미디어 쿼리의 실질적인 장점은 미디어의 외형적인 속성을 사용할 수 있다는 점이다. 또한
@media 지시자를 사용하여 스타일 시트 내에서 사용이 가능하다.

```
@media only screen and (max-width: 800px) {
    /* 오직 이 경우에만 적용되는 CSS */
}
```

구문은 미디어 파라미터와 동일하다. @media 지시자는 중괄호{ } 사이에 블록을 생성한다. 괄호 안에 있는 CSS는 참이 리턴될 경우에만 적용될 것이고, 그렇지 않으면 브라우저는 블록 안에 있는 CSS를 무시할 것이다.

분기점을 위한 스타일 생성 

'캘리포니아의 새들' 사이트를 위해 우리는 800px 와이드 브라우저와 480px 와이드 브라우저를 위한 추가적인 스타일을 만들기로 했다. 디자이너가 태블릿을 위해 다른 화면 설계를 만들어주었다. 내비게이션이 위로 가고, 제목이 가운데로 옮겨졌으나 그 외에 다른 스타일은 동일하다.

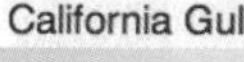

[그림 2.6] '캘리포니아의 새들' 사이트의 태블릿 화면

사이드바가 DOM 내에 있기 때문에 문서의 흐름에 맞게 상대적인 사이드바의 위치와 폭을 쉽게 잡을 수 있다. 그다음에 Listing 2.4와 같이 우리는 컨테이너에 약간의 패딩을 줄 수 있다.

❈**LISTING 2.4 Tablet styles**

```
.container {
        padding: 0 10px;
}

.nav-li {
        width: auto; /* 모든 텍스트를 맞춤 */
}

.sidebar {
        position:relative; /* 흐름을 되돌림 */
        top: 0;
        width: auto;
        padding: 0;
        text-align: center;
}

.header .title {
        text-align: center;
}

.main {
        margin: 0;
}
```

이렇게 적용된 스타일들을 보기 위해 자신의 브라우저의 크기를 조절해야 하는 데스크톱 사용자의 경우 브라우저의 폭에 근거해야 한다. 만일 이런 스타일들을 하나의 물리적인 device-width에만 적용하고 싶다면 max-device-width 또는 min-device-width를 사용해야 한다.

스타일들은 일반적으로 미디어 쿼리에 종속적이다. 그림 2.2에서 본 모바일 디바이스에서의 화면 설계는 조금 다른 레이아웃을 필요로 한다. Listing 2.5는 모바일 디바이스 스타일들을 보여준다.

✿LISTING 2.5 Phone styles

```css
.container {
        padding: 0;
}

.main {
        margin: 0;
}

.content {
        margin: 10px 10px;
}

.nav-li {
        font-size: 12px;
}

.hero-shot {
        float: none;
        width: 100%;
        height: 100px;
        overflow: hidden;
        position: relative;
}

.header .title {
        font-size: 24px;
        text-align: left;
}
```

```css
.hero-shot .caption {
        position: absolute;
        bottom: 5px;
        margin: 0;
}


.hero-shot .caption, .hero-shot .caption a {
        color: #000;
        color: rgba(255,255,255,0.5);
}
}
```

Listing 2.5로서 완벽한 화면 설계를 웹사이트로 확인할 수 있다. 이 페이지를 데스크톱 브라우저에서 접속하면 브라우저 크기를 조절하면서 스타일 변화를 확인할 수 있을 것이다.

SUMMARY   정리

Part 02에서는 분기점을 설계하고 생성하기 위해 미디어 쿼리를 사용하는 방법을 배웠다. 또한 viewport와 가상 픽셀에 대한 내용을 배웠다. 여러분은 모바일 브라우저는 크기 조절이 되지 않으며 폭에 대한 표준도 없다는 점을 기억해야 한다. 따라서 모바일에서는 모든 레이아웃이 유연하게 동작할 수 있도록 해야 한다.

사이트에 처음 접속하는 사용자들은 사이트가 느린지 어떤지 관심이 많다. 만일 모바일과 같은 특별한 환경에서 처음 로딩될 때 느리다고 느끼게 되면 사용자들은 점점 떠나갈 것이다. 첫 로딩 속도가 빨라야 한다는 것은 사이트의 반응성(responsive)을 높이는 데 있어서 가장 기본적이며 필수적인 항목이다.

최초 로딩 속도는 '첫 바이트 로딩 시간'으로 측정한다. 즉, 사용자가 페이지를 요청했을 때부터 서버로부터 첫 바이트가 다운되기 시작했을 때까지의 시간을 말한다. 첫 바이트 로딩 시간이 문제를 인지하고, 측정하고, 최적화하는 데 있어서 중요한 부분이지만, 최초 로딩 속도가 느려지는 이유의 대부분은 다른 데 있다. 문제는 맨 앞 단에서 해결해야 한다. 이런 이슈들을 해결하기 위한 PageSpeed, YSlow, 그리고 많은 툴과 서비스들이 있다.

PART 03

최초 로딩 속도 향상

브라우저가 페이지를 로딩하는 방법

최적화 방법을 자세히 설명하기 전에 브라우저가 어떻게 페이지를 로딩하는지 간단하게 살펴보자.

도메인 분석 

먼저 브라우저는 웹사이트의 IP 주소를 알아야 한다. 이것은 도메인 이름으로 DNS 서버에 요청하면 IP 주소를 DNS 서버가 알려주는 방식이다. DNS 서버의 부하를 줄이고 성능을 향상하기 위해, DNS 검색 목록(lookup)들이 브라우저와 디바이스에 의해 캐싱된다. 또한 디바이스와 서버 간의 라우터와 프록시도 캐싱을 한다. 이렇게 하는 이유는 DNS 기록을 관리해 효율성을 유지하기 위함이다.

요청 생성 

브라우저는 DNS 목록(lookup)으로부터 IP를 확인한 다음 그 IP를 가지고 서버와 TCP 연결을 생성하고 요청을 전송한다. 요청에는 URL, 브라우저 정보, 데이터 타입(인코딩과 언어), 그리고 페이지와 관련된 쿠키들이 포함된다.

응답(RESPONSE) 다운로드 

브라우저가 응답을 다운로드하기 시작한다. 응답 스트림을 처리하기 위해, 브라우저는 HTML 내에 추가 리소스를 식별하고 이들을 분석하고, 리소스들을 파싱하기 시작한다.

페이지 렌더링

브라우저는 최대한 빨리 페이지를 렌더링하기 시작한다. 만일 CSS 또는 스크립트 파일이 있으면, 브라우저는 이 파일들이 연결된 후에 콘텐츠가 렌더링될 수 있도록 하기 위해서 파일들이 로딩되고 파싱될 때까지 대기한다(자바스크립트의 경우 실행될 때까지 대기한다).

02
SECTION

페이지가 느린 이유

페이지 로딩 속도가 느린 이유는 무엇일까? 그 이유를 알아보기 위해 다음 항목들에 대해 살펴보도록 하겠다.

- HTTP 요청 횟수
- 바이트 수
- 대기하는 동안 렌더링 중단
- 대기 시간
- 낮은 캐시 성능

TIP 웹킷

좋은 텍스트 편집기 외에 모바일 웹 개발자들에게 가장 중요한 툴이 웹킷(WebKit) 개발자 툴이다. 실제 디바이스에서 테스트와 최적화에 대해 신경 쓰기 전에 데스크톱에서 크롬이나 사파리만을 이용해 많은 작업을 할 수 있다. 디바이스를 사용하는 것은 거추장스럽기 때문에 웹킷은 매우 훌륭한 툴이 된다. 만일 Mac과 iOS6을 사용하고 있다면 사파리 웹 인스펙터(Inspector)는 놀라울 정도로 파워풀하다. 성능이 이슈가 될 때는 네트워크에서 실행하면 된다. 사파리에서는 네트워크 요청(Network Requests)이라는 도구로 이 기능이 숨겨져 있다(그림 3.1).

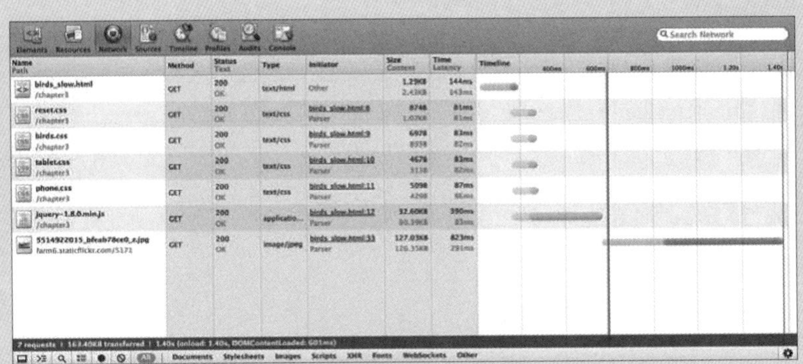

[그림 3.1] 웹킷 개발자 툴

위 그림은 네트워크 탭에 포커스가 되어 있다. 페이지 로딩에 대해 알아야 하는 모든 것들을 우리에게
보여주는 폭포수 그래프와 같은 다양하고 멋진 정보들이 있다. 그림 3.2는 '캘리포니아의 새들' 사이트
가 어떻게 로딩되는지를 보여준다.

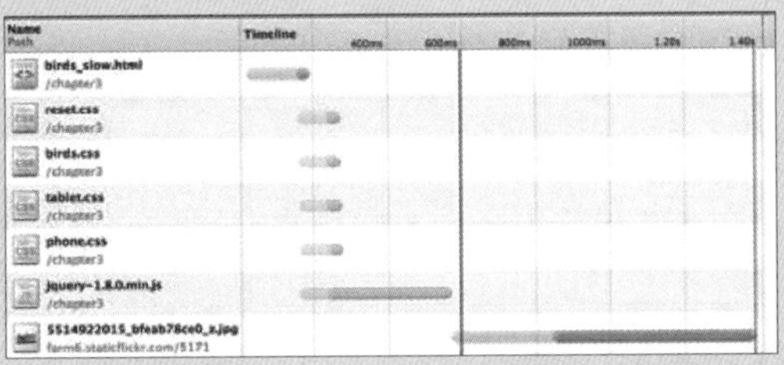

[그림 3.2] '캘리포니아의 새들' 사이트의 폭포수 그래프

수평 막대(Bar)의 옅은 부분은 대기 시간을 표현하고, 짙은 부분은 다운로드를 보여준다. 브라우저가
페이지를 파싱할 때까지 로딩되는 외부 리소스가 없다는 것을 확인할 수 있다. 또한 제이쿼리(jQuery)
가 다운로드되기 전까지 이미지 패치를 시작하지 않는 것을 볼 수 있다. 페이지가 로딩되기까지 1.4초
가 소요된다. 맨 위의 타임라인은 대기 시간이 나쁘지 않다는 것을 보여준다. 그러나 이것은 단순한 페
이지라는 점을 감안하면 실제로는 매우 느린 편이라고 볼 수 있다.

HTTP 요청 횟수 

모든 외부 리소스는 각각 HTTP 요청을 하게 된다. HTTP 요청은 데이터를 다운로드하는 것처럼 단순하지 않다. 모든 요청에 있어서 오버헤드가 존재한다. 그래서 모든 요청들이 순차적으로 생성된다면 많은 작은 파일들이 존재할 경우에는 하나의 큰 파일보다 속도가 더 느려질 것이다.

물론 브라우저는 여러 개의 파일을 병렬적으로 다운로드한다. 그림 3.2를 다시 살펴보면 대부분이 병렬적으로 다운로드된 것을 볼 수 있다. HTTP/1.1 표준은 2개의 파일에 대해 병렬로 다운로드하는 것을 추천하고 있으며, 최신 브라우저들은 더 많은 파일을 병렬로 처리할 수 있다. iOS에 탑재된 사파리의 경우, 호스트네임 하나당 6개의 요청을 병렬적으로 수행할 수 있으며, 호스트네임을 추가(가상 도메인이나 하부 도메인을 세팅)함으로써 더 많은 파일들을 병렬적으로 수행할 수 있다. 그럼에도 불구하고 각각의 요청들은 여전히 HTTP 오버헤드에 대한 부담을 가지고 있다.

병렬처리가 도움이 되지 않는 특이한 상황으로 볼 수도 있는데, 2개의 다운로드가 동시에 실행되는 것이 한 번 다운로드하는 것보다 성능이 2배 빠르지 않기 때문에, 병렬처리는 궁극적으로 오버헤드의 비용(cost)을 극복할 수 없는 한계를 가지고 있다. 새로운 요청을 생성하기 위해 비용이 들어갈 뿐 아니라 각각의 다운로드가 CPU와 메모리 사용 관점에서 비용을 가지고 있기 때문이다.

용량이 큰 이미지 파일의 경우는 상황이 다르다. 이런 파일들은 일반적으로 요청 시간이 대량으로 소요되기 때문에 병렬처리가 더 효과적이다. 이런 이유로 사이트에서 분리된 도메인에서 이미지와 데이터를 서비스하는 것이나. 야후(Yahoo)의 스티브 사우더스(Steve Souders)와 YSlow 팀은 대용량 파일의 성능 향상을 위해 가상 도메인 2개를 이용해 병렬 다운로드가 가능하다는 것을 찾아냈다.

여전히 병렬 요청은 한계가 있기 때문에, 득정 시점에서 브라우저는 다음 다운로드가 시작되기 전에 종료 요청을 기다려야 한다. 이것은 사이트의 모든 서비스가 같은 도메인으로 제공되고 있는 경우, 다수의 도메인에서 제공하는 것보다 첫 번째 로드가 느릴 수 있다는 것을 의미한다. 그러나 도메인을 추가한다 하더라도 각 외부 도메인이 외부 DNS lookup을 요청하기 때문에 실질적으로 속도가 느려지는 현상을 초래한다. 적어도 2~5개의 도메인을 사용하는 것이 YSlow에서 말하는 가장 중요한 원칙이다.

> ### TIP SPDY와 HTTP 파이프라이닝
>
> 왜 각각의 요청에 대해 HTTP 오버헤드를 감수해야 하는지 의문을 가질 수 있을 것이다. 만일 모든 요청들이 동일한 도메인으로 간다면 단지 커넥션을 맺고 데이터를 연속으로 다운로드하면 안 되는가? 만일 여러분이 그렇게 생각했다면 여러분은 혼자가 아니다. 2개의 완전한 솔루션이 최근에 생겼다. SPDY('스피드(speedy)'로 발음한다)는 구글에서 개발한 HTTP를 대체하는 새로운 프로토콜이다. 또 다른 하나는 HTTP/1.1에 정의된 파이프라이닝(pipelining)으로 아직 모든 브라우저에서 지원하지는 않는다. 위 2개의 솔루션들은 다수의 정보들을 모두 동일한 커넥션으로 지원한다. 이는 병렬처리의 한계를 극복하고 소수의 대용량 파일보다 다수의 작은 파일들이 성능이 뛰어나도록 지원한다는 것을 말한다.

또 다른 고려 사항은 브라우저 쿠키(Cookies)다. 만일 도메인이나 요청 경로와 일치하는 쿠키가 있다면 모든 요청 시에 함께 전송될 것이다. 그래서 여러분이 만든 도메인에 처음 접속할 때 수 킬로바이트(Kbytes)의 쿠키를 세팅해 놓을 경우, 그 후 모든 요청 시 요청 헤더에 그 바이트들을 포함하여 전송하고 압축을 해제할 것이다. 또한 서버는 요청 바디(Request Body)를 읽기 전에 쿠키를 읽어야 한다. 쿠키는 하나의 작은 요청이 될 수 있다.

바이트 수(BYTE COUNT) 

페이지를 느리게 하는 또 하나의 요소가 다운로드 크기라는 것은 따로 설명할 필요 없을 것이다. 페이지는 늘 작게 시작한다. 그러나 자바스크립트 라이브러리가 추가되고, 스타일이 추가되고, 무엇보다 이미지가 추가되면 페이지는 몇 배 더 커질 것이다. 다운로드되는 파일의 크기를 줄이기 위해 할 수 있는 어떤 것이든 시간을 투자할 가치가 있다.

대기하는 동안 렌더링 중단 

이 책에서는 인지 성능에 대해 많은 얘기를 할 것이다. 다시 말해 실제로 속도를 향상할 수 있는 방법이 아니라 사용자에게 더 빠르게 보일 수 있는 방법을 얘기할 것이다. 사용자의 피드백은 민감하게 받아들여야 할 중요한 부분이다. 브라우저가 로딩되는 동안 빈 페이지가 보인다면 사용자는 연결이 끊어졌거나 페이지가 느리다고 생각할 것이다. 만일 모든 정보가 로드되지 않았더라도 사용자가 여러분이 제작한 페이지를 볼 수 있다면 인지 성능은 대단히 좋아질 것이다. 예를 들어 스크립트 태그는 스크립트가 패치되고 파싱되고 실행되기까지 HTML의 렌더링을 중단시킨다. 여러분이 헤더 안에 4~5라인의 자바스크립트를 추가했다면, 이는 사용자에게 무엇이든지 보고 싶으면 이 모든 스크립트가 로딩될 때까지 그냥 기다리라고 강요하는 것과 같다.

대기 시간 

네트워크 연결은 대역폭(bandwidth – bits)과 대기 시간(latency-milliseconds)으로 측정한다. 대기 시간은 요청이 추가되면서 늘어나게 된다. 전통적인 홈 네트워크에서는 다운로드 속도가 8Mbps이고 15ms 정도의 대기 시간을 갖는다. 전통적인 3G망에서는 500Kbps의 다운로드 속도와 100ms의 대기 시간을 갖는다. 따라서 3G망에서는 다운로드 속도가 더 느릴 뿐 아니라 대기 시간도 더 길어질 수밖에 없다.

다운로드가 시작될 때까지 기다리는 것 자체가 매우 고통스러운 일이기 때문에, 대기 시간에 대해 사용자들은 늘 짜증을 낸다. 대기 시간은 많은 요청 때문에 문제가 더 커진다. 예를 들어 헤더 리다이렉트는 좋은 브로드밴드 망에서는 눈에 잘 보이지 않는다. 그러나 3G망을 사용하는 모바일 디바이스에서는 페이지 로딩을 위해 200ms가 더 필요하다. 200ms는 눈에 띄는 지연 시간이다.

낮은 캐시(Cache) 성능 

캐시 최적화에 대해서는 다음에 더 자세히 다룰 예정이다. 여기에서는 단지 PageSpeed와 YSlow의 여러 규칙들을 올바르게 설정하여 브라우저가 데이터를 재패치(re-fetching)하지 않도록 해야 한다는 것만 기억하면 된다.

SECTION 03
YSLOW와 PAGESPEED를 이용한 속도 향상

지금까지 페이지가 느려지는 이유에 대해 간단하게 살펴보았다. 이제부터는 페이지를 빠르게 로딩하는 방법에 대해 살펴보도록 하겠다. 운이 좋게도 웹사이트의 성능 문제를 분석하는 데 도움이 되는 2개의 훌륭한 툴이 있다(둘 다 웹 성능 전문가 스티브 사우더스와 관련이 있다).

YSLOW 

YSlow는 2007년 야후의 성능개선팀(Exccptional Performance Team)이 개발한 툴이다. 이 툴은 성능이 가장 좋은 사이트들과 비교한 결과를 보여준다. YSlow 웹사이트는 34개의 룰 항목들이 있으며, 툴에 대한 테스트는 이 중 23개가 있다. 모든 항목들은 YSlow 웹사이트에서 확인할 수 있다(developer.yahoo.com/yslow/).

그림 3.3은 YSlow에서 '캘리포니아의 새들' 사이트를 실행하면 어떤 일이 생기는지를 보여준다. 좀더 현실에 가까운 테스트를 위해 헤드에 jQuery 링크를 추가했다.

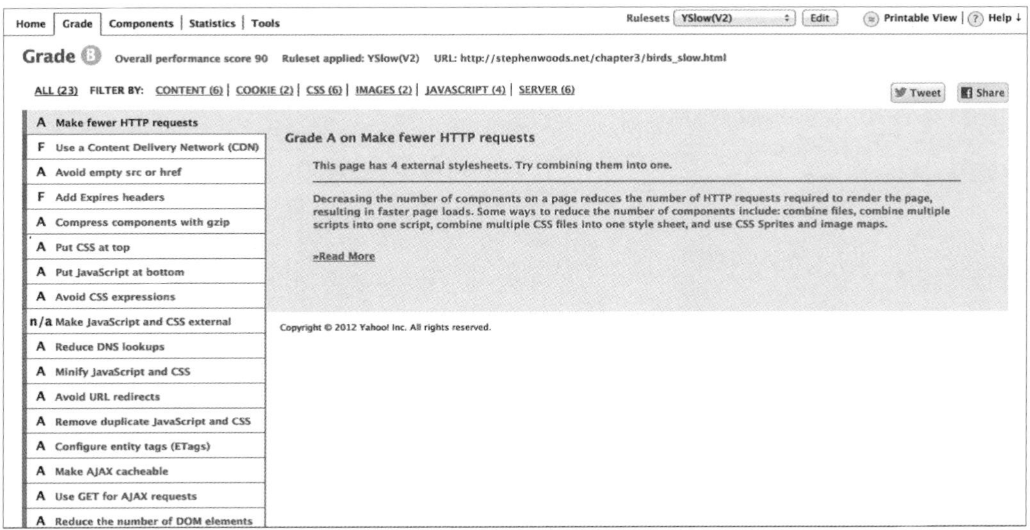

[그림 3.3] '캘리포니아의 새들'에 대한 YSlow의 리포트

이 사이트는 매우 단순하기 때문에, 'B' 등급을 받았다. 4개의 외부 CSS 파일들과 1개의 자바스크립트 파일이 있어서 YSlow는 일부 항목에서 'A' 등급을 주었으나 일부 권고 사항을 언급하고 있다. 'Add expires headers'와 'Use a content delivery network' 2개 항목은 'F'를 받았다. 만료 헤더(expires headers)에 대해서는 Part 04에서 자세히 설명할 예정이다. 처음 소개한 대로 YSlow의 전통적인 포인트 중 하나는 content delivery network에 대한 권고 사항을 언급하고 있다는 것이다. 이것이 YSlow가 '규모가 작은 웹사이트 또는 블로그'에 특화된 룰을 제공하고 있는 이유다.

CDN(Content Delivery Network)은 특정 콘텐츠를 서비스하는 데 이용되며, 여러 지역에 수많은 서버들이 있어서 사용자와 최대한 가까운 거리에 위치한다. 이 서비스는 일반적으로 이미지, 자바스크립트, CSS 파일들을 위해 사용된다.

광케이블 안에서 빛의 속도는 진공 상태보다 느리나. 그래서 1천 킬로미터를 가는 데 11ms 정도가 걸린다. 필자의 웹사이트('캘리포니아의 새들' 사이트의 테스트용)의 서버 호스팅은 댈러스에 위치한다. 만일 필자가 서버로 직접 광케이블을 연결했다고 하면, 거리 때문에 22ms의 추가 대기 시간이 필요하다. 또한 필자와 그 서버 사이의 네트워크는 매우 느리다. 따라서 대기 시간 테스트를 위해 그 서버로 ping을 해보면 50ms의 네트워크 대기 시간이 존재한다. 반면 CDN은 사용자와 매우 가깝게 서버를 구성한다. 필자가 아카마이(Akamai)나 클라우드프론트(CloudFront)에 ping을 해보면 17ms의 대기 시간이 소요된다. 이것은 어마어마한 효과가 있다는 것을 보여준다.

CDN을 사용할 경우 여러분이 CDN에 파일을 업로드하지 않는다. CDN은 여러분의 서버로부터 콘텐츠를 패치하고 사용자에게 그 콘텐츠를 패치하기 위해 캐시(Cache)에 저장한다. 파일이 전용 라인으로 전송되기 때문에 파일을 요청하는 첫 번째 사용자는 장점이 적을 수 있고, 그 사용자는 여전히 거리로 인한 대기 시간을 감수해야 한다. 그러나 이후에 파일을 요청하는 동일한 지역에 있는 다른 사용자들은 캐시된 버전으로 서비스를 받을 수 있으며, 여러분의 사이트가 괜찮은 트래픽을 가지고 있다면 여러분에게도 많은 이득이 될 것이다.

에지 캐시(Edge Cache)의 전체적인 효과는 '히트율(hit rate)'에 기반한다. CDN 캐시에 대한 대부분의 요청들이 빈 캐시나 캐시에 없는 요청일 경우에는 장점이 제한적이다. 이런 경우는 너무 많은 서로 다른 URL을 가지고 있거나 트래픽이 낮고 지역적으로 넓게 퍼져 있어서 에지 캐시의 효과를 볼 수 있는 경우가 드물기 때문에 발생할 수 있는 현상이다.

PAGESPEED 

스티브 사우더스는 야후를 떠나 구글에 입사하여 PaseSpeed팀에 합류했다. PageSpeed는 YSlow를 기반으로 하지만, YSlow보다 더 많은 룰과 더 많은 기능을 가지고 있다. 가장 중요한 것은 PageSpeed는 모바일용 룰셋을 가지고 있다는 것이다.

필자가 모바일 모드를 사용하여 온라인 툴을 통해 '캘리포니아의 새들' 사이트를 실행해 보았다(그림 3.4).

PageSpeed 점수는 YSlow보다 매우 낮은 것을 확인할 수 있다. 그러나 이것은 매우 좋은 결과다. 왜냐하면 필자는 YSlow에서 받은 'A'가 최적화가 잘되었다는 것을 반영하지 않을 것이라고 의심했다. 일반적으로 최적화할 때 YSlow는 좋은 시작 툴이다. 그리고 PageSpeed는 최적화의 다음 레벨로 가고자 할 때 방향성을 알려주는 툴이다.

Overview

The page Birds of California got an overall PageSpeed Score of **46** (out of 100). Learn more

> This PageSpeed Report is generated for this page as it appears on mobile devices. To get a PageSpeed Report for desktop clients, view the desktop report instead.

Suggestion Summary

Click on the rule names to see suggestions for improvement.

- **High priority.** These suggestions represent the largest potential performance wins for the least development effort. However, there are no high priority suggestions for this site. Good job!

- **Medium priority.** These suggestions may represent smaller wins or much more work to implement. You should address these items next: Serve scaled images, Inline Small CSS, Defer parsing of JavaScript, Leverage browser caching

- **Low priority.** These suggestions represent the smallest wins. You should only be concerned with these items after you've handled the higher-priority ones: Optimize images, Specify a character set

- **Experimental rules.** These suggestions are experimental, but do not affect the overall PageSpeed score. Consider these items as points to an area to explore, but your mileage might vary: Use an Application Cache, Avoid a character set in the meta tag, Eliminate unnecessary reflows

- **Already done!.** There are no suggestions for these rules, since this page already follows these best practices. Good job!

[그림 3.4] '캘리포니아의 새들' 사이트에 대한 PageSpeed 모바일 보고서

PageSpeed는 룰을 6개의 기본 카테고리로 묶어놓았다. 각각에 대한 문서는 PageSpeed 사이트에서 받을 수 있다(https://developers.google.com/speed/docs/best-practices/rules_intro).

- 캐싱 최적화—애플리케이션의 데이터와 로직 유지
- 왕복 시간 최소화—순차적인 요청/응답 사이클의 횟수 감소
- 요청 오버헤드 최소화—업로드 크기 감소
- 페이로드 크기 최소화—응답, 다운로드, 캐시된 페이지의 크기 감소
- 브라우저 렌더링 최적화—브라우저의 페이지 레이아웃 개선
- 모바일 최적화—모바일 네트워크와 모바일 디바이스의 특성에 맞게 사이트 변경

현재 2개의 권고 사항을 포함하고 있는 모바일 카테고리는 2가지가 있는데 '자바스크립트 파싱 지연'과 '페이지가 캐시될 수 있도록 생성'이다. 첫 번째 내용에 대해서는 간단하게 살펴볼 것이고, 두 번째 내용에 대해서는 너무 많은 이슈가 있기 때문에 특별히 언급하겠다. 일반적인 경우 모바일 사용자들은 별도의 모바일 웹사이트로 리다이렉트되어 접속한다(예를 들어 플리커(Flickr)의 경우 모바일 사용자는 www.flickr.com에서 m.flickr.com으로 리다이

렉트된다). 이것은 리다이렉트로 인해 부가적인 접속이 추가되기 때문에 매우 고비용의 방법일 수밖에 없다(헤더 안에 있는 리다이렉트 전송 메시지는 다른 위치에 있는 다른 리소스를 패치하라는 의미다).

이 문제는 리다이렉트를 캐시한다면 어느 정도 경감할 수 있는데, '만료(expires)' 헤더를 포함하면 된다(이 헤더는 2012년 8월 26일에 설정되었다).

```
HTTP/1.1 302 Moved Temporarily
Date: Mon, 27 Aug 2012 22:34:05 GMT
Expires: Sat, 25 Aug 2012 22:34:05 GMT
Cache-Control: private, max-age=86400
```

필자는 과거에는 Cache-Control : private를 포함하고 expires를 설정했고, 미래의 언젠가를 위해 max-age를 설정했다. 왜 먼 미래를 위해 설정하지 않은 것일까? 그리고 왜 Cache-Control : private을 사용했을까? 필자는 프록시에 대해 관심을 가지고 있었다. 많은 사용자들이 성능 향상을 위해 캐시 기능이 있는 프록시를 통해 인터넷에 접속하고 있다. 리다이렉트가 캐시되었다면 모바일 사용자는 데스크톱 사용자와 동일한 프록시를 통해 리다이렉트된 모바일 사이트로 접속할 수 있을 것이다.

PageSpeed는 많은 흥미 있는 툴들을 가지고 있고, 여러분이 직접 수정해서 페이지에 적용할 수 있는 서비스를 가지고 있다. PageSpeed 웹사이트에 가입하면 놀라운 리소스들을 볼 수 있을 것이다(developers.google.com/speed/pagespeed).

일반적인 문제 해결

'캘리포니아의 새들' 사이트는 사용자 입장에서는 성능의 문제가 심각하지 않지만 더 좋아지게 만들 수 있다. 그 첫 단계는 측정이다. 앞서 웹킷 개발자 툴들에 대해 설명한 바 있는데,

또 다른 툴이 찰스 프록시다(Charlesproxy.com). 찰스는 모든 요청을 점검할 수 있고, 요청의 중단점을 추가할 수 있고, 낮은 대역폭 상황을 시뮬레이션할 수 있는 툴이다. 개발자 툴들이 HTTP에 대한 충분한 정보를 여러분에게 제공해 주지 못한다고 판단될 때 찰스가 여러분에게 도움을 줄 수 있을 것이다.

시작을 위해 찰스 프록시를 열어보자. 전형적인 3G 연결 시뮬레이션을 사용한다.

〈Proxy〉 메뉴를 클릭하고 〈Throttle Settings〉를 선택한다(그림 3.5).

[그림 3.5] Throttle Settings 설정

우리 목적에 맞게 3G preset을 설정한다(그림 3.6).

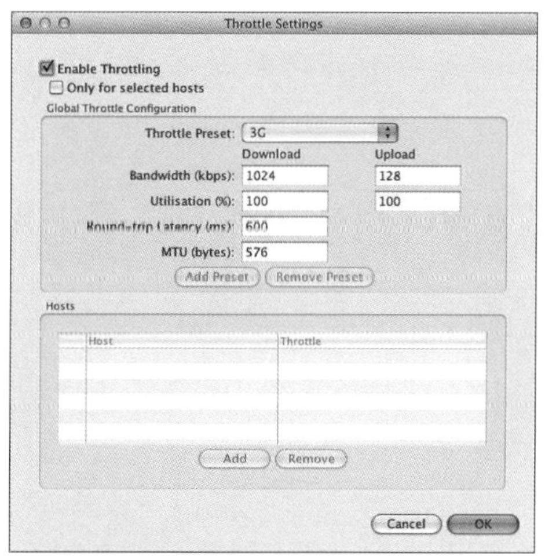

[그림 3.6] 3G preset이 선택된
Throttle Settings 다이얼로그 박스

이제 문제점을 보기 위해 페이지를 새로고침한다(그림 3.7).

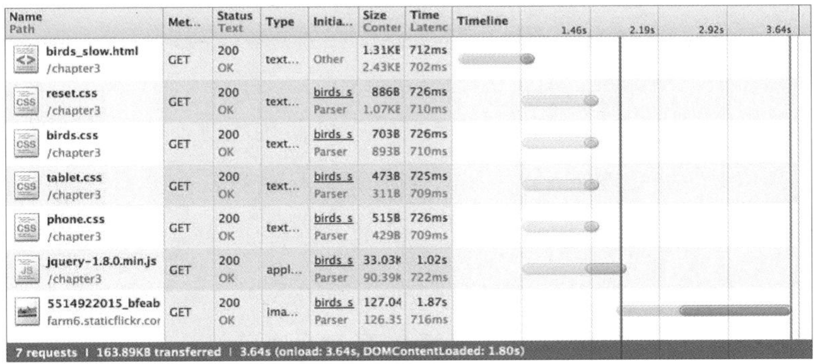

[그림 3.7] '캘리포니아의 새들'의 폭포수 그래프

페이지는 3.5초의 로딩 시간을 갖는다. 명백하게 높은 대기 시간이 문제가 되지만 향상될 수 있는 많은 요인이 있다. 타임라인을 보면 어디에 문제가 있는지 확인할 수 있다.

- 요청이 너무 많다.
- jQuery 로딩이 끝나기 전에 이미지 로딩은 시작조차 되지 않았다.
- 이미지가 너무 크다.

적응형 이미지(Adaptive Image)라는 기발한 기술이 있지만 이것은 우리가 필요로 하는 것보다 더 많은 바이트를 다운로드해야 한다.

이제 위에 언급한 문제들을 하나씩 살펴보겠다.

요청이 너무 많다 

미디어 쿼리를 사용하는 모바일에서 하나의 파일과 하나의 요청을 CSS 파일로 묶는 것은 매우 사소한 일이다. link 내에서 'media' 파라미터를 사용하는 대신 CSS 미디어 쿼리를 사용할 수 있다.

```
<link rel="stylesheet" media="only screen and (max-width: 800px)"
 → href="tablet.css">
```

이것을 다음과 같이 변경했다.

```
@media only screen and (max-width: 800px) {
}
```

CSS 파일을 들여다보자. CSS 파일들을 묶은 결과 우리가 필요로 하는 모든 CSS를 포함하고 있는 combo.css 파일을 얻어냈다.

```
[Reset.css content]
[Birds.css]
@media only screen and (max-width: 800px) {
[Tablet.css content]
}
@media only screen and (max-width: 480px) {
[Phone.css content]
}
```

이 상황을 어떻게 개선했는지 살펴보자(그림 3.8).

전혀 도움이 된 게 없다. 1초라도 빨라지거나 부하를 줄였으면 했지만 차이가 미미하다. 고려할 것이 있다면 빈 캐시(Empty Cache)를 살펴봐야 한다―그럴 만한 이유가 있다. 모바일 브라우저 캐시는 매우 제한적이다(Part 04에서 자세히 다룰 예정이다)―큰 기대는 하지 않기를 바란다.

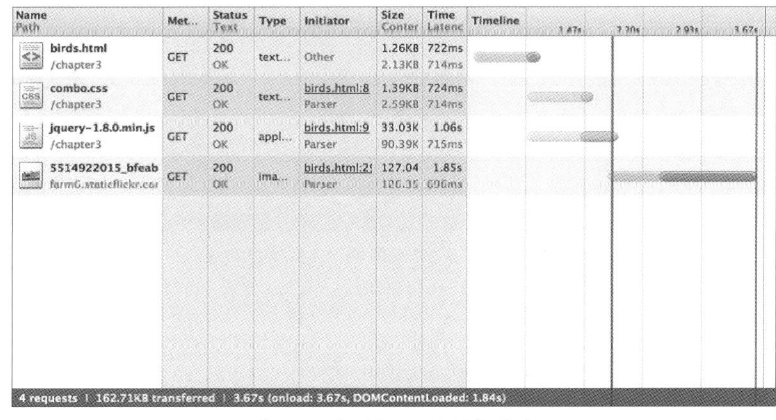

[그림 3.8] 모든 CSS를 묶은 효과

실제 데이터를 모아보면 얼마나 자주 사용자들이 준비된 캐시로 사이트에 접근하는가를 알수 있을 것이다(YSlow팀이 2007년에 수집한 데이터에 따르면, 모든 페이지 뷰들의 20%는빈 캐시라고 한다). 우리는 Part 04에서 캐싱 전략에 대해 다루고자 한다. 그러나 우선은 계속 진행하고 인라인 스타일들을 그때그때 처리할 것이다. 또한 우리는 조금이라도 바이트를절약하기 위해 화이트 스페이스를 제거할 것이다.

최상 경로(CRITICAL PATH)

불행하게도 스타일들을 인라인으로 처리하는 것은 상황을 크게 개선할 수 없다. 폭포수 그래프를 살펴보면 '최상 경로(Critical Path)'가 어디인지를 찾아낼 수 있다. 이 사이트에서는이미지 외에 jQuery가 가장 큰 문제라는 것은 누가 봐도 분명하다. 사실 이미지는 jQuery가종료될 때까지 로딩을 시작하지도 않는다. 왜냐하면 이미 알고 있듯이 jQuery가 로드되고파싱되기 전까지 스크립트 태그들의 렌더링이 중단되기 때문이다. 또한 스크립트 태그가 렌더링되기 전에 이미지 태그는 다큐먼트 내에 존재하지 않기 때문에 브라우저는 jQuery가 완전히 로드되기 전까지는 패치(fetch)를 시작할 수 없다.

이 문제를 해결할 수 있는 가장 빠른 방법은 스크립트를 페이지 상단이 아니라 페이지 하단에 넣는 것이다. 이 방법은 사용자에게 빈 페이지를 보여주지 않으면서 스크립트가 패치될 수 있다. 그리고 인라인 리소스들이 스크립트와 병렬적으로 패치될 수 있다. 이렇게 해서'캘리포니아의 새들' 사이트가 드라마틱하게 개선된 것을 볼 수 있다(그림 3.9).

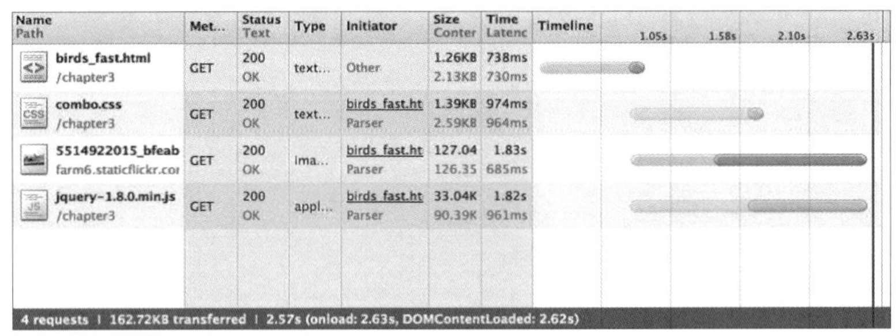

Name Path	Met...	Status Text	Type	Initiator	Size Conter	Time Latenc	Timeline
birds_fast.html /chapter3	GET	200 OK	text...	Other	1.26KB 2.13KB	738ms 730ms	
combo.css /chapter3	GET	200 OK	text...	birds_fast.ht Parser	1.39KB 2.59KB	974ms 964ms	
5514922015_bfeab farm6.staticflickr.cor	GET	200 OK	ima...	birds_fast.ht Parser	127.04 126.35	1.83s 685ms	
jquery-1.8.0.min.js /chapter3	GET	200 OK	appl...	birds_fast.ht Parser	33.04K 90.39K	1.82s 961ms	

4 requests | 162.72KB transferred | 2.57s (onload: 2.63s, DOMContentLoaded: 2.62s)

[그림 3.9] 자바스크립트를 하단으로 옮긴 효과

위 그림에서 볼 수 있듯이 이미지가 스크립트 전에 시작되고 2개의 로딩이 병렬적으로 진행되고 있다. 이전 테스트를 기준으로 보면 로딩 시간이 1초 빨라졌다. 더 중요한 것은 사용자가 2초 내에 페이지를 볼 수 있다는 것이다. 사용자는 모든 리소스가 로딩되기까지 얼마나 오래 걸리는지에 대한 성능 측정을 하지 않는다. 사용자는 그들이 원하는 콘텐츠를 보기 위해 그들이 얼마나 오래 기다려야 하는지를 기준으로 성능을 인식할 뿐이다.

이미지가 너무 크다!

다시 잘 보면 상황이 여전히 장밋빛으로 보이지는 않을 것이다. 이미지가 아주 불쾌할 정도로 눈에 띄게 두드러진다. 이 책의 압축된 텍스트가 약 250Kbytes 정도다. 지금까지 우리가 사용한 갈매기의 이미지는 이 크기의 절반 정도다. 모바일 사이트를 위해 바이트를 줄이려고 할 때, 일반적으로 이미지는 가장 큰 문제가 된다. 더 안 좋은 것은 최근 폰들은 고화질 화면이라는 것이다. 아이폰4는 가로로 960×640의 픽셀 면적을 가지고 있고, 삼성 갤럭시 S3는 굉장히 큰 1280×720의 픽셀 면적을 가지고 있다. 모바일 사용자들은 일반적으로 네트워크가 느리지만 고화질의 화면은 데스크톱과 동일하거나 그보다 높은 배율의 이미지를 요구한다.

운 좋게도 '캘리포니아의 새들' 사이트는 사용자의 인터페이스를 위해 어떤 이미지를 사용하라고 요구하지 않았다. 만약 그런 요구가 있었다면 우리는 CSS gradients, 박스 그림자, 모서리 등 할 수 있는 모든 이미지를 대체해야 한다. 여전히 큰 사이즈의 이미지를 가지고 있다. 사용자들은 자신들에게 그들이 필요한 크기의 이미지가 다운로드되기를 원한다. Flickr에서는 모든 이미지 크기가 자동적으로 생성된다. Flickr는 각각 이미지에 대해 고화질 디스플레이를 지원하기 위해 일반 크기 이미지를 2개의 다른 버전으로 생성하고, 이를 포함해 11개의 서로 다른 이미지를 생성한다.

대부분의 웹사이드는 Flickr가 아니나. 우리는 이렇게 서로 다른 이미지를 빠르게 생성할 수 있는 수백만 달러의 시스템을 가지고 있지 않다. 이런 시스템이 없는 대신 필자는 단지 포토샵만을 가지고 있을 뿐이고, 앞으로 사이트가 크게 성장한다면 아마도 꽤 많은 새들의 그림을 가지고 있을 것이다. 브라우저에서 고해상도 이미지를 사용하는 것은 많은 노동력을 필요로 하고 그만큼의 비용이 소모될 수밖에 없다. 만일 여러분이 필요로 하는 모든 크기를 만들어낼 수 없다면, 여러분은 어느 선에서 타협해야 한다. 이 사이트를 위해 필자가 생각하는 최적화는 가장 일반적인 경우다.

결정하기 위해서는 실제 데이터보다 더 나은 것은 없다. 여러분은 사용자들이 가로로 보는지, 세로로 보는지, 화면 조정을 하는지 등 사용자들의 행위에 대해 수집하는 간단한 리포팅 툴들을 만들 수 있다. 대부분의 분석 툴은 일반적인 보고서에 이런 데이터를 모아서 제공하거나, 커스텀(custorm) 데이터를 저장할 수 있는 기능을 제공한다. 대부분의 모바일 사용자들은 요금제에 따라 사용할 수 있는 데이터 양이 제한되어 있다는 것을 명심해야 한다. 레티나(retina) 화면에서는 큰 이미지가 좋아 보일 수 있다. 그러나 신중해야 한다. 여러분이 사용자들에게 큰 이미지에 대한 비용을 지불할 것인지 물어볼 필요가 있다. 이것이 '캘리포니아의 새들'의 모바일 디자인이 불필요한 부분을 잘라낸 이미지를 가지고 있는 이유다.

대부분의 폰 사용자들은 아마도 세로 모드에서 '캘리포니아의 새들' 사이트를 볼 것이다. 가로 모드에서 일부 추가 기능을 제공하지 않고, 이상적이지는 않아도 사용자들이 받아들일 수 있는 화면을 제공하기 때문에 큰 문제가 없다고 본다.

태블릿에서는 우리가 만든 이미지가 잘 맞는다. 폰에서는 일반 화면과 레티나 화면을 위해 잘린 2개의 이미지를 만들 것이다. 앞서 잘린 이미지는 100px과 화면의 폭을 채우는 것으로 정의했다. 세모 모드의 갤럭시 S3는 전체 픽셀이 720px이고, 대부분 다른 일반 디바이스들도 비슷하다. 이것은 잘린 바다 갈매기 이미지가 전체 픽셀이 720px 필요하다는 것을 말한다. 또한 다양한 화상의 가로세로 비율을 수용할 정도로 충분한 길이가 필요하다는 것을 말한다. 필자는 이것을 레티나 화면을 지원하기 위해 최소 200 물리적 픽셀을 의미하는 100 CSS 픽셀 높이로 정의했다. 아이폰에서 이미지는 전체 픽셀이 640px으로 축소된다. 삼성 갤럭시에서 이미지는 12.5% 넓어진다. 이미지가 너무 짧아지는 것을 막기 위해서는 이미지를 225픽셀로 12.5% 크게 만들어야 한다. 결과적으로 720×225와 낮은 해상도를 위한 360×113으로 2개의 이미지를 만들어야 한다. 이것은 가로 모드에서 레티나 이미지를 완벽하게 지원할 수 있는 충분한 크기는 아니다. 그러나 480px 이미지보다는 낫다. 그리고 우리의 목적을 달성하기에 충분한 선택이다. 가로 모드를 지원하기 위해 2개의 이미지를 더 만들어야 한다. 그러나 이것은 불필요하다고 생각하며 충분히 상충점을 찾은 선택이라고 생각한다. 그림 3.10을 살펴보라.

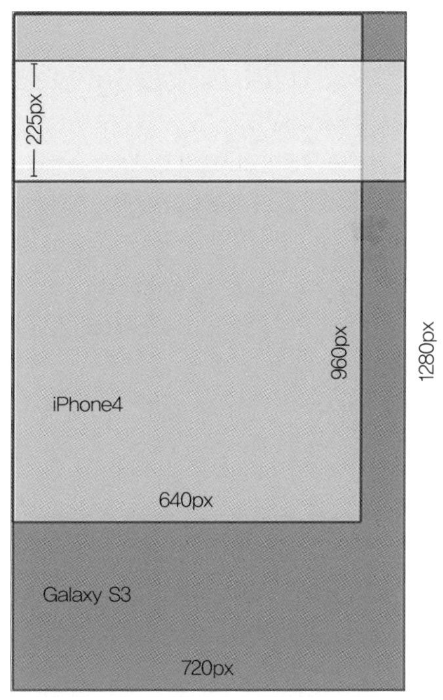

[그림 3.10] 이미지가 지원해야 할 최대 면적

다음 트릭은 확실하게 모바일 클라이언트가 큰 이미지를 다운로드하지 않게 할 것이다. 단지 그 디바이스가 적절하게 보여줄 수 있는 이미지를 다운로드한다. 여기에는 여러 가지 기술이 필요하지만, 필자는 CSS를 사용하는 것을 선호한다. 다시 말하지만 미디어 쿼리가 디스플레이의 속성에 기반해서 스타일들을 오버라이드하는 방법을 제시하며 우리에게 도움을 주었다. 이 기술을 적용하기 위해서는 〈img〉 태그를 백그라운드 이미지가 포함된 〈div〉로 변경해야 한다. 또한 코드 안에 더 많은 시맨틱(Semantic)을 선호한다면, src에 아주 작은 투명한(transparent) GIF와 함께 이미지 태그를 사용할 수 있다. 물론 src에서 화면에 보여지는 실제 이미지를 표현하지 않는다면 시맨틱은 사라진다.

새로운 'hero image' 마크업은 다음과 같다.

```
<div class="hero-shot">
        <a href="http://www.flickr.com/photos/catlantis/5514922015/">
                <div role="img"
                        aria-label="California gull flying"
                        class="hero-img">
                </div>
                <p class="caption">Photo By
        <a href="http://www.flickr.com/photos/catlantis/5514922015/">
                C.L. Maclay
        </a>
                </p>
</div>
```

여기서 〈div〉를 사용하여 시맨틱(Semantic)이 깨졌다. 그러나 Web Accessibility Initiative-Accessible Rich Internet Applications(WAI-ARIA)라는 기술을 가져왔다. 부가적인 속성(attribute)을 가진 ARIA arguments HTML은 각 요소(elemant)들에게 시맨틱과 그 외의 정보들을 명확하게 할당하기 위해 설계되었다.

ARIA 라벨을 위해 이미지의 'alt' 속성을 바꿈으로써 최소한 스크린 리더(단말기)와 다른 보조 기술에서는 의미를 되찾을 수 있다. 앞서 우리는 연속적인 원소들에 비례해 커지는 이미지를 맞추기 위해 100%로 max-width를 설정했다.

```
.hero-shot {
        width: 50%;
        float: left;
        margin-right: 10px;
}
.hero-img {
        max-width: 100%;
}
```

불행하게도 이 트릭은 〈div〉 태그와 함께 동작하지 않는다. 이미지는 DOM 안에 원래 크기를 가지고 있기 때문에 이것은 이미지와 함께 동작한다. 만일 이미지의 폭과 높이를 정의하지 않는다면, 원본 이미지의 원래 면적을 사용할 것이다. 스타일을 바꾸지 않고 마크업을 바꾼다면 .hero-shot은 높이가 0으로 될 것이다. 우리가 맨 먼저 해야 할 일은 백그라운드 이미지를 설정하는 것이다. 실제 크기 이상으로 이미지가 커지는 것을 원하지 않기 때문에 max-width를 정의해야 한다. 또한 width를 100%로 설정해야 한다.

```
.hero-img {
    max-width: 640px;
    width: 100%;
    background: url(gull-640x360.jpg);
}
```

여기에는 여전히 height가 명시되어 있지 않다. 이제 width처럼 %로 height를 설정해야 하는데, 이 경우 사진이 640 × 360이므로 width의 56% 정도로 height를 설정할 수 있다. 일반적으로 CSS 내에서 수학적 로직을 직접 할 수는 없지만, 이 경우는 운이 좋은 편이다. CSS 패딩은 특정 %가 지정되었을 때, 그 대상의 width %를 참조해서 세로로 패딩을 하게 된다. 그래서 우리는 다음과 같이 할 수 있다.

```
.hero-img {
    max-width: 640px;
    width: 100%;
    height: 0;
    padding-bottom: 56%;
    background-size: 100%;
    background: url(gull-640x360.jpg);
}
```

〈div〉는 이전과 같은 규모지만, 이제는 img src가 아닌 CSS background 이미지를 가지고 있다. 이것은 매우 좋은 트릭이라고 볼 수 있다. 그러나 이것이 많은 바이트를 다운로드할 때 발생하는 문제에 대한 실질적인 해결책은 아니다. 그럼 어떻게 이 문제를 해결할 것인가?

먼저 서로 다른 레이아웃을 가지는 다른 크기의 이미지들을 해결해야 한다. 이번에는 미디어 쿼리를 사용하여 이미지에 변화를 주려고 한다. 큰 사이즈를 사용해도 문제가 없고, 브라우저 창의 크기를 조정하는 데스크 톱 사용자를 위함이다. 이들에게는 네트워크 대역폭이나 메모리가 문제가 되지 않는다.

```
@media only screen and (min-width: 800px) {
    .hero-img {
        background: url(gull-640x360.jpg);
    }
}
```

태블릿에서는 이미지의 최대 크기가 390×219이다. 우리가 이미 만든 이미지보다 훨씬 작다. 사용자들은 가로 모드와 세로 모드, 2가지 성향을 가지고 있다.

가장 큰 태블릿 브라우저 폭(CSS px)은 1024이다. 이 크기는 데스크톱에서도 문제없고, 아이패드와 레티나 디스플레이에서 50%로 줄여도 문제없을 정도로 큰 사이즈다.

폰으로 관점을 돌려보자. 잘린 이미지는 동일한 내부 div로 유지할 수 있다. 그러나 포함된 요소들은 100px 높이로 설정한다. 우리가 해야 할 것은 이미지 src를 변경하는 것이다.

```
@media only screen and (max-width: 480px) {
    .hero-img {
        background: url(gull-360x112.jpg);
    }
}
```

대부분의 새로운 폰들은 고해상도 디스플레이를 가지고 있다. 여기에 2개의 접근 방법이 있는데, 레티나와 HiDPI 디바이스를 위해 분리된 각각의 이미지를 로딩하는 것이다. 가장 단순한 방법은 image-set이라는 새로운 CSS 함수이다. 이 함수는 iOS6, 크로미엄 20, 사파리 6, 그리고 안드로이드 크롬 최신 버전에서 지원한다. 아직 표준은 아니고 제안(proposal) 수준으로 접두어 없이 사용하려면 개선이 더 필요하다. image-set과 함께 디바이스 픽셀 밀도에 따라 다른 URL을 정의할 수 있다. 모든 CSS 픽셀을 위해 2개의 물리적 픽셀이 존재하기 때문에 아이폰4 또는 아이폰5는 2x이다.

구문은 다음과 같이 단순하다.

```
@media only screen and (max-width: 480px) {
    .hero-img {
        background: url(gull-720x225.jpg); /* image-set을 지원하지
                                  않는 사용자 에이전트들을 위한 대안 */
        background: -webkit-image-set(
            url(gull-360x112.jpg) 1x,
            url(gull-720x225.jpg) 1.5x,
            url(gull-720x225.jpg) 2x
        );
    }
}
```

접두어에 정의되었지만 이것은 WebKit- 전용이다. 불쾌하긴 하지만 효과적인 접근 방법이다. 미디어 쿼리로 device-pixel-ratio를 명시할 수 있다. 단순한 미디어 쿼리 하나로 모든 고해상도 디바이스를 지원할 수 있다.

```
@media only screen and (min-device-pixel-ratio : 1.5) {
    .hero-img {
        background: url(gull-720x225.jpg);
    }
}
```

그리고 머지않아 device-pixel-ratio를 접두어 없이 사용할 수도 있을 것이다. 지금은 제공자 접두어를 위해 동일한 블록을 한 번 더 써야 한다(미디어 쿼리는 콤마를 쓰는 다중 룰을 지원하지 않는다). 파이어폭스용 구문은 오타가 아니다. 실제 파이어폭스를 위한 구문이 min-moz-device-pixel-ratio다.

```
/* webkit */
@media only screen and (-webkit-min-device-pixel-ratio: 1.5){
        /* Css */
}
/* firefox mobile. */
@media only screen and (min--moz-device-pixel-ratio: 1.5) {
        /* Css */
}
/* opera */
@media only screen and (-o-min-device-pixel-ratio: 3/2) {
        /* Css */
}
```

필자가 언급했듯이 불쾌하지만 효과적이다.

05 진행 결과 확인
SECTION

모든 것을 취합해 보자. 그리고 얼마나 좋아졌는지 살펴보자. 우리는 인라인 스타일을 추가했고, 자바스크립트를 하단으로 옮겼고, 이미지를 최적화했다. 우리가 크롬에서 사이트를 로딩했을 때(윈도우를 최대한 좁게 할수록 작은 이미지를 다운로드하게 된다) 극적으로 개선된 것을 볼 수 있다(그림 3.11).

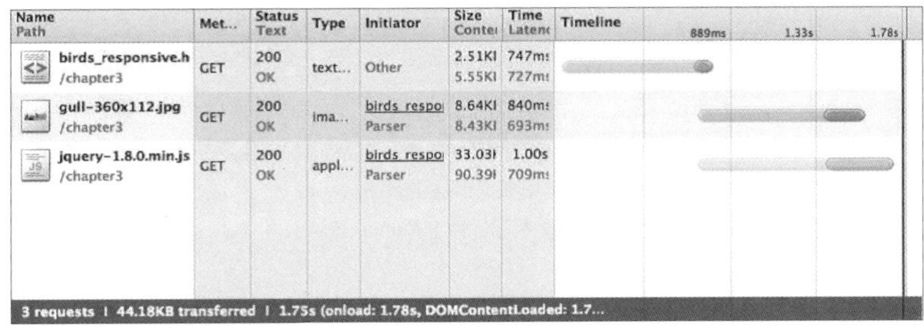

[그림 3.11] 완전히 최적화된 '캘리포니아의 새들' 웹사이트

우리는 큰 힘 안 들이고 2개의 두 번째 장애물을 해결했다. 타임라인을 주시하는 것은 매우 좋은 습관이고, PageSpeed를 통해 자주 사이트를 실행하면 큰 성능 이슈들이 바로 드러나게 된다.

정리

Part 03에서는 첫 번째 페이지가 로딩될 때 스피드를 향상하는 기본적인 방법에 대해 학습했다. 그리고 다양한 디바이스를 위해 이미지를 제공하는 것이 얼마나 복잡한지에 대해서도 알아보았다. 우리는 이 책 곳곳에서 이런 단순한 내용을 되짚어볼 것이다. 여러분의 사이트가 빠르게 보이도록 만드는 데 가장 중요한 것이 첫 번째 페이지 로딩이다. Part 04에서는 사용자들이 두 번째로 사이트를 방문했을 때 로딩 속도를 어떻게 향상할 수 있을지에 대해 살펴보도록 하겠다.

컴퓨팅 성능의 상당 부분이 캐시에 달려 있다. 기본적으로 캐싱은 처음 확보한 데이터를 어딘가에 저장하고 다음번에는 빨리 처리하기 위해 저장된 데이터에 접근하는 것을 말한다. 웹에서 우리는 사용자가 자주 방문하는 사이트에 대한 속도를 최대한 향상하기 위해 캐싱을 이용하며, 사용자의 두 번째 방문이 첫 번째 방문했을 때 걸린 시간보다 빨리 처리된다는 것을 기억해야 한다.

모바일에서 장소에 상관없이 우리는 캐싱을 가장 효과적으로 사용할 수 있기를 바란다. 터치 디바이스에서 캐싱을 지원하기 위한 주요 도구로 일반적인 브라우저 캐시, 내부 저장소(localStorage), 애플리케이션 캐시가 있다. Part 04에서는 일반적인 브라우저 캐시에 대해 살펴보기로 하겠다. 그러나 내부 저장소와 매뉴얼 캐싱을 위한 강력한 툴인 영구 저장소(persistent storage)용의 조금 새로운 API, 그리고 애플리케이션 캐시가 더 좋은 성능을 가져올 수 있다.

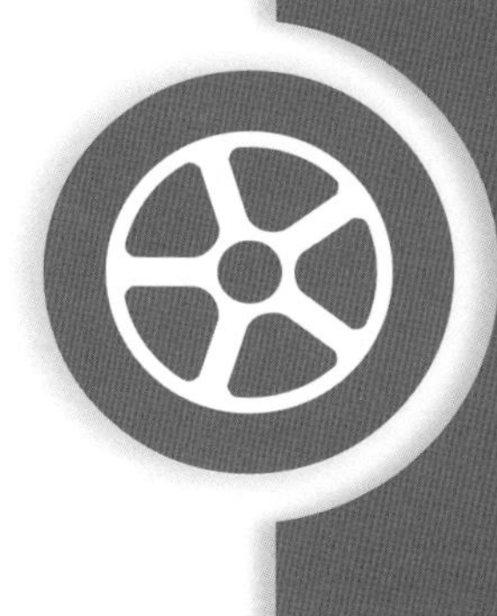

PART 04

두 번째 방문 시 속도 향상

HTTP 내에서의 캐싱

HTTP는 캐싱을 염두에 두고 설계되었다. 캐시 중에 우리와 가장 친숙한 것은 브라우저 캐시다. 물론 캐싱 기능을 가진 프록시도 있다. 이것들은 모두 동일한 규칙을 따른다. 다음은 HTTP 캐시를 제어하기 위한 3가지 방법이다.

- 기간(Freshness)
- 유효(Validation)
- 무효(Invalidation)

기간(FRESHNESS) 

기간, 다른 말로 TTL(Time to Live)이라고 부르며 매우 단순한 개념이다. 헤더를 이용해 캐싱 에이전트가 얼마나 오래 리소스를 캐시하고 있을지를 설정한다. 가장 단순한 방법은 만료 헤더(Expires header)를 이용하는 것이다. YSlow와 PageSpeed는 정적인 콘텐츠에 대해서 먼 미래로 만료 헤더를 세팅하도록 가이드하고 있다.

이는 가능하다면 정적인 리소스(CSS와 자바스크립트와 같은)들은 절대 다시 패치(fetch)되어서는 안 된다는 의미다. YSlow는 멀리 동떨어진 미래로 만료일을 세팅하도록 가이드하기도 한다.

```
Expires:Thu, 15 Apr 2025 20:00:00 GMT
```

이것은 캐시할 공간을 모두 소진할 때까지 브라우저(또는 캐싱 프록시)가 이 파일을 저장하고 있으라는 의미다.

유효(Validation) 

유효는 캐싱 에이전트가 전체 리소스에 대해 요청하지 않고 오래된 캐시 데이터를 여전히 사용해도 괜찮은지 결정할 수 있는 방법을 제공한다. 브라우저는 If-Modified-Since 헤더로 요청을 생성할 수 있다. 이때 서버가 304 Not Modified 응답을 전송하면 브라우저는 서버로부터 리패치를 받지 않고 캐시에 저장되어 있는 파일을 사용할 수 있다.

또 다른 방법으로는 ETag가 있다. ETag는 해시(Hash)를 이용해서 만드는 유일한 식별자로, 짧은 스트링(string)을 비교하여 날짜 체크 없이 캐시에 저장된 데이터의 유효성을 판단한다. 요청하는 에이전트가 조건부 요청(conditional request)과 ETag를 포함한 if-None-Match를 생성한다. 만일 현재 콘텐츠가 클라이언트의 ETag와 일치한다면 서버는 다시 304 응답을 전송한다.

캐시의 유효성 판단을 위해 서버로 모든 정보를 요청하게 된다. 그것은 파일을 다시 다운로드하는 것보다는 좋은 방법이지만, 모든 정보를 요청하는 것은 가능한 피하는 것이 더 좋다. 그 이유는 먼 미래로 만료일이 설정된 파일들 때문이다. 만일 캐시된 아이템들이 만료되었을 경우에는 브라우저가 그것의 유효성을 체크하는 시도 자체를 하지 않는다.

무효(Invalidation) 

브라우저는 몇 가지 행동을 한 후에 캐시된 아이템들을 무효 처리하는데, 가장 일반적인 방법으로 동일한 URL에 non-GET 처리를 한다.

일반적인 캐시의 동작 방식 

만일 헤더나 그 외 다른 것들을 설정하지 않는다면, 브라우저 캐시는 일반적으로 어떻게 동작할까? 대부분의 브라우저는 최대 캐시 크기를 가지고 있다. 최대 크기만큼 데이터가 채워지게 되면, 최근에 가장 적게 사용된 캐시로부터 아이템들이 삭제된다. 그래서 오랫동안 사용되지 않은 캐시된 아이템들은 삭제되고, 가장 자주 사용되는 아이템들이 캐시에 유지된다. 이 알고리즘은 결과적으로, 어떤 아이템들이 삭제될지 결정하는 것은 완벽하게 사용자의 행위에 달렸다는 것이고, 어떤 아이템이 삭제될지 예측하는 정확한 방법은 없다는 것을 말한다. 여러분이 캐시 헤더를 고려하지 않고 있다면, 일부 브라우저들은 여러분이 원하지 않는 아이템들도 캐시를 하게 될 것이고, 정작 여러분이 원하는 아이템들 중에는 캐시를 하지 않는 아이템이 있을 것이라는 예측이 가능하다.

02 SECTION | 모바일에서의 최적화

브라우저 캐시는 데스크톱에서는 가장 중요한 부분이다. 그러나 터치 디바이스에서는 그 정도로 중요하지는 않다.

iOS5에서 브라우저 캐시는 100MB로 제한적이고 앱 실행과의 사이에서 영구적이지 않다. 그것은 만일 폰이 재부팅을 하거나 브라우저를 종료하거나 크래시(crach)가 발생했을 경우 브라우저가 재시작을 하면 전체 캐시가 모두 삭제되어 비워진다는 것을 의미한다. 안드로이드 2.k의 내장 브라우저(가장 많이 설치된 버전)은 단지 5.7MB의 캐시 제한을 가지고 있고, 개별 도메인이 아닌 전체 캐시의 크기다(표 4.1).

운영체제	브라우저	최대 크기(영구적)
iOS 4.3	Mobile Safari	0
iOS 5.1.1	Mobile Safari	0
iOS 5.1.1	Chrome for iOS	200MB+
Android 2.2	Android Browser	4MB

운영체제	브라우저	최대 크기(영구적)
Android 2.3	Android Browser	4MB
Android 3.0	Android Browser	20MB
Android 4.0 – 4.1	Chrome for Android	85MB
Android 4.0 – 4.1	Android Browser	85MB
Android 4.1	Firefox Beta	75MB
BlackBerry OS 6	Browser	75MB
BlackBerry OS 7	Browser	85MB

[표 4.1] 브라우저의 영구 캐시 크기(Persistent Cache Size)
* Guy Podjarny의 연구 결과 참조(www.guypo.com)

이것은 사이트의 캐시 성능을 최적화하는 데 매우 중요한 요소다. 그러나 브라우저 캐시 크기가 매우 제한적이라는 것은 사용자들이 자주 빈 캐시로 사이트를 방문할 것이라는 것을 의미하며, 따라서 이 상태를 그대로 방치해서는 안 된다.

정적인 리소스들을 위해 좋은 헤더를 살펴보면 다음과 같다.

```
HTTP/1.1 200 OK
Content-Type: image/png
Last-Modified: Thu, 29 Mar 2012 23:53:57 GMT
Date: Tue, 11 Sep 2012 21:36:44 GMT
Expires: Wed, 11 Sep 2013 21:36:44 GMT
Cache-Control: public, max-age=31536000
```

Cache-Control: public은 프록시들이 SSL 리소스들을 캐시할 수 있도록 보장한다. 그 max-age는 1년이고(1년을 초로 환산한 값), 만료일 또한 1년 후이다.

실질적으로 특정 서버의 환경 설정을 어떻게 하는지 이해하고 있다면, 헤더들이 더 정확하게 작성될 수 있다. 만일 분리된 환경에서 개발자들과 업무를 하고 있다면 이런 것들이 얼마나 중요한지 개발자들에게 친절하게 각인시킬 필요가 있다.

실제 콘텐츠가 많은 대형 사이트들은 프록시들이 아무렇게나 캐싱을 하는 것을 방지하기 위해 cache-control: private를 사용한다. '캘리포니아의 새들' 사이트는 콘텐츠가 그렇게 많이 바뀌지 않고, 서버에서 우리가 1시간 내에 만료하는 캐시 헤더를 설정할 수 있다. Nginx를 사용해 우리가 직접 만료를 설정할 수 있다.

```
location / {
expires 1h;
}
```

다음은 사이트에 05:16:45 PST에 접속했다고 가정했을 때 헤더 내의 결과다.

```
Last-Modified: Thu, 05 Jul 2012 17:15:35 PST
Connection: keep-alive
Vary: Accept-Encoding
Expires: Wed, 14 Nov 2012 06:16:46 PST
Cache-Control: max-age=3600
```

이것은 모바일 사용자들에게는 세션이 브라우징되는 동안 너무 많은 콘텐츠들이 리패칭되는 것을 막아주는 효과가 있으며, 콘텐츠가 유효하다는 것을 보증할 수 있다. 이 효과는 데스크톱 사용자들에게도 마찬가지다.

고려해야할 또 다른 중요한 점은 아마존 실크(Amazon Silk)와 같은 웹 가속기들이다. 실크는 킨들 파이어 태블릿용 브라우저다. 일반적인 브라우저와 달리 아마존 실크는 킨들 파이어와 아마존 서버에서 모두 실행되는 브라우저다. 아마존에 따르면 가속 기능의 많은 부분은 파이프라이닝과 '예측 푸시(predictive push)'에서 가져온 것이라고 한다. 여기서 예측 푸시란 브라우저가 리소스를 요청하기 전에 브라우저에게 정적 리소스를 전달하는 것을 말한다. 이 경우 실크는 은폐형 HTTP 프록시(transparent HTTP proxy)로서의 역할을 수행한다. 프록시는 브라우저처럼 캐시를 할 것이다. 그리고 동일한 규칙을 따른다. 그래서 정확한 헤더들을 전달함으로써 킨들의 성능 향상을 가져오게 된다.

웹 저장소 사용

브라우저 제작자들, 특히 애플은 브라우저 캐시가 등장했을 때 생각한 만큼 이상적인 효과가 없는 상황에 직면하게 되었다. 이를 해결하기 위해 브라우저 제작자들과 W3C는 웹 저장소 API(Web Storage API)라는 것을 고안해 냈다. 웹 저장소는 브라우저와 쿠키(cookies)를 위해 영구적인 저장소를 제공한다. 쿠키와는 달리 도메인당 5MB를 가지고 있다. iOS에서 웹 저장소는 UTF-16 문자열로 저장된다. 이것은 각 문자는 2배의 바이트를 사용한다는 것을 의미하며, 따라서 iOS에서는 실질적으로 2.5M를 사용한다.

웹 저장소(Web Storage) API 

웹 저장소는 localStorage와 sessionStorage라는 2개의 전역변수를 통해 접근이 가능하다. sessionStorage는 영구적으로 저장하지 않는다. 세션이 브라우징될 때 삭제된다. 이것은 또한 tab들 간에 공유되며, 캐싱보다는 애플리케이션 데이터를 임시로 저장하는 데 더 효과적이다. 그 외 다른 부분은 둘 다 동일하다.

쿠키와 같이 웹 저장소는 동일한 정책에 의해 접속이 제한된다(웹페이지는 동일한 도메인으로 설정된 웹 저장소에만 접근할 수 있다). 그리고 사용자가 브라우저를 리셋하면 모든 데이터가 삭제된다. 반면 iOS5에서는 앱 내의 웹 뷰(web view)들이 브라우저 캐시와 동일한 공간에 있는 웹 저장소 데이터에 저장되기 때문에 삭제되지 않고 영구적으로 남아 있는 문제가 있었다. 이 문제는 iOS6에서 수정되었다.

NOTE ▾

localStorage는 보안이 고려되어 있지 않다. 모든 경우에 사용자는 localStorage에 있는 것들을 읽고 수정할 수 있다.

웹 저장소 API는 매우 단순하다. 기본적인 메소드(method)들은 localStorage에 있다.
getItem('key'); localStorage.setItem('key', 'value')에서 key와 value는 문자열로 저장된다. 만일 여러분이 문자열이 아닌 값(non-string)으로 key의 value를 설정하려면, 자바스크립트의 toString 메소드를 사용하면 된다. 그러면 오브젝트가 [object, object]로 대체될 것이다. 추가적으로 정규 오브젝트로 localStorage를 다룰 수 있고, [ ] 표현을 사용한다.

```
var bird = localStorage['birdname'];

localStorage['birdname'] = 'Gull';
```

아이템들을 삭제하는 것은 localStorage.removeItem('key')를 호출하는 것으로 간단하게 해결할 수 있다. 만일 여러분이 명시한 키가 존재하지 않으면 removeItem은 아무 일도 하지 않을 것이다.

특정 정보를 저장하는 것뿐 아니라 localStorage는 캐싱을 위한 훌륭한 도구이다. Part 05에서는 '캘리포니아의 새들' 사이트에서 랜덤 사진을 패치하기 위해 Flickr API를 사용할 예정이다. 또한 페이지 로드 시에 랜덤 이미지를 가져오는 데 있어서 훌륭하게 성능을 향상할 수 있는 은폐 캐싱 계층(transparent caching Layer)으로 localStorage를 사용할 예정이다.

캐시 계층으로 웹 저장소 사용 

'캘리포니아의 새들' 사이트에 이미 정의된 이미지가 아닌 Flickr로부터 랜덤 이미지를 결합해서 사용자들에게 좀더 흥미를 주기 위한 무언가를 만들어보려고 한다. 이것은 개발 편의성을 대신해 앞 장에서 다루었던 이미지 크기를 줄여서 얻을 수 있는 이득의 일부를 희생해야 한다.

우리는 범용 라이선스를 가지고 있는 새들의 사진을 찾기 위해서 Flickr 검색 API를 사용할 것이다. Listing 4.1은 간단한 자바스크립트 Flickr API 모듈이며, 데이터를 패치하기 위해 JSONP를 사용한다. 복잡한 것을 피하기 위해 코드는 여기에 포함하지 않았으며, 웹사이트로부터 다운로드가 가능하다. 캘리포니아 기러기와 관련된 일부 이미지를 가져오기 위해 이 모듈을 사용해 보자.

❀LISTING 4.1 Flickr 데이터 패치

```javascript
// 몇 개의 편리한 함수들
var $ = function(selector) {
    return document.querySelector(selector);
};

var getEl = function(id) {
    return document.getElementById(id);
};


var flickr = new Flickr(apikey);
var photoList;

flickr.makeRequest(
    'flickr.photos.search',

    {
        text:'Larus californicus',
        extras:'url_z,owner_name',
        license:5,
        per_page:50
    },

    function(data) {
        photoList = data.photos.photo;
        updatePhoto();
    }
);
```

Listing 4.1을 보면 API는 메소드 형태(flickr.photos.search)를 취하고 있고 몇 개의 파라미터들을 가지고 있다. 이것은 최대 50개의 Larus Californicus(캘리포니아산 갈매기) 사진을 가져온다.

Listing 4.2에서 보면, updatePhoto 함수는 list를 취하면서, list로부터 랜덤 사진을 잡아채고, 이미지, 링크, 속성을 업데이트한다.

❖ LISTING 4.2 사진 업데이트

```
function updatePhoto() {
    var heroImg = document.querySelector('.hero-img');

    // "이 배열의 랜덤 멤버"를 위한 약칭이다.
    var thisPhoto = photoList[Math.floor(Math.random() * photoList.
    length)];
    $('.hero-img').style.backgroundImage
        = 'url('+ thisPhoto.url_z + ')';

    // 링크를 업데이트한다.
    getEl('imglink').href =
      'http://www.flickr.com/photos/' +
      thisPhoto.owner +
      '/'+ thisPhoto.id;

    // 속성을 업데이트한다.
    var attr = getEl('attribution');
    attr.href = 'http://www.flickr.com/photos/'
        + thisPhoto.owner;

    attr.innerHTML = thisPhoto.ownername;

}
```

'캘리포니아의 새들' 페이지가 유효한 Flickr API를 가지기 위해서는 이 스크립트를 삽입해야 한다. 그리고 hero 이미지는 검색 결과 리스트로부터 랜덤 옵션으로 다이내믹하게 업데이트된다. 그러나 HTML과 CSS를 바꾸지 않고, 사용자는 원래의 기러기 사진을 보게 될 것이다. 그리고 얼마 후에 API의 결과로 바뀐 사진을 보게 될 것이다. 이것은 자바스크립트가 실패했을 경우에 대한 대비책을 제공하지만, 시각적으로 그다지 좋게 보이지 않을 것이다. 그래도 우리는 이 상태로 계속 진행을 할 것이고, 테스트로 된 메인 콘텐츠보다 개선한 것이라고 말할 것이다.

이런 생각을 가지고 Listing 4.3과 같이 링크와 캡션을 위해 null 또는 '로딩(loading)' 상태를 만들어보자.

✿LISTING 4.3 Hero 이미지의 null 상태

```
<div class="hero-shot">
    <a id="imglink" href="#">
    <span class="hero-img"></span></a>
    <p class="caption">
        Photo By <a id="attribution" href="#">...</a>
    </p>
</div>
```

데이터가 로딩되는 동안 사용자는 무언가가 진행되고 있는 상태를 보기를 원한다. 그래야 그들은 어딘가 문제가 생기지 않았다는 것을 인지할 수 있다. 일반적으로 일종의 회전하는 것이 요구되지만 이 경우는 이미지가 보여질 준비가 될 때까지 텍스트로 'loading'을 추가하고 백그라운드 이미지를 회색으로 만들어보자.

```
// 무언가 로딩하고 있다는 것을 사용자에게 보여준다....
var heroImgElement = $('.hero-img');
heroImgElement.style.background = '#ccc';
heroImgElement.innerHTML = '<p>Loading...</p>';

// updatePhoto 내부에서 로딩 상태를 제거:
heroImgElement.innerHTML = '';
```

그래서 이제 우리는 로딩 상태를 보여주는 아주 괜찮은 랜덤 이미지를 가지게 되었다(그림 4.1). 그러나 우리는 리스트가 그다지 변경되지 않았는데도 그 리스트로부터 랜덤 이미지를 불러올 때까지 사용자를 매번 기다리게 만들고 있다. 뿐만 아니라 정확한 최신 검색 결과를 제공하지 않고 여러 가지를 추가하는 것만 원함으로써 사진들의 최신 리스트를 가지고 있는 것이 그다지 중요하지 않게 되었다. 이것이 캐싱을 해야 할 첫 번째 후보이다.

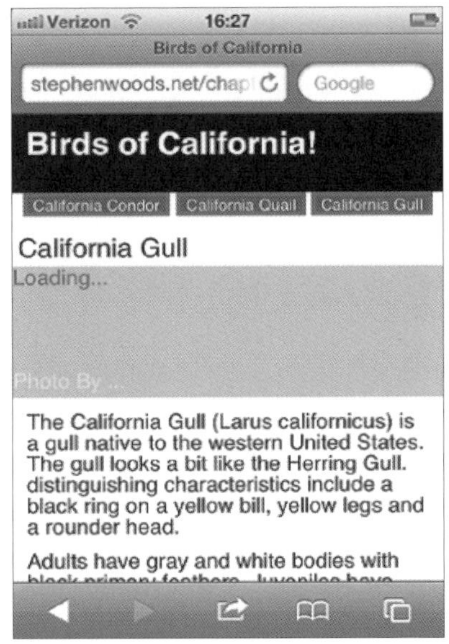

[그림 4.1] 로딩 상태

무언가가 캐싱이 가능하다는 것은 일반적으로 캐싱을 해서 추출하는 것이 최선이라는 것을 의미하지만, 반면 얼마 못 가서 애플리케이션의 메인 로직(main logic)이 캐시와 유효 체크, 태스크와 상관없는 다른 로직을 참조함으로써 어수선하게 될 것이다. 이를 해결하기 위해 우리는 데이터 접근 계층(data access layer)을 제공할 것이고, 이를 위한 새로운 오브젝트를 만들 것이다. 이것은 Flickr API를 직접 호출하는 것보다 더 효과적이다. 다음과 같이 데이터 계층을 호출한다.

```
birdData.fetchPhotos('Larus californicus', function(photos) {
    photoList = photos;
    updatePhoto();
});
```

우리 모두가 원하는 것은 사진을 검색하고 리스트에 되돌리는 것이기 때문에 이 새로운 API 안에 Flickr에 한정적인 스터프(Flickr-specific stuff)를 숨겨놓을 수 있다. 뿐만 아니라 이론적으로 깔끔한 API를 만듦으로써 나중에 데이터 소스를 바꿀 수도 있다. 더 양질의 사진을 제공하기 위해 다른 API를 만들고자 할 경우 데이터 계층을 변경할 수 있다. 이 경우 핵심은 캐싱이다. 우리는 하루 동안의 API 결과들을 캐시할 것이다. 이를 통해 사용자는 다음번 방문 시에 Flickr API로부터 응답을 기다리지 않고도 여전히 랜덤 사진을 보게 될 것이다.

캐시 계층 생성

fetchPhotos 메소드는 이 검색이 캐시된 것인지, 그리고 캐시된 데이터가 여전히 유효한지 여부를 맨 처음 체크한다. 만일 캐시가 이용 가능하고 유효하다면 캐시된 데이터를 리턴할 것이다. 그렇지 않은 경우 API 요청을 생성하고 callback을 보낸 후에 캐시에 덧붙인다.
먼저 우리는 Listing 4.4와 같이 몇 가지 변수를 설정할 것이다.

❖LISTING 4.4 캐싱 계층

```
window.birdData = {};

var memoryCache = {};

var CACHE_TTL = 86400000; //하루를 초로 환산
var CACHE_PREFIX = 'ti';
```

memoryCache 오브젝트는 localStorage로부터 패치된 것들이 캐시된 것이다. 그래서 그 아이템들은 가장 빨리 리턴될 수 있는 동일한 세션에서 재요청이 된다; JSON 문자열을 디코딩하는 추가적인 비용을 제외하고, localStorage로부터 데이터를 패치하는 것은 단순하게 메모리로부터 데이터를 가져오는 것보다 훨씬 더 느리다(localStorage는 오로지 문자열만 저장된다는 것을 명심해야 한다).
CACHE_PREFIX와 CACHE_TTL에 대해 간단하게 좀더 설명하겠다.
우리에게 필요한 것은 캐시에 값을 쓰는 메소드다. 우리는 Flickr 검색으로부터 응답을 캐시할 것이다. 그러나 각각 다른 오브젝트 안에 캐시된 값을 감싸고 타임스탬프를 저장해서 만료일을 관리할 것이다.

```javascript
function setCache(mykey, data) {

    var stamp, obj;

    stamp = Date.now();

    obj = {
        date: stamp,
        data: data
    };

    localStorage.setItem(CACHE_PREFIX + mykey, JSON.stringify(obj));
    memoryCache[mykey] = obj;
}
```

우리는 충돌을 피하기 위해 각각의 키들에 CACH_PREFIX를 사용할 것이다. '캘리포니아의 새들' 사이트에서 다른 개발자가 localStorage를 사용할 가능성이 있기 때문에 안전을 위해 모든 키에 prefix를 사용할 것이다. date 값은 초 단위로 타임스탬프를 포함하고 있다. 이 타임스탬프는 나중에 캐시가 만료되었는지 여부를 체크하는 데 사용된다. 우리는 또한 동일한 세션이 유지되는 동안 다시 패치가 진행될 때보다 빠른 접속을 위해 메모리 캐시에 값을 추가할 것이다. localStorage에 'setItem'을 이용할 것이다; 이것은 [ ]보다 더 명확하다—다른 개발자에게 무슨 일이 일어났는지 확실하게 알려줄 수 있다.

다음 함수는 getCached이다. 이것은 캐시가 이용 가능하고 유효할 경우 캐시된 데이터를 리턴한다. 만일 캐시가 존재하지 않기니 만료되었다면 false를 리턴한다(이 경우 호출자는 둘 중 어떤 이유로 false를 리턴하는지는 필요 없다).

```javascript
// 캐시가 이용 가능할 경우 데이터를 패치하고,
// 그렇지 않으면 false를 리턴한다(오래된 날짜는 이용 불가능한 것으로 취급한다).
function getCached(mykey) {

    var key, obj;
```

```javascript
    // localStorage 내에서 충돌을 방지하기 위해
    // key들에 prefix를 사용하는 것이
    // 좋은 습관이다.
    key = CACHE_PREFIX + mykey;

    if(memoryCache[key]) {

        if(memoryCache[key].date - Date.now() > CACHE_TTL) {
            return false;
        }
        return memoryCache[key].data;
    }


    obj = localStorage.getItem(key);

    if(obj) {
        obj = JSON.parse(obj);

        if (Date.now() - obj.date > CACHE_TTL) {
            // 캐시가 만료되었다! 그 아이템들을 제거하라
            localStorage.removeItem(key);
            delete(memoryCache[key]);
            return false;
        }
        memoryCache[key] = obj;
        return obj.data;
    }
}
```

이 함수는 계층들(layers) 안의 캐시를 체크한다. 메모리 캐시가 가장 빠르기 때문에, 메모리 캐시 체크를 먼저 시작한다. 그다음 localStorage를 진행한다. 만일 localStorage 안에서 값을 찾으면, 데이터를 리턴하기 전에 memoryCache 안에 그 값을 넣을 것이다. 만일 캐시된 값

이 없거나 캐시된 값들 중 하나가 만료되었다면 함수는 false를 리턴한다.

다음은 캐싱을 압축하는 fetchPhotos 함수다. 이제 해야 할 것은 캐시된 값을 패치(fetch)하는 것이다. 그 값이 false라면 API 메소드를 실행하고 응답을 캐시한다. 만일 true라면 캐시된 값을 가진 callback 함수가 바로 호출된다.

```javascript
// CC flickr 사진들을 패치하는 함수
// 검색 쿼리가 주어졌고,
// 결과는 하루 동안 캐시된다.
function fetchPhotos(query, callback) {
    var flickr, cached;

    cached = getCached(query);

    if(cached) {
        callback(cached.photos.photo);
    } else {

        flickr = new Flickr(API_KEY);
        flickr.makeRequest(
            'flickr.photos.search',

            {text:query,
            extras:'url_z,owner_name',
            license:5,
            per_page:50},

            function(data) {
                callback(data.photos.photo);

                // callback 후에 캐시를 설정한다.
                // 이것은 임의의 UI 업데이트가 이루어진 후에 설정한다.
                setCache(query, data);
```

```
            }
        );
    }


}

    window.birdData.fetchPhotos = fetchPhotos;
```

이제 데이터 호출은 단순한 API를 가지고 모두 캐시가 가능하다.

LOCALSTORAGE 관리 

이것은 단지 localStorage의 시작에 불과하다. 브라우저 캐시와는 달리 localStorage는 하나하나 수동으로 컨트롤이 가능하다. 무엇을 저장할지, 언제 저장한 정보를 빼올지, 언제 만료를 할지에 대해 여러분이 직접 결정할 수 있다. 일부 웹사이트들(구글처럼)은 자바스크립트와 CSS를 캐시하기 위해 localStorage를 사용하고 있다. 이것은 매우 강력한 도구이고, 5MB가 때때로 조금 작은 게 아닌가 느껴진다. 캐시가 모두 채워졌을 때 여러분은 어떻게 해야할까? 캐시가 모두 채워졌다는 것을 어떻게 알 수 있을까?

먼저 우리는 일반적인 자바스크립트 오브젝트로서 localStorage를 취급할 수 있다. 그래서 JSON.stringify(localStorage)는 localStorage의 JSON 표현을 리턴한다. 그다음 UTF-8 multi-byte 문자셋을 포함해서 얼마나 많은 바이트들이 사용되는지 확인하기 위해 오래된 트릭을 적용할 수 있다: multi-byte 문자: unescape(encodeURIcomponent('string')). length는 문자열 크기를 알려준다. 5MB는 1024 * 1024 * 5bytes이므로, 가용 공간을 아래와 같이 찾을 수 있다.

```
1024 * 1024 * 5 - unescape(encodeURIComponent(JSON.stringify(localStorage))).
→ length
```

가용 공간을 초과해서 실행했는지도 알 수 있다. 가용 저장 공간을 초과했다면 웹킷 브라우저, 오페라 모바일과 윈도폰 8용 IE10.0은 예외가 생길 것이다.

04 SECTION

애플리케이션 캐시

Part 03에서 이미 다룬 전통적인 브라우저 캐시는 특히 모바일에서는 신뢰하기 어렵다. 반면 HTML5 애플리케이션 캐시는 모바일에서 신뢰성이 매우 높다—아마도 신뢰도가 매우 높을 것이다.

애플리케이션 캐시는 무엇인가? 

localStorage와 같은 형태에서는 네트워크가 단절되더라도 웹 애플리케이션이 어떻게 끊어지지 않고 기능을 유지하는지 쉽게 확인할 수 있다. 애플리케이션 캐시는 그런 유스 케이스(use case)를 위해 디자인되었다.

이 아이디어는 여러분의 앱이 앞 단에서 필요로 하는 모든 리소스들의 리스트를 제공함으로써, 브라우저가 리소스를 다운로드하고 캐시할 수 있도록 하는 데 있다. 이 리스트를 매니페스트(manifest)라고 부른다. manifest는 <html> 태그에서 파라미터로 구분된다.

```
<!DOCTYPE html>
<html manifest="birds.appcache">
<head>
```

이 파일은 mime-type text/cache-manifest로 제공된다. 그렇게 하지 않을 경우에는 이 파일이 처리되지 않는다. 만일 서버에서 custom mime type을 설정할 수 없다면 애플리케이션 캐시를 사용할 수 없다.

manifest는 다음의 4가지 항목을 포함한다.

- 마스터(MASTER)
- 캐시(CACHE)
- 네트워크(NETWORK)
- 대응 방안(FALLBACK)

마스터(MASTER)

MASTER는 HTML 안에서 manifest와 관련된 파일들의 목록이다. manifest를 포함하면 이 파일들은 리스트에 무조건 추가된다. 나머지 항목들은 manifest 파일 안에 포함된다.

캐시(CACHE)

CACHE는 무엇을 캐시할 것인가를 정의한 항목들이다. 이 리스트 안에 있는 것은 무엇이든 방문자가 페이지에 처음 방문할 때 다운로드될 것이다. 그 항목들은 영구적으로 캐시되거나, manifest(question 안에 리소스는 제외)가 변경될 때까지 캐시될 것이다.

네트워크(NETWORK)

애플리케이션 캐시는 오프라인 사용을 위해 설계된 것이기 때문에 실질적으로 네트워크 접속이 허용되어야만 한다. 이것은 네트워크 리소스가 NETWORK 항목에 없다면 사용자가 온라인 상태라고 하더라도 치단되이야 한다는 깃을 의미한다. 예를 들어 사이트가 iframe 안에 Facebook의 'like' 위셋을 포함하고 있다면, http://www.facebook.com이 NETWORK 항목 리스트에 없다면, iframe은 로드되지 않을 것이다. 모든 네트워크 요청들을 허용하고자 한다면, '*' 와일드카드 문지를 사용할 수 있다.

대응 방안(FALLBACK)

이 항목들은 사용자가 온라인 상태가 아닌 경우에 대한 대응 방안을 명시할 수 있도록 해준다. 이 항목들은 URL들이 쌍으로 존재하는데, 첫 번째는 요청된 리소스이고, 두 번째가 그 대응 방안이다. 연관된 경로들을 사용해야만 하고, 여기에 리스트된 모든 것들은 동일한 도메인 상에 존재해야 한다. 예를 들어 여러분이 분리된 도메인 상에 있는 CDN으로부터 이미지를 제공하려고 한다면 대응 방안을 정의할 수 없게 된다.

캐시 MANIFEST 생성 

'캘리포니아의 새들' 사이트의 manifest는 다음과 같다.

```
CACHE MANIFEST

# Timestamp:
# 2013-03-15r1

CACHE:
jquery-1.8.0.min.js
gull-360x112.jpg
gull-640x360.jpg
gull-720x225.jpg


FALLBACK:


NETWORK:
*
```

모두 다른 이미지에 대한 항목이라는 것에 주목해야 한다. 이것이 명확하기 때문에 브라우저는 페이지에 처음 방문했을 때 다운로드와 캐시를 진행할 수 있고, 절대로 다시 패치되지 않는다.

애플리케이션 캐시의 위험성

애플리케이션 캐시는 매우 강력한 옵션이다. 여기에 있는 파일들은 manifest 파일이 변경되거나, 사용자가 캐시를 삭제하거나, 캐시가 자바스크립트를 통해 업데이트되기 전까지는 절대 만료되지 않기 때문이다(나중에 좀더 설명하겠다). manifest 안에 타임스탬프를 포함하는 이유가 이것 때문이다. 또한 우리가 전체적으로 캐시된 버전들을 무효화하고 싶을 경우에 손쉽게 파일을 강제로 변경할 수 있다.

또한 애플리케이션 캐시는 브라우저 캐시와 완벽하게 분리되어 있다. 예를 들어 재확인하지 않고도 애플리케이션 캐시를 만들 수 있다. 만일 manifest 파일에서 만료 헤더를 먼 미래로 설정할 경우 브라우저는 파일을 영원히 캐시할 것이다. 애플리케이션 캐시가 변경되었는지 여부를 체크할 때, 브라우저 캐시 안에 버전을 가져오고, 그것이 변경되었는지를 확인한다. 그리고 캐시된 파일을 영원히(또는 사용자가 캐시를 삭제하기 전까지) 저장한다.

한번 페이지가 캐시되면 네트워크 연결 없이도 '캘리포니아의 새들' 사이트에 방문할 수 있다. iOS의 경우 사용자가 홈 스크린에 페이지를 북마크해 두었을 경우 오프라인에서 동작을 지원한다. iOS의 사파리에서는 애플리케이션 캐시의 콘텐츠가 없어졌을 수도 있는데, 이것은 브라우저가 브라우저 캐시를 위해 공간 확보가 필요해서 삭제된 경우이고, 캐시는 여전이 운영될 것이다.

애플리케이션의 또 다른 위험성은 한번 만료되면, 사용자가 다음에 방문하기 전까지는 업데이트되지 않는다는 것이다. 그래서 사용자가 오래된 캐시를 가지고 사이트에 방문한다면, 그 버전이 업데이트되었더라도 여전히 캐시된 버전을 보게 될 것이다. 사용자가 새들에 대한 가장 최신의 정보를 가져가기 위해서 우리는 오래된 캐시를 프로그램으로 확인하는 방법으로 애플리케이션 캐시 자바스크립트 API의 장점을 활용해야 한다.

자바스크립트를 이용한 오래된 캐시 확인법

캐시 관련 API는 windows.applicationCache 오브젝트에서 구현되어 있다. 가장 중요한 속성은 'status'이다. 표 4.2를 보면 애플리케이션 캐시의 현재 staus를 나타내는 정수형 값들을 가지고 있다.

코드	이름	설명
0	UNCACHED	캐시가 사용되고 있지 않음
1	IDLE	애플리케이션 캐시가 현재 업데이트되고 있지 않음
3	CHECKING	Manifest가 다운로드되고 업데이트가 생성되고 있음
4	UPDATEREADY	새로운 캐시가 다운로드되고 사용할 수 있도록 준비되었음
5	OBSOLETE	현재 캐시가 오래되어 사용할 수 없음

[표 4.2] 애플리케이션 캐시 status 코드

감사하게도 여러분은 이 숫자들을 기억하지 않아도 된다. 연관 관계를 계속 기록하고 있는 applicationCache 오브젝트에 상수로 존재하기 때문이다.

```
> console.log(window.applicationCache.CHECKING)
  2
```

'캘리포니아의 새들' 사이트에서는 페이지가 로드될 때마다 캐시를 체크하기 위해서 짧은 스크립트를 추가할 것이다.

```
// 편의를 위해 이름을 붙임
var appCache = window.applicationCache;


appCache.update();
```

이것은 페이지의 하단에 추가되고, 윈도우 동작 이벤트를 대기할 필요도 없다. 여기서 우리는 새로운 버전이 로드되었는지 확인하기 위해 appCache.status에 대해 폴링(Polling)을 시작할 수 있다. swapCache 메소드를 호출했을 때, 강제로 캐시 안에 변경된 파일들을 업데이트하게 된다(사용자가 현재 보고 있는 것은 변경되지 않는다. 이 경우 리로드(reload)가 여전히 필요하다). 이것은 applicationCache 오브젝트가 제공하는 이벤트를 사용하는 것보다 더 단순하다. 캐시가 리프레시(refresh)되었을 때, 자동적으로 페이지를 리로드할 수 있도록 이벤트 핸들러를 추가할 수 있다.

```javascript
var appCache = window.applicationCache;

appCache.addEventListener('updateready', function(e) {

    // 상태를 이중으로 검증한다.
    if (appCache.status == appCache.UPDATEREADY) {

        // 새로운 캐시에서 swap!
        appCache.swapCache();

        // 페이지를 Reload한다.
        window.location.reload();

    }

});

appCache.update();
```

'updateready' 이벤트는 매우 유용하다. 뿐만 아니라 applicationCache 오브젝트에 사용할 수 있는 많은 이벤트 집합이 있는데, 상태 속성에서 이미 살펴본 각각 상태당 하나씩 존재한다. 페이지가 자동으로 리로드되면서 사용자가 사이트를 보고 있는 중간에 끔찍한 경험을 하는 경우가 발생한다. 이것을 해결하는 몇 가지 방법이 있다. 새로운 콘텐츠가 더 좋으니 패치를 하겠는지, 리로드를 하겠는지 사용자에게 묻는 다이얼로그 박스 또는 알림 기능을 사용할 수도 있다. 그러나 이 방법들도 여전히 만족스러운 것은 아니다. Part 05에서는 이 문제를 해결할 수 있는 훨씬 좋은 방법에 대해 살펴볼 것이고, 또 다른 경우로 AJAX를 이용해 자동적으로 콘텐츠를 업데이트하는 방법에 대해 살펴보도록 하겠다.

404 문제

브라우저가 리소스들을 패치하려고 할 때 캐시 항목 안에 있는 일부 리소스들이 검색되지 않는 경우 브라우저는 캐시 manifest를 무시한다. 이것은 만일 사용자가 사이트를 방문하고 요청 중 하나가 어떤 이유로든 실패한 경우, 사용자는 다음에 방문할 때 새로운 방문자가 된다는 것을 의미한다—캐시 사용이 불가능하게 된다. 캐시가 매우 불안정한 상태라는 말이다. 모든 요청이 성공하더라도 전혀 캐시가 되지 않는다—이율배반적인 상황이 된다.

애플리케이션 캐시 : 가치 있는 고통? 

애플리케이션 캐시는 분명히 어려움투성이다. 그리고 그중 가장 중요한 것은 틀렸다는 것을 입증하기가 매우 어렵다는 것이다. 애플리케이션 캐시는 여러분에게 많은 힘을 준다. 그러나 유연성과 유지 보수에 대한 비용도 부담해야 한다. 사용자들은 즉시 실행되는 앱을 좋아한다. 그러나 모든 사람들은 익숙하지 않은 오류를 싫어한다. 애플리케이션 캐시는 받아들이기 어려운 낯선 버그들을 발생시킨다. 예를 들어 여러분이 애플리케이션 캐시를 이용하는 경우, 캐시에서 버려져서는 안 된다고 여겨지는 파일들이 버려지는 경우가 있을 것이다. 그렇다고 애플리케이션 캐시가 버그투성이라는 것은 아니다. 다만 용서가 안 된다. 여러분이 나쁜 캐시를 사용한다면, 에러를 무시하는 정말 심각한 문제가 생길 수 있다.

브라우저 캐시를 최적화하고 훨씬 더 유연한 웹 저장소 API를 사용하는 것이 더 좋은 선택이 될 수 있다. 그러나 최대한 빠른 실행 시간을 원한다면 여러분은 기꺼이 이 어려운 문제들을 받아들여야 한다. 애플리케이션 캐시는 놀라운 도구다.

SUMMARY 정리

캐싱은 성능을 최적화할 수 있는 가장 강력한 도구들 중 하나이며, 더 복잡한 최적화 작업을 진행하기 전에 할 수 있는 기본 사항 중 하나이다. Part 04에서는 브라우저 캐시와 몇 가지 단순한 최적화 방법에 대한 기본적인 내용을 다루었다. 우리는 웹 저장소와 캐싱 데이터를 위해 그것을 사용하는 방법을 설명했다. 마지막으로 강력하면서도 까다로운 애플리케이션 캐시에 대해 다루었다.

Part 05에서는 PJAX를 이용해 페이지 로드의 오버헤드를 어떻게 회피할 수 있는지에 대해
다루도록 하겠다.

참고 자료

완벽한 웹 저장소 API와 애플리케이션 캐시에 대해서 Mozilla Developer Network에서 잘 다
루고 있다.

- https://developer.mozilla.org/en-US/docs/DOM/Storage
- https://developer.mozilla.org/en-US/docs/HTML/Using_the_application_cache

지금까지는 페이지 로드에 초점을 두고 설명했다. 그 이유는 페이지 로드가 웹에서 가장 느린 성능을 보이는 부분이기 때문이다. 속도가 느린 네트워크에서 동작하는 터치 디바이스에서는 아무리 최적화된 페이지라도 여전히 느린 성능을 보인다.

페이지 로드가 단지 한 번뿐이라면 그렇게 나쁜 것은 아니다. 그러나 대부분의 웹사이트들은 하나 이상의 페이지들을 가지고 있다. 페이지 간에 웹 서핑을 할 때 사용자 관점에서는 가장 큰 고통이기 때문에 페이지 로드 시간을 더 향상해야 한다. Part 05에서는 드라마틱하게 속도를 향상하기 위해 페이지가 모두 로드되는 것을 피할 수 있는 방법에 대해 설명하겠다.

PJAX를 이용한 터치 효과 향상

페이지 로드 비용

먼저 Part 04의 샘플을 예로 들어 설명하겠다. 랜덤 이미지를 가지고 초기 페이지 로딩을 최대한 빠르게 만들었다. 우리는 추가 요청으로 인한 비용을 제한하기 위해 페이지에 3개의 스크립트를 인라인으로 추가했고, Closure Compiler를 이용해 자바스크립트 코드를 줄였으며(바이트 수를 줄이기 위해), 모든 헤더를 최적화했다.

우리는 Flickr API 요청을 캐시한 후에도 여전히 속도가 느린 부분을 찾기 위해서 페이지에 몇 가지 프로파일링을 할 것이다. 그림 5.1은 어느 부분에서 시간이 소요되는지를 보여준다.

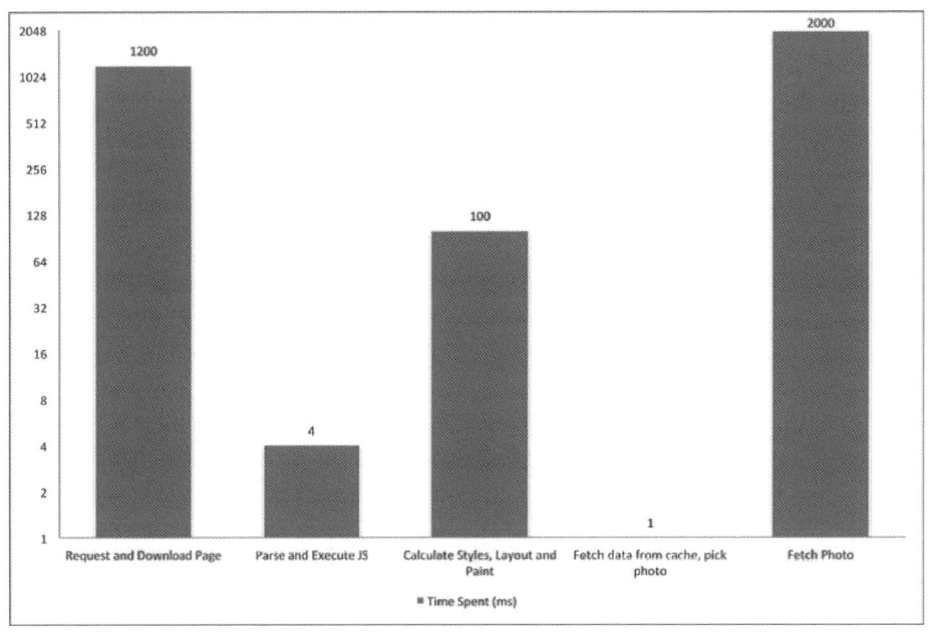

[그림 5.1] 페이지가 로드되는 데 소요되는 시간

누군가 이 사이트가 느리다고 말한다면, 그 말이 맞다. 한 페이지에서 다른 페이지로 이동하는 데 1.5초 소요된다. 그래프를 살펴보면 Flickr로부터 사진을 빠르게 다운로드하기 위해 우리가 할 수 있는 것이 너무 없다는 것을 알 수 있다. 왜냐하면 랜덤 사진이기 때문에 우리가 실제로 최적화할 수 있는 것이 없다. 그러나 그래프에서 처음 3개의 막대는 많은 시간을 보이고 있고 모두 새로운 페이지를 로딩한 결과이다. 따라서 첫 로드를 최적화하면 이 3개의 막대를 줄일 수 있을 것이다. 다음으로 해야 할 일은 PJAX를 이용해 페이지가 모두 함께 로드되는 것을 없애는 것이다. PJAX는 pushState와 AJAX를 조합한 것이다. AJAX는 콘텐츠를 업데이트하기 위한 것이고, phshState는 URL을 업데이트하기 위한 것이다.

AJAX만 사용하는 것은 어떨까? 

페이지를 다시 보면 페이지가 로드되는 중간에 실제로 변화되는 부분은 적은 것을 알 수 있다(그림 5.2).

[그림 5.2] 페이지가 로드되는
중긴에 아주 조금 변화된다.

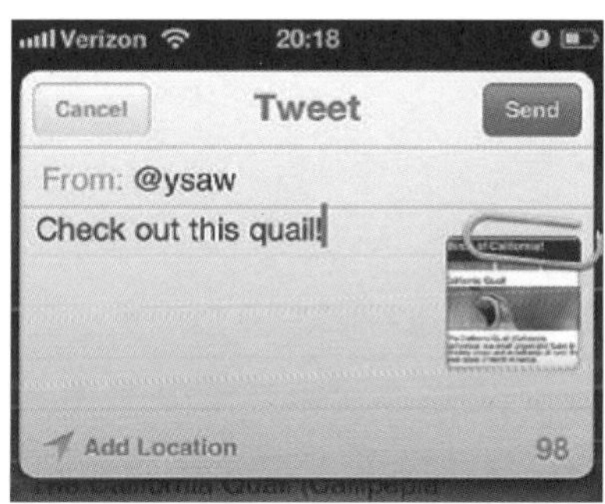

[그림 5.3] 내장된 트위터를 통해
링크가 공유된다.

그래서 페이지의 그 부분을 바꾸려고 한다. 그렇게 하기 위해 우리는 HTML이 바뀐 부분만을 리턴하는 간단한 AJAX 요청을 만들 것이다. 그리고 DOM 안에 그것을 삽입할 것이다. 이것은 매우 훌륭한 작업이지만, 실제로 사이트의 사용성 측면에서 보면 적합하지 않은 방법일 수 있다.

Listing 5.1은 내비게이션 HTML이다.

✿LISTING 5.1 '캘리포니아의 새들' 내비게이션 HTML

```
<ul class="bird-list">
    <li class="nav-li">
        <a class="nav-link" href="california_condor.html">California Condor</a>
    </li>
    <li class="nav-li">
        <a class="nav-link" href="california_quail.html">California Quail</a>
    </li>
    <li class="nav-li">
        <a class="nav-link" href="california_gull.html">California Gull</a>
    </li>
</ul>
```

구조가 이보다 더 깔끔할 수는 없다. 각각의 새들은 각자 HTML 파일을 가지고 있다. 이 파일들의 URL들은 실제로 인터페이스의 가장 중요한 부분이다. 사용자는 이미 알고 있는 링크로 사이트를 돌아다닐 수 있다. 그 패턴은 단순하다. 그래서 그다음부터는 사용자가 특정 새를 찾고 싶을 때, 단지 damain/California_gull.html을 입력하기만 하면 적절한 페이지를 얻을 수 있다. 터치 디바이스에서는 다른 중요한 요소가 있다. 터치 운영체제는 모두 공유 기능을 따라서 사용자가 멋진 새 사진을 보고, 공유 버튼을 선택하면 그가 보고 있는 새를 트위터에 링크할 수 있다(그림 5.3).

사용자의 팔로어들이 그 링크를 보고 클릭하면 작은 섬네일 안에서 콘텐츠를 볼 수 있다. 물론 이 모든 것들이 너무 멋진 일이다. 그러나 개발자가 페이지 콘텐츠 업데이트를 위해 자바스크립트와 AJAX를 사용해서 얼마나 많은 이익을 얻을 수 있을까에 대해 고민하기 시작했을 때, 그들은 웹의 가장 기본적인 사용자 인터페이스 규약 중 일부인 터치까지는 고려하지 않았다.

이 규약들이 URL에 비하면 일반적이지 않다. 대부분의 웹 사용자들은 URL이 어떤 것인지 알고 있으며, 인터넷에서 특정한 '무엇'을 가리키고 있다는 것도 이해하고 있다. 그들이 트위터를 통해 링크를 클릭할 때 그들의 친구가 보았던 것과 동일한 콘텐츠를 보고 있다고 생각할 것이다. 여기서 공유된 링크가 변경되거나 잘못된 링크가 공유된 것은 아주 큰 실수가 된다. 만일 우리가 새를 변경하기 위해 자바스크립트를 사용해서 페이지를 변경했을 경우, 사용자가 그 링크들 중 하나를 클릭했을 때 모든 URL들이 깨지는 상황을 만들게 된다. 이것이 우리가 HTML5 브라우저 히스토리(browser history) API를 사용해야 하는 이유다. 이것이 멋지기 때문에 사용하는 것이 아니라, 링크를 보존하기가 매우 민감하기 때문이다.

02 SECTION 브라우저 히스토리 API

오랫동안 windows namespace 안에 history 오브젝트가 있었다. 브라우저 히스토리는 사용자의 세션 히스토리가 저장된 큰 스택으로서 되돌아가기 버튼이 사용된다. 브라우저 히스토리는 사용자가 방문했던 URL들이 기록된 카드들의 스택으로 생각하면 된다.

브라우저 히스토리의 이해 

사용자가 사이트를 돌아다니면서 그 히스토리를 남기기 위해 카드 또는 상태를 추가한다. 되돌아가기 버튼을 눌렀을 때는 바로 이전 카드로 돌아가고, 앞으로가기 버튼을 눌렀을 때는 바로 앞의 카드로 이동한다. 사용자가 URL을 복사하거나 공유 버튼을 클릭했을 때, 앞뒤 카드로 이동하는 것이 아니라 사용자가 현재 있는 카드의 스냅샷을 찍는다. URL은 하나의 리소스로 가는 경로를 나타내는 스택 내에 있는 상태와 관련이 있다(그림 5.4).

[그림 5.4] 카드의 스택으로 본 브라우저 히스토리

브라우저 히스토리 API는 이 스택을 다룰 수 있는 2개의 새로운 메소드를 제공한다. 그것은 pushState와 replaceState이다. pushState는 스택 앞에 새로운 카드를 추가하거나 삭제할 수 있다. 이것은 사용자가 링크를 클릭했을 때 발생하는 상황과 매우 유사하다. 사용자가 새로운 상태 항목을 얻고 히스토리 스택의 중간에 위치하고 있다면, 앞쪽에 멀리 있는 일부 카드는 잃어버릴 수도 있다. replaceState는 스택의 남은 공간에 영향을 주지 않고 현재의 카드를 교체할 수 있다.

pushState만을 사용하는 경우, 우리는 사용자가 공유한 링크 또는 북마크가 페이지의 상태를 정확하게 반영한 것이라고 확신할 수 있지만, 뒤로가기 또는 앞으로가기 버튼을 핸들링할 수는 없다. 사실 우리가 pushState를 사용할 때 pushState로 상태가 추가되지 않을 정도로 충분히 진행되기 전까지는 뒤로가기 버튼은 페이지 로드를 진행하지 않는다. 이것을 해결하기 위해 브라우저 히스토리 API는 popstate라고 부르는 이벤트를 제공한다. popstate는 사용자가 뒤로가기 또는 앞으로가기 버튼을 클릭해서 상태 스택의 위치가 바뀌었을 때 이것을 알려주는 이벤트다.

PUSHSTATE를 이용한 히스토리 변경

이제 한번 해보자. pushState를 배우기 위해서는 먼저 단순한 인터페이스를 만들어야 한다.

NOTE ▾

완전한 코드를 확인하려면 지침서 사이트에서 Listing 5.2 파일을 참조하면 된다.

```html
<h1 id="number">1</h1>
<a id="forward" href="?"num=2>Go forward!</a>
```

기본 아이디어는 앞으로가기를 클릭하거나 탭할 때, increments 안의 number가 증가하고, URL은 number의 값인 num을 쿼리 파라미터로 가지고 업데이트된다.

먼저 우리는 앞으로가기의 클릭 핸들러를 추가할 것이다.

```javascript
var num = document.getElementById('number');

link.addEventListener('click', function(e) {
    e.preventDefault();
    var myNum = parseInt(num.innerHTML, 10); // type이 올바른지 확인하는 가
    장 좋은 방법이다.
    num.innerHTML = ++myNum;
});
```

이제 링크를 클릭했을 때 그 number가 증가한다. 그러나 업데이트할 URL이 필요하고 돌아가기 버튼을 클릭했을 때 그 number가 감소하는 것이 필요하다. 우선 pushState를 사용해보자.

NOTE ▾

완전한 코드를 확인하려면 지침서 사이트에서 Listing 5.3 파일을 참조하면 된다.

```javascript
link.addEventListener('click', function(e) {
    e.preventDefault();
    var myNum = parseInt(num.innerHTML, 10);
    num.innerHTML = ++myNum;
    history.pushState({count:myNum}, null, '?num=' + myNum);
    document.title = 'Number ' + myNum;
});
```

pushState 메소드는 3개의 파라미터를 가지고 있다.

- '상태(state)'를 나타내는 오브젝트
- 타이틀(title)
- URL

title 파라미터는 윈도우 title이 아니라 별도로 업데이트된다. 지금은 title 파라미터를 가지고 무언가를 하는 메이저 모바일 브라우저는 없다. 그러나 앞으로도 title 파라미터가 쓰이지 않을 것이라고는 장담할 수 없다. 안전을 위해 그냥 null로 넘길 것이다.

POPSTATE 이벤트 핸들링 

브라우저에서 이 코드를 실행하면 number가 증가하면서 URL과 title이 업데이트되는 것을 볼 수 있다. 그러나 되돌아가기 버튼은 아무런 효과가 없다. 되돌아가기 버튼을 핸들링하기 위해서 popstate 이벤트에 대한 리스너(listener)를 추가해 보자.

NOTE ▾

완전한 코드를 확인하려면 지침서 사이트에서 Listing 5.4 파일을 참조하면 된다.

```javascript
addEventListener('popstate', function(e) {
  if( e.state && e.state.count ) {
```

```javascript
        num.innerHTML = e.state.count;
        document.title = 'Number ' + e.state.count;
    } else {
        setNumFromUrl()
    }
});
```

이제 항상 현재 number를 보여준다. 그리고 number가 없으면 1로 보여지게 된다. 이제 여러분은 페이지를 로드하고 number를 증가시키고, 앞으로가기, 뒤로가기로 사이트를 돌아다닐 수 있게 되었다. 여러분의 친구와 URL을 공유하기 위해 트윗을 할 때, 그들도 동일한 number를 볼 수 있게 된다.

저 함수를 좋게 생각하지는 않지만, 필요한 함수라고 생각한다. 우리는 사용자가 이해하고 있는 것을 실제로 반영한 URL을 보장해야만 한다. 우리는 사용자의 기대를 저버려서는 안 된다.

NOTE ▼

완전한 코드를 확인하려면 지침서 사이트에서 Listing 5.4 파일을 참조하면 된다.

```javascript
function setNumFromUrl() {
    if(location.search) {
        var match = location.search.match(/num=([0-9]+)/);
        if(match) {
            document.getElementById('number').innerHTML =
                match[1];
            document.title = 'Number ' + match[1];
        }
    } else {
        document.getElementById('number').innerHTML = 1;
        document.title = 'Number 1';
    }
}
```

이제 document에서 현재 Number를 표시하게 되었다. 그리고 number가 지정되어 있지 않을 경우 number가 1로 표시될 것이다. 이제 페이지를 로드하고 number를 증가시키고, 앞으로가기와 뒤로가기가 가능하게 되었다. 그리고 이 URL을 친구들에게 트위터로 공유할 때, 친구들은 같은 number의 페이지를 볼 수 있게 되었다.

PUSHSTATE 지원 브라우저와 대응 방안(FALLBACK) 

pushState는 대부분의 모바일 브라우저들에서는 훌륭한 기능을 수행한다. 그러나 모든 모바일 브라우저에서 그런 것은 아니다. 가장 중요한 부분은 안드로이드의 기본 브라우저 버전 3.0과 그 이상에서는 pushState를 지원하지 않는다는 것이다(2.2~3에서 지원). 안드로이드용 크롬은 제대로 지원한다. 그러나 크롬은 안드로이드 4.1('젤리 빈')이 아닌 다른 버전에서는 기본 브라우저가 아니다. 따라서 pushState를 지원하지 않는 브라우저에서는 pushState만큼 멋진 대응 방안이 필요하다.

플랫폼	브라우저 히스토리 API 지원
iOS	4.2~4.3•, 5.0+
안드로이드	2.2, 2.3, 4.0.4•
안드로이드용 크롬	모든 버전
인터넷 익스플로러(IE)	10+(윈도폰 8)

[표 5.1] Pushstate 브라우저 지원

pushState를 지원하는지 확인하기는 쉽다. 지원하지 않을 경우에는 Window.history가 pushState 메소드를 가지고 있지 않을 것이다(iOS와 안드로이드에서 pushState는 버그들은 일단 접어두고 본다면 우리의 목적에 맞게 잘 동작한다). 그러면 어떻게 대응 방안을 제공할 것인가? 여러분은 여전히 URL을 업데이트해야 하고, 여전히 사용자가 링크를 공유할 수 있

• iOS4와 안드로이드 4는 부분적으로 브라우저 히스토리를 지원한다. popstate는 없어졌고 리로드를 하면 현재 URL로 리로드되고, 공유 시에는 pushState를 통해 설정된 공유 URL이 공유된다. 그러나 UI는 URL을 업데이트하지 않는다.

도록 해야 한다. 한 가지 추천한다면 location.hash를 업데이트하는 것이다. 이것은 URL에서 # 뒤에 붙는 값이다. 이 값을 변경해서 히스토리 항목을 만들고, 지속적으로 URL을 체크함으로써 popstate 이벤트를 시뮬레이트할 수 있다.

이전 예제로 돌아가 보면 우리는 pushState를 감지하는 기능을 추가할 것이다. 만일 pushState를 사용할 수 없다면 그 대신 location.hash를 사용할 것이다. pushState를 지원하지 않는 브라우저 사용자를 위한 URL은 아래 두 가지 URL 중에 위에 있는 URL처럼 보여지게 된다.

```
history.html#4
```

```
history.html?num=4
```

이 단순한 코드는 다음과 같다.

NOTE ▾

완전한 코드를 확인하려면 지침서 사이트에서 Listing 5.5 파일을 참조하면 된다.

```
var useHash = false;
var hashExp = /#([0-9]+)/;
if(!history.pushState) {
useHash = true;
}
useHash = true;
```

다음 우리는 handleStateChange 함수 안에 HTML을 업데이트하는 모든 코드를 통합할 것이다. 이 코드는 링크에 사용되는 href도 업데이트를 해서 링크 복사하기와 링크 붙여쓰기가 완벽하게 동작하게 할 것이다.

완전한 코드를 확인하려면 지침서 사이트에서 Listing 5.6 파일을 참조하면 된다.

```
function handleStateChange(count) {
    num.innerHTML = count;
    document.title = 'Number ' + count;
    link.href = '?num=' + (parseInt(count,10) + 1);
}
```

그다음에 우리는 쿼리 스트링과 해시 URL을 모두 지원하기 위해서 SetNumFromUrl 함수를 업데이트할 것이다.

URL 업그레이드와 다운그레이드

이 시점에서 우리는 문제에 봉착하게 되었다. 공유된 딥(deep) 링크로 사이트에 접근하는 사용자는 낯선 경험을 하게 된다. 안드로이드3 사용자가 history.html?num=2를 로드하고 그다음에 앞으로가기 탭을 했다면 URL은 history.html?num=2#3이 되는 납득되지 않는 상황이 발생한다. iOS6 사용자가 history.html?num#2를 로드하고 그다음에 앞으로가기 탭을 했다면, 첫 히스토리 항목이 대체 URL이 되면서 그다음에 따라오는 항목들이 올바르게 될 것이다.

우리는 일관성 있는 경험을 원한다. 그래서 브라우저가 pushState를 지원하지 않더라도 사용자가 history.html?num=2를 로드할 경우 우리는 콘텐츠를 일관성 있게 유지하기 위해서 대체 버전으로 페이지를 리로드해야 한다. 이것은 사용자를 위해서 훌륭한 경험이라고 볼 수는 없다. 그러나 pushState가 없으면 이런 방법을 쓰든가, 아니면 잘못된 URL로 로드되는 것을 받아들이든가 양자택일을 해야 한다.

반면 사용자가 Hash URL로 사이트에 접근할 경우에는 대응 URL로 하는 것이 아니라 non-hash URL로 업그레이드할 수 있다. pushState를 사용할 수도 있지만, 그럴 경우에는 히스토리 항목을 생성해야 한다. 이 경우에는 히스토리 항목을 추가하지 않고 상태(state)를 변경해야 하기 때문에 replaceState가 적절한 방법이라고 할 수 있다.

❋LISTING 5.7 link들을 핸들링하고 업그레이드한다

```javascript
function setNumFromUrl() {

    // 쿼리 스트링이 있는 경우
    if(location.search) {

        var match = location.search.match(/num=([0-9]+)/);
        if(match) {

            // pushState를 지원하지 않으면,
            // 쿼리 스트링을 없애고 hash로 대체해야 한다
            if(useHash) {
                location = 'history.html#' + match[1];

            } else {
                document.getElementById('number').innerHTML = match[1];
                document.title = 'Number ' + match[1];
            }
        }

    // 쿼리 스트링이 없고, hash가 있는 경우
    }else if (location.hash) {

        var match = location.hash.match(hashExp);
        document.getElementById('number').innerHTML = match[1];
        document.title = 'Number ' + location.hash;

        // pushstate를 사용할 수 있지만 hash url이 없다면
        // replaceState로 url을 갱신할 수 있다.
        if(!useHash) {
            history.replaceState({count:match[1]}, null, '
```

```
                history.html?num=' + match[1]);
        }

    // 기본 상태
    } else {
        document.getElementById('number').innerHTML = 1;
        document.title = 'Number 1';
    }
}
```

hash 함수는 유효하지 않은 값들이 추가되었는지를 체크하여 유효성에 문제가 없다는 것을 검증하기 위해 사용하는 함수지만, 우리의 목적을 위해 그 개념을 이용한 것이다. 앞서 말한 대로 pushState를 지원하지 않는 사용자 에이전트들을 위해서 우리는 사용자가 되돌아가기 버튼을 클릭한 경우 변경할 URL을 지속적으로 체크할 필요가 있다. 이 오버헤드를 감소시키기 위해 우리는 필요할 때만 URL 체크를 수행해야 한다. Listing 5.8을 살펴보자.

✳ LISTING 5.8 cross-browser URL 상태 변화 핸들러

```
// 한 위치에 업데이트를 통합
function handleStateChange(count) {
    num.innerHTML = count;
    document.title = 'Number ' + count;
}

if(!useHash) {

    // 가벼운 bversion
    addEventListener('popstate', function(e) {
        if( e.state && e.state.count ) {
            handleStateChange(e.state.count);
        } else {
            setNumFromUrl();
        }
```

```
    });
} else {
    // 첫 번째 popstate가 호출되지 않았기 때문에,
    // 직접 호출해야 한다
    setNumFromUrl();

    // 변경이 있었는지 알기 위해서는
    // old version을 알고 있어야 한다
    var oldHash = location.hash;

    // 100ms마다 폴링
    window.setInterval(function(){
        var match;
        if( window.hash !== oldHash ){
            match = location.hash.match(hashExp);
            oldHash = location.hash;
            if(match) {
                handleStateChange(match[1]);
            }
        }
    }, 100);
}
```

이 코드는 멋있고 탄력적이다. 이 코드는 pushState를 이용해서 동작한다—그리고 이용하지 않고도 동작한다. 서버에서 약간의 노력만으로 자바스크립트를 사용하지 않고 동작할 수 있다는 확신을 줄 뿐 아니라, 리프레시 없이도 빠른 경험을 만들 수 있다는 확신을 줄 수 있다.

> ### TIP HASH-BANG
>
> 여기저기 웹 서핑을 하다 보면 다음과 같은 URL들을 직면하는 경우가 있을 것이다. mysite.com/#!news/world/123 이런 URL들은 보통 hash—bang url이라고 알려져 있다(Hash와 bang은 각각 Unix에서 말하는 "#"와 "!"이다). 이 URL들은 우리가 간단하게 구분했던 것을 수행한다. 그것은 히스토리 API를 지원하지 않는 브라우저에서 싱글 페이지 앱이 동작할 수 있게 한다. 구글이 제안했고 AJAX

를 통해 로딩되는 인덱스 콘텐츠를 위해 구글봇이 허용하고 있다.

브라우저 히스토리 API는 진부한 hash-bang URL을 만든다. 히스토리를 보존하기 위해 이렇게 하는 것보다 페이지를 나타내는 실제 URL들을 제공하는 것이 더 좋다. hash-bang URL은 절대 사용해서는 안 된다. Part 05에서 설명한 간단한 사이트는 주소 창에 직접 입력한 URL로 동작하도록 설계되었다. # URL들은 대체 URL이고, 구글봇이 알아야 할 필요도 없다. 검색엔진을 지원하기 위해 이런 방법을 사용하는 것보다는 제대로 된 URL로 사이트가 동작하는 것이 더 나은 방법이다.

PJAX 추가

pushState는 여러분의 사이트가 PJAX를 지원하면서도 드라마틱하게 성능이 향상될 수 있는 놀라운 도구다. 다시 말하지만 PJAX는 pushState 더하기 AJAX이다. 이 둘을 통해서 우리는 하나의 페이지와 URL을 업데이트할 수 있고, 드라마틱하게 사이트의 속도를 향상할 수 있다.

HTML FRAGMENT 사용

Part 04에서 설명했듯이 사이트에 있는 서로 다른 새들의 페이지들이 모두 다른 것은 아니다. 사용자가 다른 새를 탭했을 때 그 페이지에서 대략 10% 정도가 실제로 변경된다. 우리가 일부분만 변화를 주었기 때문에 사용자가 다른 새의 콘텐츠를 탭하면 URL이 업데이트되지만, 페이지가 실제로 리로드되지 않는다. 이 책의 목적을 위해 이 사이트는 자바스크립트 없이는 동작하지 않지만, 이 로직을 서버에서 구현하여 자바스크립트가 동작하지 않아도 사용자가 California_condor.html로 가서 동일한 페이지를 볼 수 있게 할 수 있다.

우리는 서로 다른 새들에 대한 HTML fragment들을 만들어서 다운로드 시간을 줄일 것이다. 사용자가 새를 탭하면 전체 페이지를 다운로드하는 것이 아니라 필요한 fragment를 다운로드하게 된다.

```
california_condor_frag.html
california_gull_frag.html
california_quail_frag.html
```

예를 들어 california_condor_frag.html을 살펴보면 다음과 같다.

```
<p>The California Condor (<i>Gymnogyps californianus</i>) is a large
vulture.
→ In fact, it is the largest land bird in North America. Aside from its
size
→ the condor is probably best know for its rarity: there are only 226
birds
→ living in the wild, which is up from 22 in 1987</p>
<p>The bird is black, except for patches of white under the wings and
its bald,
→ red head.</p>
```

바로 이것이다. 작지만 보여줄 HTML을 포함하고 있다. 다음으로는 모든 페이지가 필요로 하는 동일한 코드를 포함하는 'wrapper' 파일을 만들 것이다. 이 파일은 자바스크립트와 CSS를 포함할 뿐 아니라 앞 장에서 작업했던 <section class="content"> 바깥쪽의 나머지 HTML 부분이 포함되어 있다. 이 페이지는 한 세션당 한 번만 로드되기 때문에, 자바스크립트와 CSS 파일들을 캐시하는 것은 유용성이 떨어진다. 그래서 처음 로드될 때를 위해 이 부분을 최적화한 것이다. 이것은 페이지에 모든 사바스크립트와 인라인 CSS를 넣어서 작게 만든다는 말이다(완전한 파일을 원하면 웹사이트를 보라). 모든 자바스크립트, CSS, HTML을 2.8KB로 압축해서 다운로드할 수 있다. 첫 로드는 그리 나쁘지 않다고 느낄 정도의 수준일 수 있지만, 그다음 로드부터는 확실히 좋아진 것을 확인할 수 있다.

여기서 진도를 더 나가기 전에 베이스라인을 설정하자. 최적화에 대해 간단하게 살펴보면 이 페이지가 로딩되는데, 이미지를 포함하지 않은 상태로 3G에서 1.2초가 소요된다. 이미지를 포함하면(캐시된 Flickr 데이터를 이용) 2.3초가 소요된다. 이것은 일반 페이지 로드로서 우리가 할 수 있는 최선의 성능이다. 우리가 단일 페이지 버전을 만든 후에 이 소요 시간에 대해 다시 얘기할 것이다.

라우터 생성 

단일 페이지 앱을 만드는 방법은 여러 가지가 있다. 가장 깔끔한 접근법은 '라우터'를 이용하는 것이다. 라우터는 서버 프레임워크 안의 라우터와 유사한 일을 한다. URL들을 가지고 그 URL을 처리하기 위해 적절한 코드를 호출한다.

URL들은 페이지의 anchor에서 가로챈 클릭이나 pushState로부터 라우터에게 전달될 수 있다. '켈리포니아의 새들' 사이트를 위해서 우리는 매우 단순한 라우터를 만들 것이다. 라우터는 addRoute와 handleRoute 2개의 메소드를 가진다. addRoute는 URL을 표현하는 정규 표현식과 Callback, scope 오브젝트를 취하고, handleRoute 메소드는 단순하게 URL을 취한다.

우리는 단순한 스택을 구현할 것이다. 경로 추가는 스택에 그 경로에 대한 정보를 추가한다. 경로가 라우트되면, 매치되는 것을 찾을 때까지 모든 경로를 루프를 돈다. 그리고 그 매치되는 것을 디스패치한다. Listing 5.9를 살펴보자.

❖LISTING 5.9 라우터

```javascript
var routes = [];

// 경로 리스트에 새로운 경로 추가
function addRoute(route, callback, scope){

    // 나중에 신뢰할 수 있는 일관된 시그너처를 생성
```

```javascript
    var routeObj = {
        route: route,
        callback: callback,
        scope: scope
    };

    routes.push(routeObj);
}

// 매칭되는 경로를 찾고, callback을 호출
function handleRoute(path, noHistory) {

    var len = routes.length, scope;

    for (var i=0; i < len; i++) {
        if(path.match(routes[i].route)) {

            // 호출자가 scope를 제공했으면 그것을 사용하고,
            // 그렇지 않으면 window scope 안의 callback을 실행
            if(routes[i].scope) {
                scope = routes[i].scope;
            } else {
                scope = window;
            }

            // popState로부터 온 것이면 상태를 다시 push하지 않음
            if(!noHistory) {
                // history stack에 경로를 push
                history.pushState({}, null, path);
            }

            routes[i].callback.apply(scope, [path]);
            return true;
        }
    }
```

```
    // 경로가 없으니 넘어감
    return false;
}
```

addRoute 메소드 안에서 우리는 scope 오브젝트를 전달하는 방법을 제공했다. callback을 호출하면 이 오브젝트는 그 함수 안에서 'this'가 된다. 조금이라도 더 편리함을 제공하기 위해 callback으로 scope를 전달할 수 있게 했다.

addRoute에서 scope는 옵션이다. 만일 이것이 설정되어 있지 않으면, 나중에 다른 scope와 충돌이 나지 않도록 windows scope 안에서 callback을 호출할 것이다. 이 라우터의 좋은 점은 우리가 히스토리를 얻기 위해서 해야 할 것은 listener만 추가하면 된다는 것이다.

```
window.addEventListener('popstate', function(e) {
    handleRoute(window.location.href, true);
})
window.router = {
    handleRoute:handleRoute,
    addRoute: addRoute
};
```

페이지의 모든 코드가 라우트를 통해 실행된다고 가정하고 이제 히스토리가 자동으로 관리된다. PJAX의 AJAX 부분은 매우 친근하게 보일 수 있다. 실제 요청을 처리하는 매우 단순한 AJAX 모듈의 코드가 웹사이트에서 이용이 가능하지만 여러분은 그 외의 많은 프레임워크 중 하나를 사용할 수도 있다. 이 코드는 매우 제한적이다. 기본 생각은 정의된 라우트를 알고 있고, 그 라우트를 실행한다면 페이지의 모든 클릭을 가로챌 수 있다는 것이다. 라우터는 Listing 5.9에 정의되어 있고, 라우트를 찾으면 true를 리턴하고, 그렇지 않으면 false를 리턴한다.

이벤트 가로채기

올바르게 라우트가 되기 위해서 우리는 페이지의 모든 클릭을 가로챌 필요가 있다. 이를 위해서 우리는 document element에 이벤트 listener를 추가할 것이다. 클릭 이벤트들이 DOM 트리에서 발생하기 때문에, document element에 클릭 listener를 추가해야 모든 클릭을 가로챌 수 있다. Listing 5.10을 살펴보자.

❋LISTING 5.10 클릭 가로채기

```javascript
// 모든 클릭을 가로챈다.
// 만일 anchor에 있으면 라우터로 전달한다.
document.addEventListener('click', function(e) {

    // href를 가지고 있으면, anchor로 가정한다.
    if(e.target.href) {
        if(router.handleRoute(e.target.href)) {
            e.preventDefault();
        }
    }
}, true);
```

라우트 구현

그다음 라우트를 추가한다. Listing 5.11을 살펴보자.

❋LISTING 5.11 라우트 구현

```javascript
// 라우트를 위한 데이터를 구성한다.
// 라틴어 이름 검색은 유지히지 않는다.
var latinNameMap = {};
var links = document.querySelectorAll('.nav-link');
var href;

// 메모리에 ajax 응답을 캐시한다.
// 따라서 다음 접속 시에 사용자는 더 빠르게 그 새를 확인할 수 있다.
var pageCache = {};
```

```javascript
// 매번 검색하는 것보다 모든 라틴어 이름과 처음에 캐시된 것을 비교한다.
for (var i=0, len = links.length; i < len; i++) {
    href = normalizeLink(links[i].href);
    latinNameMap[href] = links[i].getAttribute('data-latin');
}


// 브라우저는 링크와 링크가 포함하고 있는 내용, 관련 경로에 따라 다르게 행동한다.
function normalizeLink(path) {
    return path.match(/([a-z_]+\.html)/)[1];
}


// 라우트 callback들을 처리한다.
function handlePage(path) {
    var href = normalizeLink(path);
    birdData.changePhoto(latinNameMap[href]);

    if(pageCache[href]) {
        document.querySelector('.content').innerHTML = pageCache[href];
    } else {
        ajax.makeRequest(href.replace('.html', '_frag.html'), function(xhr) {
            document.querySelector('.content').innerHTML = xhr.responseText;
            pageCache[href] = xhr.responseText;
        }, this);
    }
}


router.addRoute(/[a-z_]+\.html/, handlePage);
```

위에서 볼 수 있듯이, 모든 링크들과 popstate 이벤트는 동일한 코드를 통해 진행된다. handlePage 함수는 2가지 모두를 지원하기 때문에 페이지는 동일한 방법으로 동작한다. 이것이 우리가 되돌아가기 버튼 동작을 구현할 수 있는 방법이다. 또한 우리는 매우 가벼운 캐시 계층(layer)을 추가했다. AJAX 요청 후에 오브젝트 안에 그 응답을 저장한다. 그리고 사용자가 클릭이나 되돌아가기 버튼을 통해서 그 경로로 되돌아갈 때 다른 요청을 생성하지 않아도 된다.

완전히 최적화되어도 이 페이지를 1초 내에 로드하지 못한다. PJAX를 적용해서 첫 페이지를 로드할 때도 동일한 시간이 소요된다. 그러나 두 번째 로드의 경우에—다른 새를 탭한 경우—3G에서 700ms가 소요된다. 그리고 만일 데이터가 메모리에 캐시되어 있고 사용자가 이미 보았던 새를 되돌아가기를 할 경우에 페이지가 변경되는 데 3ms 정도가 소요된다. PJAX를 사용하거나 다른 단일 페이지로 접근하는 방법이 성능 향상 기술로서 앞으로 더 인기가 있을 것이다.

추가적인 속도 향상 

지금 얘기한 이 접근 방법은 현재 상태로도 매우 빠르다. 그러나 랜덤 코드와 같은 일부 작은 문제를 가지고 있다. 사용자가 되돌아가기 버튼을 눌렀을 때 속도가 느려지거나 기묘하게 새들이 바뀌는 현상이 나타날 수 있다. 그래서 우리는 DOM 안에 〈div〉 컨테이너의 전체 콘텐츠를 저장할 것이고, 디스플레이를 감추고 새로운 콘텐츠로 교체할 것이다. 좀 복잡한 상황일 수 있다. 우리는 페이지에 무슨 일이 생겼는지를 확인하는 것보다는 새로운 HTML을 생성하기 위해 birdData 코드를 수정해야 한다. 이것은 크기가 작다. 그러나 우리는 AJAX 요청을 위해서 HTML을 전달한다. 예를 들어 과도한 〈p〉 태그의 쌍이 있지는 않지만, 더 복잡한 HTML fragment가 결국 매우 많은 바이트를 차지하게 된다. 만일 페이지가 템플릿을 공유할 경우 템플릿은 많은 중복된 비이트를 공유한다. 우리가 필요로 하는 것이 템플릿이다. 대부분의 경험 많은 개발사들에게 클라이언트에서 템플릿을 만드는 것이 조금 미친 소리로 들릴 수 있다. 운 좋게도 현대의 자바스크립트 엔진들은 점점 속도가 빨라지고 있어서, 클라이언트에서 템플릿을 만드는 것은 실제로 많은 시버 프레임워크에서 존재하는 것보다 더 빠른 성능을 보이고 있다. 더 이상 미친 소리가 아니다.

템플릿 엔진들은 일반적으로 시간이 흐르면서 더 복잡해지고 있다. Smarty 또는 JSP와 같은 대부분의 성숙된 템플릿 시스템들은 소유권이 있는 언어들이다. 그러나 가장 단순한 템플릿 시스템은 여러분이 채우고 싶은 데이터를 텍스트로 만들어서 라벨링을 하듯이 단순하다. 다양한 목적을 달성하기 위해 템플릿 엔진은 검색과 대체 기능을 가지고 있다. '캘리포니아의 새들' 사이트에서 우리도 그렇게 할 것이다. 우리는 콘텐츠를 표현하는 데이터 오브젝트를 생성하고 대체할 것을 가리키는 템플릿을 만들 것이다.

우리는 스크립트 블록 내부 페이지에 템플릿을 포함할 것이다. 만일 브라우저가 알 수 없는 그 무언가를 위해서 〈script〉 태그의 타입 속성을 설정한다면, 그것을 파싱하는 시도를 하지 않을 것이다. 그러나 여전히 자바스크립트로부터 콘텐츠들에 접근할 수 있다. 단순한 검색과 대체를 위해서 우리는 일부 템플릿 엔진에서 사용하는 토큰 포맷을 채용할 수 있다:키워드가 이중 중괄호로 싸여있다. 이중 중괄호를 사용함으로써 템플릿 안의 CSS나 자바스크립트가 문제없게 한다. Listing 5.12를 살펴보자.

❀LISTING 5.12 bird 템플릿

```
<script type="x/template" id="tmpl">
<div class="container main">
    <h2 id="birdname">{{birdname}}</h2>
    <div class="hero-shot">
        <a id="imglink" href="{{imagelink}}">
        <span role="img" aria-label="A bird" class="hero-img"></span></a>
        <p class="caption">
        Photo By
        <a id="attribution" href="{{authorurl}}">{{author}}</a></p>
    </div>
    <section class="content">
        {{content}}
    </section>
</div>
</script>
```

템플릿 파서(parser)는 템플릿과 오브젝트를 취한다. 각 템플릿 안에서 찾은 각 토큰들은 오브젝트 안에서 같은 이름의 멤버들이 보일 것이다. 만일 하나를 찾으면, 멤버의 값을 가진 토큰으로 대체된다. 그렇지 않으면 디버깅 목적으로 원래 토큰으로 대체된다. 이것은 자바스크립트 안에서 잘 이용되지 않는 기능을 통해서 수행된다:String.prototype.replace는 두 번째 인자로 callback을 취할 수 있다. 우리는 토큰을 빼낼 수 있는 정규 표현을 사용할 것이다. 그다음 매치되는 데이터 오브젝트를 검색하기 위한 간단한 callback 함수로 이용할 것이다. 토큰을 찾는 정규 표현은 토큰을 찾기 위해 non-capturing 그룹을 사용하며 문자로 시작하는 키워드만을 허용한다. 키워드는 capturing 그룹 안에 존재하는데 이것은 나중에 사용할 것이다. Listing 5.13을 살펴보자.

❖LISTING 5.13 template renderer

```javascript
var regexp = /(?:\{\{)([a-zA-z][^\s\}]+)(?:\}\})/g

function render(template, data) {

    return template.replace(regexp, function(fullMatch, capture) {
        if(data[capture]) {
            return data[capture];
        } else {
            return fullMatch;
        }
    });
}

window.renderTemplate = render;
```

간단히 말해서, JSON을 제공하는 server-side API를 이용할 것이다. 라우트 핸들러를 변경해서 DOM을 업데이트하는 대신 새로운 JSON API로부터 데이터를 패치하고, 템플릿을 만들고, DOM 안에 그것을 삽입할 것이다.

❖**LISTING 5.14 API 응답**

```
{
    "birdname" : "California Quail",
    "image_link": "http://www.flickr.com/photos/98528214@N00/290921246",
    "img_url":"http://farm1.staticFlickr.com/117/290921246_e1d0e9e52f_z.jpg",
    "author_url":"http://www.flickr.com/photos/furryscalyman/",
    "author":"furryscaly",
    "content":"<p>The California Quail (<i>Callipepla californica</i>).."
}
```

최적화를 추가함으로써 우리는 각 페이지에 새로운 element를 생성하고 다른 것들을 숨길 수 있다. 사용자가 되돌아가기 버튼을 클릭하거나 이미 본 페이지 링크를 클릭했을 때 페이지 로드 속도를 가능한 빠르게 할 수 있다.

우리는 몇 가지 변수들과 새로운 유틸리티 함수가 필요한데 Listing 5.15를 살펴보도록 하자.

❖**LISTING 5.15 페이지 숨김 함수**

```
var pages = {};
var idInc = 0;
var tmpl = document.getElementById('tmpl').innerHTML;

function hidePages() {
    var page;

    for (page in pages) {
        pages[page].style.display = 'none';
    }
}
```

이제 Listing 5.16을 살펴보자. 템플릿 생성자(renderer)와 JSON API를 사용하는 handlePage 함수를 수정할 것이다.

❋LISTING 5.16 템플릿화된 handlePage 함수

```javascript
// 이 함수는 라우트 callback을 처리한다.
function handlePage(path) {
    var href = normalizeLink(path);
    var thispage;

    if(!pages[href]) {

        // 다른 페이지들은 모두 숨긴다.
        hidePages()
        ajax.makeRequest(href.replace('.html', '.json'), function(xhr) {
            var data = JSON.parse(xhr.responseText);

            // 페이지를 담아두기 위해서 elment를 생성한다.
            var contentHolder = document.createElement('div');

            // id를 넘긴다.
            contentHolder.id = 'birds-' + idInc++;

            //템플릿을 만든다.
            contentHolder.innerHTML = renderTemplate(tmpl, data);
            document.querySelector('.main').appendChild(contentHolder);

            pages[href] = contentHolder;

        }, this);
    } else {
        hidePages();
        pages[href].style.display = 'block';
    }
}
```

이제 이 페이지는 여러분이 상상할 수 있는 만큼 빨라질 것이다. 이미 캐시된 상태라면 페이지 로드는 순식간에 이루어진다—이것이야말로 정말 환상적인 경험이다.

가지치기(PRUNING)

숨겨진 DOM 노드를 만드는 것은 속도를 향상할 수 있는 좋은 방법이다. 그러나 시간이 지날수록 실제로는 속도 저하를 가져올 수 있다. 만일 '캘리포니아의 새들' 사이트가 수천 개의 새 종류를 가지고 있다면, 새를 전문적으로 관찰하는 전문가들은 연구 기간 동안 수백 페이지를 볼 수도 있다. 각각의 페이지들은 일부 텍스트와 이미지를 가지고 있다. 이 모든 것이 DOM 안에 있기 때문에 메모리를 모두 써버리는 상황이 발생한다. 앞서 말했지만 모든 것들은 대부분 터치 디바이스에서 지원한다. 아마도 메모리는 브라우저 캐시 뒤에 있는 가장 큰 존재일 것이다. 모든 DOM 노드는 메모리가 필요하다. 그리고 모든 이미지는 많은 메모리가 필요하다. 만일 우리가 노드를 만들면 실제로 브라우저는 속도가 느려지다가 나중에는 급기야 크래시가 발생할 수도 있다.

건실한 시스템은 앞으로 덜 사용하게 될 노드들을 가지치기한다. 페이지의 실제 데이터(만들어진 템플릿이 아니라)는 매우 작다. 그리고 무기한으로 가지고 있을 수 있다. 노드가 삭제될 때 여러분이 해야 할 일은 노드를 재빌드하는 것이다. 이때 데이터를 패치하지는 않는다. 가장 단순한 방법은 노드의 최대 개수를 설정하는 것이다. 여러분이 그 개수를 초과하게 되면 가장 오래 숨겨져 있던 노드를 삭제한다. 그것은 최소 사용 빈도를 보이는 노드이기 때문이다. 노드가 매우 단순하지 않다면 한 번에 고작 10개의 숨겨진 노드만을 유지하는 것도 좋다.

단일 페이지 프레임워크 

Part 05에서 우리는 라우터, 템플릿 생성자(renderer), 캐시 PJAX 시스템을 만들었다. 실제로 프레임워크의 시작으로 볼 수 있다. 하지만 몇 가지 문제가 있다:데이터 모델이 복잡하고 불안정하다. 또한 만들기도 쉽지 않다. 고객이 나중에 새를 어디서 찾을 수 있는지에 대한 지도를 보여달라고 결정하면 어찌 되는가? 만일 고객이 편집 도구를 원하면 어찌 되는가? 사이트 요구 사항이 MVC(Model-View-Controller) 패턴에 의존하는 서버 코드개발 작업의 복잡도가 특정 레벨에 도달하면, 개발자들은 흔히 프레임워크와 템플릿 엔진에 의존한다. '부록 C'에 MVC에 대한 설명이 있으며, touch-interfaces.com에서 다운로드할 수 있다.

여러분이 단순한 검색과 대체보다 템플릿을 위한 더 건실한 무언가를 원한다면, 매우 단순한 것(Mustache)부터 매우 복잡한 것(EJS)까지 클라이언트 템플릿을 위해 선택할 수 있는 몇 가지 좋은 것들이 있다. 표 5.2를 보면 가장 인기 있는 것들 중 몇 가지가 설명되어 있다. 어느 것이 다른 언어들을 지원하는지 주의 깊게 살펴보아야 한다;이것은 클라이언트와 서버 간에 템플릿을 공유할 때 매우 유용하다.

이름	다른 언어 지원	웹사이트
Mustache	PHP, Ruby, Python, Scala, .NET	http://mustache.github.com
Handlebars.js	Only JavaScript	http://handdlebarsjs.com
HAML	Ruby	http://github.com/creationix/haml-js
Jade	Only JavaScript(Node)	http://jade-lang.com
Underscore Template	Only JavaScript	http://underscorejs.org
EJS	Only JavaScript	http://enbeddedjs.com

[표 5.2] Client-side 템플릿 언어

SUMMARY 정리

대부분의 웹사이트에서, 사용자에게 가장 큰 고통은 다음 페이지가 로드되기까지 기다리는 시간이다. AJAX와 함께 브라우저 히스토리 API를 사용하여 그 로드를 완전히 제어하는 것이 가능하다. 게다가 페이지 로드를 제어하기 때문에 사용자가 빠르다고 느낄 수 있는 인터페이스를 유지하기 위해, 사용사에게 보는 것이 로딩되고 있다는 메시지를 전달할 수 있다. 추가적인 장점으로 사용자는 모든 것이 빠르다고만 생각할 것이고, 무언가 이상하거나 다르다는 것을 눈치채지 못할 것이다.

Part 06에서는 브라우저 이벤트들로 상호작용(interaction)을 향상하는 방법에 내해 살펴보도록 하겠다.

1984년에 등장한 매킨토시는 그래픽 인터페이스를 전반적으로 적용한 최초의 플랫폼이었다. 오리지널 매킨토시에는 Mousing이라 불리는 미니 게임을 포함하고 있었는데 그 게임은 사용자들에게 마우스 사용하는 방법을 안내하는 것이었다.

2007년 개인적으로 최초의 터치 디바이스라 생각되는 아이폰을 애플이 출시했을 때 터치 인터페이스 사용법을 알려주는 Mousing과 같은 게임은 아이폰에 존재하지 않았다. 하지만 사용자들은 본능적으로 그것을 어떻게 사용하는지 완전히 이해하고 있었다. 익숙해지기까지 어느 정도 시간이 필요한 마우스와는 달리 터치 인터페이스는 인간이 걸음마를 뗀 이후로 끊임없이 사용해 온 기술이기 때문이었다.

마우스 기반 인터페이스의 근본적인 대화 수단이 클릭이라면 터치 인터페이스의 근본적인 대화 수단은 탭(tap)이다. 언뜻 보면 탭은 클릭과 거의 비슷한 것 같지만 실제로 탭과 클릭은 많은 차이점이 있다.

PART 06

탭 vs 클릭
: 기본적인 이벤트 다루기

무엇이 탭을 다르게 만드는가?

데스크톱에서 링크를 따라가려면 먼저 커서를 해당 링크로 가져가서 클릭을 한다. 반면 터치 인터페이스는 링크를 따라가는 것을 단순한 탭 동작으로 수행한다. 커서를 옮기는 것도 hover 이벤트도 없다. 클릭 이벤트 자체가 mousedown과 mouseup 이벤트의 조합이라면, 탭은 사용자가 화면을 터치하는 것으로 정의되는 단일 이벤트다.

탭은 물리적인 버튼 장치를 누르는 것이 아니라 터치 디바이스를 손가락으로 누르면 된다. 이것은 단순해 보이지만 큰 차이점을 만든다.

만약 당신이 맥북을 사용해 봤다면 버튼이 없는 애플의 트랙패드에 대한 경험이 있을 것이다. 트랙패드는 버튼이 없는데도 클릭하면 트랙패드 자체에서 사운드가 나온다. 클릭 사운드가 나옴으로써 사용자에게 클릭이 잘되었음을 알려주는 피드백 역할을 한다. 터치 디바이스를 터치하면 위와 같은 실질적인 물리적 반응(몇몇 안드로이드 장치는 미세하게 진동하기도 한다)은 없지만 좋은 터치 인터페이스는 사용자에게 즉각적인 피드백을 준다. 아이폰 홈 스크린의 아이콘 중 하나를 터치하면 비록 앱이 시작되기까지 약간 지연되기는 하지만 아이콘 자체는 즉시 하이라이트되어 터치가 제대로 되었음을 알려준다. 만일 피드백을 즉시 받지 못한다면 아이폰이 매우 느리다고 여길지도 모른다:터치가 느리다는 느낌은 터치 후 반응을 받기까지 걸리는 시간에 따라 결정되기 때문이다. 터치 디바이스에는 버튼이 없기 때문에 탭을 중복해서 사용한다. 오른쪽 클릭 대신 '탭과 홀드(hold)'를 사용하며 줌을 위해 대부분 디바이스에 '더블탭(double tap)'이 구현되어 있다. 두 번 탭하면 줌인(zoom-in)이 된디(link나 onclick 이벤트를 가진 엘리먼트 위에서 해도 줌인 기능이 발동하다). 브라우저는 이러한 중복 동작 때문에 onclick 핸들러를 종료하기 전 해당 이벤트가 더블탭인지를 확인하기 위해 약 300ms를 기다린다.

'Part 02 간단한 콘텐츠 사이트 작성'을 돌이켜보면 300ms는 무척 긴 시간이다. 페이지를 로딩하는 데 그만큼의 시간이 더해지는 것은 마치 서버를 55,000마일 멀리 이동시키는 것과 같다. 각각의 클릭이 300ms 지연되는 것, 이것이 바로 Part 05의 마지막 퀴즈 결과가 약간 느려 보이는 이유다. 즉, 터치 인터페이스에서 최상의 성능을 위해서는 클릭 이벤트 대신 터치 이벤트를 사용해야 한다.

터치 이벤트 소개

비록 터치 디바이스가 마우스를 가지고 있지 않아도 브라우저는 여전히 마우스 이벤트를 발생시킨다. onclick, mouseover, mousedown, mouseup 모두 여전히 발생한다. 터치가 가능한 브라우저에서 그들은 실제 이벤트가 아니라 합성한 이벤트다. 브라우저는 터치 동작에 기반한 이벤트를 발생하며 이는 마우스 이벤트와 비슷하다.

클릭은 사용자가 손가락을 떼는 것과 상관없이 엘리먼트를 탭하기만 하면 발생한다. onclick 이벤트는 탭한 후 300ms가 지나면 발생되는데 onmouseup과 onmousedown 역시 onclick 과 같은 시간이 지나면 발생된다.

브라우저에서 이러한 이벤트들을 발생시키기 때문에 터치 이벤트를 고려하지 않은 웹사이트에서도 터치를 사용할 수 있다. 만일 좋은 터치 인터페이스를 만들고 싶으면 합성한 이벤트를 피하고 터치 이벤트를 직접 이용하는 것이 좋다.

모바일 브라우저에는 터치와 관련한 4가지 이벤트 타입이 있다(표 6.1).

- 터치가 시작될 때(사용자의 손가락이 화면에 닿는 순간)
- 터치포인트(touchpoint)가 움직일 때(사용자가 손가락을 화면에서 떼지 않고 움직임)
- 터치가 끝날 때(사용자가 손가락을 화면에서 떼는 순간)
- 터치가 취소될 때(알림, 인터럽트(interrupt)와 같은 행위들)

NOTE ▾

웹킷, 오페라 모바일, 파이어폭스 모바일 등은 거의 같은 API를 사용한다. 간략히 다루겠지만 윈도폰 8의 IE10.0은 상당히 다른 방식의 모델을 사용한다.

이벤트 이름	설명	TOUCH 배열 포함 여부
touchstart	터치 시작	Yes
touchmove	터치포인트 변화	Yes
touchend	터치 종료	Yes
touchcancel	터치가 인터럽트 됨	No

[표 6.1] 웹킷의 터치 이벤트

터치 배열은 터치 이벤트에 의해 발생한 터치 객체의 그룹이다. 터치 객체는 손가락으로 화면을 터치하는 행위 자체에 관한 정보를 담고 있다(표 6.2).

프로퍼티	설명
identifier	터치에 대한 고유 식별자. 사용자가 손가락을 화면에서 떼지 않는 한 변하지 않는다.
screenX	장치 화면의 왼쪽에서부터 터치의 X 위치. 스크롤링 여부에 영향을 받지 않는다.
screenY	화면 위에서부터 Y 위치
clientX	브라우저 viewport의 왼쪽에서부터 X 위치이며 크롬 브라우저에서는 작동하지 않는다. 일반적으로 이 값은 screenX와 같다.
clientY	브라우저 viewport 위에서부터 Y 위치이며 크롬 브라우저에서는 작동하지 않는다. screenY 값과 같다.
pageX	만들어진 페이지 왼쪽에서부터 X 위치
pageY	만들어진 페이지 위에서부터 Y 위치
target	처음에 터치한 지점에 위치한 엘리먼트. 다른 엘리먼트로 이동해도 해당 값은 변하지 않는다.
radius[X/Y]●	터치한 지짐의 반경(회면에 접촉한 크기에 대한 추정치)
rotationAngle●	터치한 곳에 가장 가까운 곳으로 radius만큼 타원으로 회전하는 각도
force●	화면 표면에 가한 힘의 정도

[표 6.2] 터치 객체의 프로퍼티들

● radius, rotationAngle, force와 같은 프로퍼티들이 안드로이드의 크롬 브라우저에서 일찍이 지원되었지만 각 모바일 기기들에서 이런 프로퍼티를 빠르게 지원하지 않았다면 사용이 대중적이지 않을 수 있다. 이 3가지 프로퍼티들은 iOS6에는 지원되지 않는다.

IE10.0 포인터 이벤트

IE10.0은 이론적으로 위에서 언급한 것과 같은 이벤트들을 지원하지만 사용하는 문법은 완전히 다르다. 마이크로소프트사는 터치 이벤트와 마우스 이벤트를 단일 코드에서 포괄적으로 처리하려 했다—데스크톱용 IE10.0에서는 태블릿 이벤트와 모바일용 IE10.0의 이벤트 처리를 똑같은 방식으로 지원한다.

IE10.0에는 포인터(pointer) 이벤트라 불리는 단일 이벤트가 존재하는데 마우스 클릭, 스타일러스 펜 입력, 손가락 터치 등에 의해 발생한다(표 6.3).

이벤트 이름	설명(터치 디바이스)
MSPointerDown	터치 시작
MSPointerMove	터치포인트 이동
MSPointerUp	터치 종료
MSPointerOver	터치포인트가 엘리먼트에 위치
MSPointerOut	터치포인트가 엘리먼트에서 벗어남

[표 6.3] 인터넷 익스플로러(IE) 포인터 이벤트

이벤트 객체(MSPointerEvent)는 마우스 이벤트까지 처리해 주며 page[x|y], client[x|y], device[x|y] 프로퍼티들을 포함한다. 그 외 추가적인 포인터 프로퍼티들 역시 포함하고 있다(표 6.4).

프로퍼티	설명
hwTimestamp	이벤트가 발생한 시간(ms)
isPrimary	primary pointer인지 일러줌
pointerId	포인터에 대한 유니크 아이디(터치 이벤트의 identifier와 유사)
pointerType	이벤트가 마우스, 스타일러스 펜, 손가락 중 어느 것으로부터 발생했는지를 숫자로 식별

프로퍼티	설명
pressure	펜의 압력을 0~255 사이 값으로 표현. 마이크로소프트 문서에 따라 이것은 오직 펜 입력에만 해당
rotation	커서의 회전을 0~359 값으로 표현
tilt[X|Y]	스타일러스 펜의 기울기 값. 오직 펜 입력에만 지원

[표 6.4] MS 포인터 이벤트 properties

pointerType 프로퍼티는 enum 값이며 MS 포인터 이벤트 객체가 어떤 타입인지를 식별하기 위해 사용된다(Listing 6.1).

❖LISTING 6.1 포인터 타입 구별하기

```
function handleEvent(event) {
        switch (event.pointerType) {

                case event.MSPOINTER_TYPE_TOUCH:
                        // 포인터가 손가락인 경우
                        break;
                case event.MSPOINTER_TYPE_PEN:
                        // 포인터가 stylus인 경우
                        break;
                case event.MSPOINTER_TYPE_MOUSE:
                        // 포인터가 마우스인 경우
                        break;
        }
}
element.addEventListener("MSPointerDown", handleEvent, false);
```

탭 조작하기

탭 이벤트 사용을 알아보기 위해 화면에서 사진을 사라지게 만드는 토글 버튼을 가진 페이지를 만들 것이다(그림 6.1).

간단한 HTML과 CSS를 사용하여 스위치 클릭 이벤트 대신 손가락 터치에 의해 발생하는 touchstart 이벤트를 이용한 코드를 만들어본다(Listing 6.2).

[그림 6.1] 토글 버튼.
ibm4381/Flickr. Creative Commons
Attribution 2.0 라이선스 적용

✿ LISTING 6.2 마크업 예제

```html
<!DOCTYPE html>
<html>
<head>
        <meta charset="utf-8">
        <meta http-equiv="X-UA-Compatible" content="IE-edge,chrome-1">
        <meta name="viewport" content="width=device-width">
        <title>Touch</title>
        <style type="text/css" media="screen">

                body {
                        margin: 0;
                        padding: 0;
```

```css
                font-family: Helmet, Freesans, sans-serif;
                text-align: center;
        }

        .button {
                font-size: 16px;
                padding: 10px;
                font-weight: bold;
                border: 0;
                color: #fff;
                border-radius: 10px;
                box-shadow: inset 0px 1px 3px #fff, 0px 1px 2px #000;
                background: #ff3019;
                opacity: 1;
        }

        .active, .button:active {
                box-shadow: inset 0px 1px 3px #000, 0px 1px 2px #fff;
        }

        .picture {
                display: none;
        }
    </style>
</head>
<body>
    <div id="touchme">
        <button class="button" id="toggle">Toggle Picture</button>
        <div class="picture" style="display: none">
            <p>Goldfinch by ibm4381 on Flickr</p>
            <a href="http://www.flickr.com/photos/j_
            benson/3504443844/">
                    <img src="img.jpg" width="320" height="256"
                    alt="Goldfinch">
            </a>
```

```
        </div>
    </div>
</body>
</html>
```

다음으로 이미지를 토글하는 간단한 함수를 생성한다.

```
function togglePicture(){
        var h = document.querySelector(".picture");
        if(h.style.display == "none") {
                h.style.display = "block";
        } else {
                h.style.display = "none";
        }
}
```

그리고 touchstart 이벤트에 대한 리스너를 추가한다.

```
node.addEventListener('touchstart', function(e){
        e.preventDefault();
        togglePicture();
});
```

touchstart 이벤트를 사용하는 것이 클릭 이벤트를 사용하는 것보다 성능이 좋다. 간단히 위 예제에서 touchstart 이벤드 대신 클릭 이벤트를 사용해 보라. 속도 차이를 금방 인지할 수 있을 것이다. 다만 위의 구현에는 한 가지 문제점이 있다. 이벤트 리스너에 있는 preventDefault가 버튼의 액티브 상태 전환을 방해한다. 버튼의 액티브 상태 전환은 사용자가 버튼의 사용 가능 어부를 판단하게 하는 중요한 부분이기 때문에 꼭 처리해 줘야 한다. 이를 해결하는 방법은 터치 시작 시점과 터치 종료 시점에서 액티브 클래스를 서로 스왑하면 된다.

```javascript
node.addEventListener('touchstart', function(e){
        e.preventDefault();
        e.target.className = "active button";
        togglePicture();
});

node.addEventListener('touchend', function(e){
        e.preventDefault();
        e.target.className = "button";
});
```

합성(synthetic) 탭 이벤트 만들기 

이전 예제들은 오직 터치 이벤트를 지원하는 브라우저에서만 동작하는데 이는 IE10.0을 제외한 모든 모바일 브라우저에서 동작한다는 의미이기도 하며 데스크톱 브라우저에서는 동작하지 않을 것이란 의미이기도 하다. 따라서 예제의 컴포넌트들을 가능한 최대로 캡슐화하여 최대한으로 재사용해 보려 한다. 이것을 위한 가장 편리한 방법은 합성 탭 이벤트를 만드는 것이다. 이것을 위한 방법은 2가지가 있는데, 하나는 jQuery 또는 YUI처럼 커스텀 이벤트(custom event) 기반 구조를 만드는 것이고 다른 옵션은 DOM 레벨 3를 이용하여 커스텀 이벤트를 실제로 생성하는 것이다.

DOM의 커스텀 이벤트는 일반 DOM 이벤트와 정확히 같은 방식으로 동작한다. 이벤트 등록역시 addEventListener를 통해 등록할 수 있디. 차이점이라면 일반적인 이벤트 행동과 마찬가지로 이벤트를 시작할 때를 정의해 줘야 한다. 탭 이벤트를 생성하기 위해 우리는 커스텀 이벤트를 사용한다(Listing 6.3).

❊LISTING 6.3 커스텀 DOM 이벤트 사용

```javascript
node.addEventListener('tap', function(e){
```

```
        togglePicture();
});

node.addEventListener('touchstart', function(e){
        // CustomEvent는 특별한 event type이다.
        var tap = document.createEvent('CustomEvent');
        tap.initCustomEvent('tap', true, true, null);
        node.dispatchEvent(tap);
});
```

initCustomEvent 함수는 4개의 파라미터를 가진다.

- 이벤트 이름
- 이벤트 버블(bubble) 여부
- 이벤트 취소 여부
- 이벤트를 초기화할 때 지나가는 데이터

탭 이벤트 처리를 위해 계속 코드를 작성해 보자. 현재 클릭들은 여전히 동작하지 않는다. 먼저 탭 처리를 위해 탭 리스너를 추가하는 함수를 만든다. 이 함수는 터치 이벤트가 발생하면 탭 이벤트인지를 확인하고 처리한다. 추가적으로 기본적인 마우스 이벤트 처리를 위한 폴백(fallback)도 덧붙인다.

❈ LISTING 6.4 추상적인 커스텀 이벤트

```
function addTapListener(node, callback) {

        // 마우스 이벤트를 지원함으로써 시작
        var startEvent = 'mousedown', endEvent = 'mouscup';

        // 만약 터치 이벤트가 사용 가능하면 디치 이벤트로 대체
        if (typeof(window.ontouchstart) != 'undefined') {
                // 터치 이벤트 동작
                startEvent = 'touchstart';
                endEvent = 'touchend';
```

```
        }

    node.addEventListener(startEvent, function(e) {
            var tap = document.createEvent('CustomEvent');
            tap.initCustomEvent('tap', true, true, null);
            node.dispatchEvent(tap);
    });

    node.addEventListener(endEvent, function(e) {
            var tapend = document.createEvent('CustomEvent');
            tapend.initCustomEvent('tapend', true, true, null);
            node.dispatchEvent(tapend);
    })

    node.addEventListener('tap', callback);
}
```

tapend 이벤트는 자동적으로 발생한다. 윈도우(window) 오브젝트의 ontouchstart 존재를 체크하면 tapend 이벤트를 간단히 체크할 수 있다. 이 함수를 포함한 토글 코드는 다음과 같다.

```
addTapListener(document.getElementById('toggle'), function(e){
        e.preventDefault();
        e.target.className = 'active button';
        togglePicture();
});
node.addEventListener('tapend', function(e){
        e.preventDefault();
        e.target.className = "button";
});
```

비록 첫 번째 예제 코드이지만 동작이 더욱 명확해졌으며 코드는 데스크톱에서 문제없이 동작한다.

노드 퍼사드(FACADE)

YUI나 jQuery와 같은 라이브러리를 좋아하는 이유 중 하나는 이벤트 핸들링을 간단하게 만드는 퍼사드 패턴 때문이다. 따라서 약간 지저분해 보이는 함수를 사용하는 대신 on 함수를 가지는 연결된 퍼사드를 만들 수 있다. on 함수를 이용하면 어떠한 DOM 또는 우리가 정의한 합성 이벤트들에 대해서도 리슨할 수 있다. 이번에는 미니 라이브러리를 가지고 탭과 tapend를 만들 것이다(chained 함수에 주목).

```
$('.button').on('tap', function(e) {
        e.preventDefault();
        togglePicture();
        e.target.className = "active button";
}).on('tapend', function(e) {
        e.target.className = "button";
});
```

이 예제에서 $는 객체를 리턴하는 함수이며 그 객체는 on 함수 하나만을 보유하고 있다. on 함수는 연결을 지원하기 위해 같은 객체를 리턴한다. 어떤 이벤트를 리슨하는지 알아보기 위해 타입을 구별하는 코드부터 시작해 보자(Listing 6.5).

❖LISTING 6.5 노드 퍼사드 사용

```
(function(){

        var TOUCHSTART, TOUCHEND;

        // 일반적인 터치 이벤트
        if (typeof(window.ontouchstart) != 'undefined') {

                TOUCHSTART = 'touchstart';
                TOUCHEND = 'touchend';
```

```
        //  마이크로소프트 터치 이벤트
    } else if (typeof(window.onmspointerdown) != 'undefined') {
            TOUCHSTART = 'MSPointerDown';
            TOUCHEND = 'MSPointerUp';
    } else {
            TOUCHSTART = 'mousedown';
            TOUCHEND = 'mouseup';
    }
```

이 코드는 스크립트가 처음 파싱되고 수행될 때 오직 한 번 수행한다. 그 이유는 스크립트가
로딩된 이후 브라우저가 변하는 경우가 없기 때문이다. 다음으로 노드 퍼사드를 위한 생성
자를 정의한다. 생성자는 실제 DOM 노드의 참조를 유지하고 있다.

```
function NodeFacade(node){


    this._node = node;


}


NodeFacade.prototype.getDomNode = function() {
    return this._node;
}
```

퍼사드가 충분치 않을 경우를 대비해서 인더라인 DOM(_node)에 대한 getter가 있다.
다음은 on과 off 함수이다. 이 함수들에서 이벤트 핸들러를 실제로 붙이거나 제거한다.

```
NodeFacade.prototype.on = function(evt, callback) {


    if (evt === 'tap') {
            this._node.addEventListener(TOUCHSTART, callback);
```

```
        } else if (evt === 'tapend') {
                this._node.addEventListener(TOUCHEND, callback);
        } else {
                this._node.addEventListener(evt, callback);
        }


        return this;


}


NodeFacade.prototype.off = function(evt, callback) {
        if (evt === 'tap') {
                this._node.removeEventListener(TOUCHSTART, callback);
        } else if (evt === 'tapend') {
                this._node.removeEventListener(TOUCHEND, callback);
        } else {
                this._node.removeEventListener(evt, callback);
        }


        return this;
}
```

탭과 tapend가 실제 이벤트가 아니기 때문에 우리가 정의한 TOUCHSTART와 TOUCHEND 상수에 대신 바인딩한다. 그 외의 다른 DOM 이벤트는 모두 처리하지 않는다.

$ 함수는 셀렉터가 가리키는 노드를 찾아 새로운 노드 퍼사드를 리턴한다.

```
window.$ = function(selector) {
        var node = document.querySelector(selector);


        if(node) {
                return new NodeFacade(node);
        } else {
```

```
                return null;
            }
        }

})();
```

이제 페이지를 구성하는 실제 프로그램 논리가 간단하고 명료해졌다.

```
$('.button').on('tap', function(e) {
        e.preventDefault();
        togglePicture();
        e.target.className = "active button";
}).on('tapend', function(e) {
        e.target.className = "button";
});
```


Part 06에서는 터치 이벤트의 기본에 대해 배웠다. 클릭 대신 탭을 사용하는 방법과 이를 통해 괄목할 만한 성능 향상을 실현하는 좋은 트릭도 살펴보았고 합성 이벤트를 만드는 몇 가지 패턴이나 노드 퍼사드를 만드는 방법에 대해서도 배웠다.

터치 이벤트를 사용할 때 브라우저(또는 디바이스)의 '줌을 위한 더블탭'과 같은 네이티브(native) 이벤트를 미리 생각하고 있어야 한다. 그리고 터치 이벤트의 prevent default는 이러한 네이티브 이벤트를 오버라이드한다는 것을 명심하여 항상 만든 코드가 예상대로 움직이는지 테스트하는 습관을 가져야 한다.

Bird 퀴즈를 살펴보고 클릭 대신 탭을 이용한 이벤트 시스템으로 재구성하라.

iOS, 안드로이드, IE10.0에서 동작 가능해야 한다.

submit와 라디오 버튼을 탭하면 즉각적인 피드백이 있어야 한다.

클릭이 데스크톱 브라우저에서 원활하게 동작해야 한다.

네가 올바르게 일을 처리할 때는, 사람들은 네가 어떤 일을 했는지 모를 것이다.
〈퓨처라마〉 중에서

모든 인터넷 사용자들이 인트로 애니메이션이나 깜빡이는 글자 때문에 불편한 경험이 있을 것이다. 물론 이런 효과에 대해 그와 반대의 느낌을 가질 수도 있지만 이내 잊어버리고 만다. 애니메이션 효과를 이용한 UI는 제대로 쓰기만 한다면 사용자와의 상호작용에 많은 이점을 줄 수 있다. iOS 화면에서 일어나는 모든 변화는 애니메이션 효과를 통해 표현된다. Part 06의 토글 예제를 보면 이미지를 사라지게 하는 부분이 어딘지 모르게 명쾌하지 않아 불편함이 느껴진다. 이미지를 좌우 또는 그냥 슬라이드되어 없어지게 하는 것보다 이미지가 단지 보이지 않을 뿐 언제든지 다시 부를 수 있다고 알려주는 게 더 명쾌하다.

성능 문제도 간과할 수 없다. 만약 어떤 애플리케이션이 jitter, jank 또는 hiccups 이라 불리는 애니메이션들을 보유하고 있다면 해당 애니메이션이 동작하지 않고 있을 때도 애플리케이션은 느리게 느껴질 수 있다. 터치 디바이스에서 애니메이션은 사용자 실행에 대한 피드백을 주는 중요한 역할을 담당하지만, 애니메이션이 느리게 동작한다면 사용자 역시 자신이 실행하고 있는 것이 느리다는 느낌을 받을 것이다.

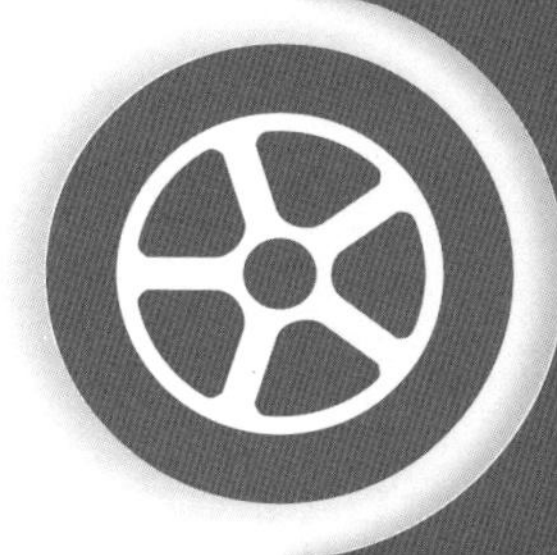

CSS 트랜지션, 애니메이션, 그리고 트랜스폼

애니메이션 엘리먼트

전통적으로 특정 엘리먼트에 애니메이션(animation) 효과를 줄 때 setTimeout을 사용했다 (Listing 7.1). setTimeout을 포함한 함수를 반복적으로 호출하여 시간의 흐름에 따라 값을 변경했다.

❋LISTING 7.1 setTimeout을 이용한 애니메이션

```javascript
function fadeIn() {
        var h = document.querySelector(".picture");
        var opacity = parseFloat(h.style.opacity);
        if(opacity < 1) {
                opacity = opacity + 0.1;
                h.style.opacity = opacity;
                window.setTimeout(fadeIn, 33);
        }
}
```

이러한 방식은 매끄럽지 않은 애니메이션을 보여줄 수 있는데 그 이유는 모든 자바스크립트가 단일 스레드에서 동작하므로 한 번에 하나씩만 실행하기 때문이다. 좀더 자세히 말하면 이벤트 타이머는 비동기 작업이기 때문에 발생 즉시 수행하는 것이 아니라 일단 큐에 쌓이게 되고 스레드가 한가할 때 비로소 수행하게 된다. 예를 들어 위 코드에서 만약 브라우저가 할 일이 많으면 다음 프레임을 그리지 않고, 브라우 저가 한가할 때까지 기다리며, 이때 애니메이션이 잠시 멈춘 것처럼 보인다. 추가적으로 타이머 안의 코드가 수행 중일 때 그 어떤 다른 일도 일어나지 않는데 이는 이벤트 핸들러 역시 큐에 들어 있다는 의미다.

느린 모바일 디바이스에서는 기기 자체의 성능으로 인해 타이머 내부 코드의 수행이 느릴 수 있다. 그리고 이 때문에 인터페이스의 반응 속도가 느려질 수 있다. 해결책으로 타임아웃 간격을 지연하는 방법을 제안할 수 있지만 이 역시 원활하지 않은 애니메이션을 보여주기는 마찬가지다.

이러한 이유 때문에 필자는 독자들이 setTimeout을 이용한 애니메이션을 피하고 CSS 트랜지션을 사용하길 권한다. CSS 트랜지션을 사용하면 애니메이션을 더 효율적으로 사용할 수 있다.

트랜지션 

CSS 트랜지션은 CSS에서 간단하게 애니메이션을 만들 수 있는 방법으로 다중 스레드에서 자바스크립트를 수행할 수 있는 강점이 있다. 어떤 모바일 디바이스의 CPU가 다중 코어라면 자바스크립트를 통해 매끄러운 애니메이션을 구현할 수 있다. 물론 애니메이션 효과가 CPU에 부담을 주지만 그것으로 인해 스크립트가 이벤트를 처리하는 데 지장을 주지는 않는다. 다시 말해 CSS 애니메이션과 트랜지션은 다이내믹한 애니메이션을 처리할 수 있는 동시에 이벤트 핸들러도 빠르게 처리할 수 있도록 하여 2가지 모두 만족한다.

콘셉트는 비교적 간단하다. 애니메이션 CSS 프로퍼티들은 트랜지션과 함께 동작한다.

NOTE ▾

값을 가지는 대부분의 프로퍼티들에 애니메이션 효과를 적용할 수 있다. 이에 대한 전체 리스트를 W3C 웹 사이트에서 확인할 수 있다(http://www.w3.org/TR/css3-transitions/#animatable-properties).

애니메이션 CSS 값에 변화를 줌으로써 애니메이션을 시작하고 CSS 트랜지션 프로퍼티를 통해 트랜지션을 적용한다. 문법은 다음과 같다.

```
transition: [property] [duration] [timing-function] [delay];
```

프로퍼티는 리스트 형태로 사용이 가능하며 모든 값들은 옵션 처리된다. 즉, 몇몇 프로퍼티가 없이도 동작에는 문제가 없다. 예를 들어 this:transition: color 1s ease-out은 color의 종료를 1초간 지연시킨다. 트랜지션이 표준화되었음에도 불구하고 웹킷은 여전히 prefix를 요구한다. 하지만 IE10.0, 오페라 그리고 파이어폭스 모바일은 prefix를 더 이상 사용하지 않는다.

'all' 키워드는 애니메이션 프로퍼티에 사용될 수 있지만 의도되지 않은 애니메이션을 생성할 수 있거나 성능에 영향을 줄 수 있기 때문에 권장하지 않는다.

'부록 C(touch-interfaces.com에서 다운로드) 모바일 웹 애플리케이션 만들기'에는 탭에 의해 이미지가 사라지거나 나타나는 기능이 있다. 이때 단순히 나타나거나 사라지는 대신 페이드인 또는 페이드아웃 효과를 주면 더 세련된 느낌을 줄 수 있다. HTML 코드에서 몇 가지 간단한 수정을 하면 이와 같은 스타일을 줄 수 있다. Listing 7.2의 HTML 코드를 보면 기본 클래스인 picture 클래스에 hidden 엘리먼트를 적용한다. 그리고 다시 나타낼 때는 hidden 클래스를 원래 클래스로 바꿔서 적용하고 있다.

✿LISTING 7.2 hidden 이미지 만들기

```
<div id="touchme">
        <button class="button" id="toggle">Toggle Picture</button>
        <div class="picture hidden">
                <p>Goldfinch by ibm4381 on Flickr</p>
                <a href="http://www.flickr.com/photos/j_benson/3504443844/">
                        <img src="img.jpg" width="320" height="256"
                          alt="Goldfinch">
                </a>
        </div>
</div>
```

Listing 7.3은 CSS를 이용하여 트랜지션을 구현하는 방법을 보여준다.

✿LISTING 7.3 CSS를 이용한 트랜지션

```
.picture {
        -webkit-transition: opacity 0.2s ease-out;
        transition: opacity 0.2s ease-out;
```

```
        opacity: 1;
}


.picture.hidden {
        opacity: 0;
}
```

Listing 7.4는 프로퍼티 값을 변경하는 대신 스타일을 변환하는 스크립트를 보여준다.

✿LISTING 7.4 스타일 변환

```
var hidden = true;
var h = document.querySelector(".picture");

function togglePicture(){
        if(hidden) {
                h.className = "picture";
                hidden = false;
        } else {
                h.className = "picture hidden";
                hidden = true;
        }
}

$('.button').on('tap', function(e) {
        e.preventDefault();
        togglePicture();
        e.target.className - "active button";
}).on('tapend', function(e) {
        e.target.className = "button";
});
```

이제 사용자가 토글 버튼을 탭하면 이미지가 매끄럽게 페이드인, 페이드아웃이 된다.

자바스크립트를 이용한 트랜지션

앞에서 보듯이 트랜지션은 간단하게 부드러운 애니메이션을 추가할 수 있다. CSS 함수 사용과 더불어 트랜지션은 종료할 때 transitionend 이벤트를 발생한다. 그리고 이를 이용해 좀더 복잡한 애니메이션을 만들 수 있다. 예를 들어 화면에서 공의 튀어 오름을 표현할 수 있다 (그림 7.1).

공의 튀어 오름은 다음과 같이 묘사할 수 있다. 아래 방향으로 가속되다가 완전히 멈춘 다음 위 방향으로 감속하면서 원래 위치로 돌아온다. 이 동작을 구현하려면 먼저 내려가는 동작에 대한 트랜지션을 정하고 값을 변화시키면서 트랜지션을 시작한다. 내려가는 동작에 대한 트랜지션이 끝나면 올라가는 동작에 대한 트랜지션을 적용하여 공이 원래의 위치로 가도록 한다. Listing 7.5에서 보듯이 HTML 구현은 간단하다.

❖ LISTING 7.5 튀어 오르는 공의 마크업

```
<div id="ball">

</div>
<div id="floor">

</div>
```

초기 스타일은 그림에서 보래는 것과 같이 설정하며 모든 트랜지션은 자바스크립트에서 동작한다. Listing 7.6에는 지면상 공의 3D 효과를 위한 그래디언트 (gradient)는 생략되었지만 웹사이트 코드에는 모든 스타일이 포함되어 있다.

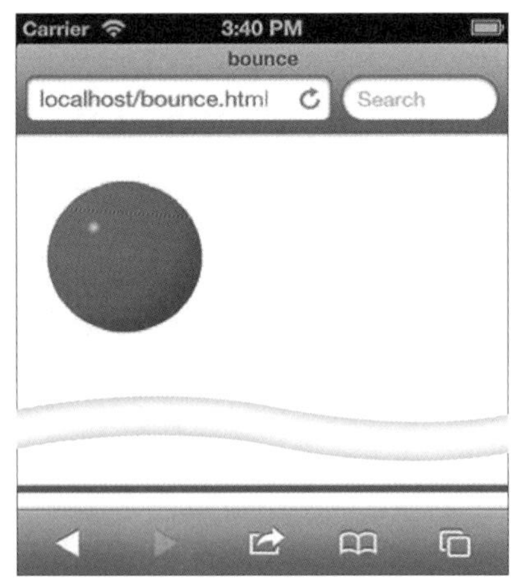

[그림 7.1] 튀어 오르는 공의 마크업

```css
body {
        margin: 0;
        padding: 0;
}


/* 사각형을 원형으로 변형 */
#ball {
        background: red;
        height: 100px;
        width: 100px;
        position: absolute;
        top: 10px;
        left: 20px;
        border-radius: 50px;
}
#floor {
        position: absolute;
        bottom: 10px;
        left: 0px;
        width: 350px;
        height: 1px;
        border-top: 5px solid brown;
}
```

여기에서는 그냥 지나치지만 다음 부분에 대한 자바스크립트 전체 코드는 웹사이트의
Listing 7.7에서 찾을 수 있다. 작업을 시작하기 전에 다양한 브라우저에서 동작할 수 있도록
트랜지션과 transitionend 이벤트의 prefix에 대한 처리가 필요하다.

```javascript
(function(){

    var down = false,
        trans = 'transition';
        eventName = 'transitionend';


    // 필요 시 prefix 사용
    if(typeof document.body.style.webkitTransition === 'string') {
        trans = 'webkitTransition';
        eventName = 'webkitTransitionEnd';
    } else if (typeof document.body.style.MozTransition === 'string') {
        trans = 'MozTransition';
    }
```

트랜지션을 이용해 공의 튀어 오름 효과를 얻기 위해서는 타이밍 함수를 이용해야 한다. 이즈-인(ease-in)과 이즈-아웃(ease-out)은 간단하지만 이것만으로는 부족하며 이징 (easing) 함수들의 수정이 필요하다. 수정에 필요한 것은 이징 키워드(ease-in, ease-out, ease-in-out)와 cubic-bézier이다. cubic-bézier은 4개의 포인트를 가지고 커브를 정의하는 함수이며 문법이 약간 애매해 보이지만 실제로 매우 간단히 사용할 수 있다(그림 7.2).

4개의 포인트는 컨트롤 포인트(control point: P1, P2)와 또 다른 2개의 포인트(0.0, 1.1) 들을 말한다. 이 포인트들은 일러스트레이터 프로그램의 포인트와 같은 의미로 그래프에 서 커브를 조종하기 위해 사용된다. 그림 7.2의 그래프는 이즈-인-아웃과 같으며 cubic-bézier(0.42, 0, 0.58, 1.0)이다.

튀어 오르는 공의 애니메이션을 구현하기 위해서는 내려가는 공과 올라오는 공의 커브를 정해 줘야 하는데 이는 그림 7.3과 그림 7.4를 참고하면 된다.

내려갈 때의 가속은 cubic-bézier(1, 0, 0.96, 0.91)로 올라올 때의 감속은 Cubic-bézier(0, .27, .32, 1)로 정할 수 있다.

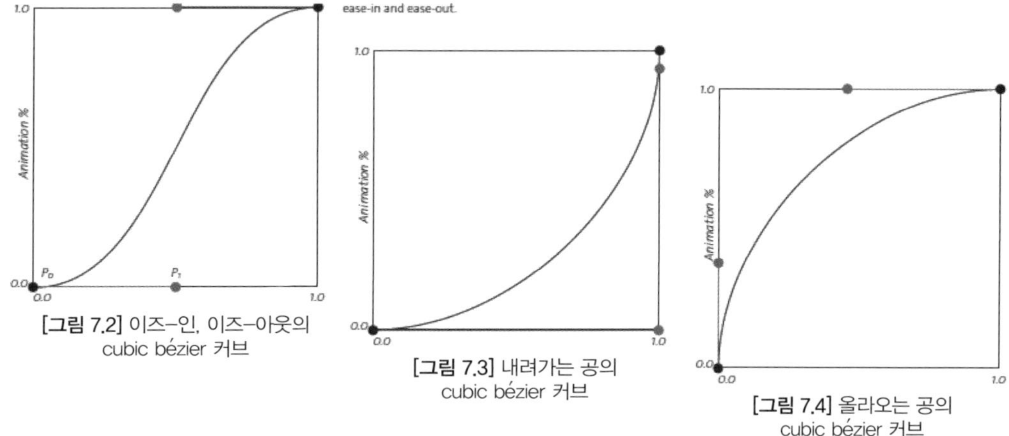

[그림 7.2] 이즈-인, 이즈-아웃의
cubic bézier 커브

[그림 7.3] 내려가는 공의
cubic bézier 커브

[그림 7.4] 올라오는 공의
cubic bézier 커브

NOTE ▾

bézier 커브 값을 구하는 데 도움을 주는 여러 툴들이 있다. 'CSS cubic-bezier tool'을 검색해 보라.

이제 커브 값을 알았으니 실제 bounce 함수에 적용할 수 있다.

```javascript
var ball = document.getElementById('ball'),
    floor = document.getElementById('floor');

function bounce() {
    if(down) {
        // trans는 css 프로퍼티에 이미 설정되어 있다.
        ball.style[trans] = "top 1s cubic-bezier(0, .27,
            .32, 1)";
        ball.style.top = '10px';
        down = false;
    } else {
        ball.style[trans] = "top 1s cubic-bezier(1, 0,
            0.96, 0.91)";
        ball.style.top = (floor.offsetTop - 100) + 'px';
```

```
                    down = true;
            }
        }


        // eventName은 브라우저에 맞게 정의되어 있다.(webkitTransitionEnd/
            transitionend)
        ball.addEventListener(eventName, bounce);
        bounce();


})();
```

이제 공은 영원히 튀어 오른다.

CSS 애니메이션 

위의 튀어 오르는 공 예제에도 불구하고 CSS 트랜지션은 여전히 상태 간 이동에 가장 유용한 방법이다. 하지만 트랜지션을 할 때 다른 관점에서 좀더 강력한 무언가가 필요하면 CSS 애니메이션이 답이 될 수 있다. CSS 애니메이션은 단순히 2개의 상태만을 처리하는 대신 다수의 키프레임을 정의할 수 있으며 각각의 키프레임 사이에 트랜지션을 적용하여 매끄러운 애니메이션을 구현할 수 있다.

웹킷(또는 약간 이전 버전의 파이어폭스와 오페라)이 벤더 prefix를 필요로 하기 때문에 CSS 애니메이션 역시 번거로운 반복 작업이 필요하다. prefix 대상은 각 애니메이션, 키프레임, 프로퍼티 등이다.

이번에는 오직 CSS만 이용하여 튀어 오르는 공의 애니메이션을 다시 구현해 본다.

키프레임 만들기

키프레임은 @keyframs 법칙을 가지고 만들 수 있다. @keyframes 내부에는 시간 리스트가 존재하는데 각각의 CSS 블럭이 애니메이션의 키프레임이다. 시간은 퍼센트로 표현하는데 애니메이션의 시작은 0퍼센트, 종료는 100퍼센트이다. 튀어 오르는 공을 만들기 위한 기본적인 프레임은 Listing 7.8과 같다.

❄LISTING 7.8 @keyframes 정의

```
@keyframes bounce {
        0% {
                top: 20px;
        }

        50% {
                top: 300px;
        }

        100% {
                top: 20px;
        }
}
```

튀어 오르는 공의 애니메이션은 공이 탑 위치에 있는 것으로부터 시작한다. 그리고 바닥까지 내려온 뒤 다시 원래의 탑 위치로 돌아오는 것으로 끝맺는다. 한번 키프레임이 정의되면 어떠한 셀렉터에도 적용할 수 있다.

```
#ball {
        animation: bounce 2s infinite;
}
```

키프레임을 셀렉터에 적용하는 것은 키프레임 이름, 기간, 반복 횟수 순으로 한다. 우리의 경우 무한 반복을 원하기 때문에 infinite 키워드를 사용할 것이다. 위와 같은 애니메이션 프로퍼티 설정은 정식 설정의 축약형이다. 같은 애니메이션을 보조 프로퍼티로 정의할 수 있다. Listing 7.9와 같이 보조 프로퍼티를 이용하면 직관적이지만 대신 더 많은 바이트를 필요로 한다.

```
#ball {
        animation-name: bounce;
        animation-duration: 2s;
        animation-iteration-count: infinite;
}
```

지금까지 만든 애니메이션에는 한 가지 더 보완해야 할 부분이 있다. 바로 점프를 좀더 리얼하게 만들어주는 타이밍 함수이다. 트랜지션에서와 같이 타이밍 함수 역시 CSS 애니메이션에 적용할 수 있다. 셀렉터에 키프레임을 정의할 때 타이밍 함수를 같이 정의해 주거나 각각의 키프레임에 타이밍 함수를 적용해 주면 된다. 만일 셀렉터에 타이밍 함수가 존재하고 키프레임에도 타이밍 함수가 적용되어 있으면 키프레임의 타이밍 함수가 셀렉터의 타이밍 함수를 오버라이드한다. 물론 이 CSS 역시 모든 브라우저에서 지원하지 않기 때문에 prefix 문제가 발생한다. 키프레임의 타이밍 함수 설정에 각 브라우저의 prefix가 필요하며 애니메이션 프로퍼티 역시 prefix가 요구된다 (콤마 문법은 허용되지 않는다). prefix가 적용된 타이밍 함수가 적용된 CSS 애니메이션은 Listing 7.10과 같다. 만일 과도한 prefix 사용을 싫어한다면 Listing 7.10의 스타일은 독자를 상당히 괴롭힐 수 있다.

❋**LISTING 7.10 cubic Bézier 타이밍 함수와 벤더 prefix들을 이용한 CSS 애니메이션 만들기**

```
/* WebKit */
@-webkit-keyframes bounce {
        0% {
                top: 20px;
                -webkit-animation-timing-function: cubic-bezier(1, 0, 0.96, 0.91);
        }

        50% {
                top: 300px;
                -webkit-animation-timing-function: cubic-bezier(0, 0.27, 0.32, 1);
        }
```

```css
        100% {
                top: 20px;
                -webkit-animation-timing-function: cubic-bezier(0, 0.27, 0.32, 1);
        }
}


/* Firefox < 16*/
@-moz-keyframes bounce {
        0% {
                top: 20px;
                -moz-animation-timing-function: cubic-bezier(1, 0, 0.96, 0.91);
        }

        50% {
                top: 300px;
                -moz-animation-timing-function: cubic-bezier(0, 0.27, 0.32, 1);
        }

        100% {
                top: 20px;
                -moz-animation-timing-function: cubic-bezier(0, 0.27, 0.32, 1);
        }
}
/* Opera < 12.1*/
@-o-keyframes bounce {
        0% {
                top: 20px;
                -o-animation-timing-function: cubic-bezier(1, 0, 0.96, 0.91);
        }

        50% {
                top: 300px;
                -o-animation-timing-function: cubic-bezier(0, 0.27, 0.32, 1);
        }
```

```css
        100% {
                top: 20px;
                -o-animation-timing-function: cubic-bezier(0, 0.27, 0.32, 1);
        }
}


/* W3C / IE10 / Firefox / opera */
@keyframes bounce {
        0% {
                top: 20px;
                animation-timing-function: cubic-bezier(1, 0, 0.96, 0.91);
        }

        50% {
                top: 300px;
                animation-timing-function: cubic-bezier(0, 0.27, 0.32, 1);
        }

        100% {
                top: 20px;
                animation-timing-function: cubic-bezier(0, 0.27, 0.32, 1);
        }
}


#floor {
        top: 400px;
}


#ball {
        -webkit-animation: 2s bounce infinite;
        -moz-animation: 2s bounce infinite;
        -ms-animation: 2s bounce infinite;
        -o-animation: 2s bounce infinite;
        animation-duration: 2s;
        animation-name: bounce;
```

```
    animation-iteration-count: infinite;
    animation-timing-function: linear;
}
```

위 코드에서 보듯이 무분별한 prefix 사용으로 현재 상황이 그리 좋지 않다. 웹킷이 머지않아 prefix를 포기하기를 희망해 보며 만일 새롭게 조명받고 있는 W3C 문법으로 일원화되면 지금보다 훨씬 덜 고통받을 수 있을 것이다.

어찌 됐든 이렇게 많은 문자를 코드에 적용하면 이전과 똑같은 애니메이션을 볼 수 있다. 그리고 이 코드에는 자바스크립트가 전혀 포함되어 있지 않다. 만약 애니메이션을 좀더 컨트롤하고 싶으면 애니메이션 이벤트에 대한 이벤트 리스너를 추가해야 한다:animationstart, animationend, animationiteration. 언급한 이벤트들은 표준화되어 있지 않기 때문에 주된 모바일 브라우저에서 어떻게 사용되는지를 표 8.1에서 보여준다.

W3C/FIREFOX	WEBKIT	OPERA	IE10
animationstart	webkitAnimationStart	oanimationstart	animationstart
animation	webkitAnimationIteration	oanimationiteration	animationiteration
animationstart	webkitAnimationEnd	oanimationend	animationend

[표 8.1] 애니메이션 이벤트

NOTE ▾

CSS 애니메이션에 대한 완결된 문서는 https://developer.mozilla.org/en-US/docs/CSS/animation 링크에서 볼 수 있다.

자바스크립드 애니메이션 다시 보기

CSS 애니메이션과 CSS 트랜지션이 자바스크립트 애니메이션보다 훌륭하지만 CSS 애니메이션을 사용할 수 없는 경우에는 자바스크립트를 사용해야 한다. 하지만 이런 경우라도 굳이 setTimeout 함수를 사용할 필요는 없다.

애니메이션의 목적은 어떤 동작을 불규칙한 지연 없이 가능한 부드럽게 보여주는 데 있다. 여기서 부드럽다는 표현은 주관적인 의미이지만 프레임을 통해 객관적으로 접근해 볼 수 있다. 일반적으로 부드러운 영상의 애니메이션은 높은 프레임률을 가진 애니메이션을 말하는데, 프레임률이란 어떤 엘리먼트를 화면에 반복해서 그려주는 행위가 1초에 몇 번 일어나는지를 나타내는 측정 방법이다. 영화는 24프레임률(FPS)이 일반적이며 대부분의 비디오게임은 60FPS를 목표로 하고 있다.

이와 더불어 정확하게 그려주는 것 또한 애니메이션의 필요조건이다. 애니메이션 동작 중에 갑자기 멈추거나 어떤 프레임이 생략되는 일이 발생하면 부드러운 애니메이션이라 말할 수 없다. CSS 애니메이션은 구현된 코드를 수행함에 있어 부드러운 애니메이션을 보여주는 데 최적화되어 있기 때문에 애니메이션이 부드럽지 않게 표현될 바에는 차라리 프레임률을 자동으로 낮춰버린다.

모션에 최적화되기보다 수행 간격에 최적화되어 있다는 것은 setTimeout이 부드러운 애니메이션에 적합하지 않은 또 다른 이유이다. 만약 30FPS의 애니메이션을 구현하기 위해 33ms의 타임아웃을 가진 코드를 추가하였는데, 스크립트가 바빠서 그 타임아웃이 실행 큐에 있거나 setInterval인 경우에 setTimeout 코드는 항상 정해진 시간에 수행하려 하기 때문에 애니메이션 코드의 수행이 취소된다. 위에 언급한 2가지 모두 의도했던 부드러운 애니메이션을 수행하지 못하는 것처럼 보인다. 그럼 어떤 방법이 가능할까?

REQUESTANIMATIONFRAME

현재 브라우저는 자바스크립트 애니메이션을 위해 더 강력하고 새로운 툴을 제공하고 있다. requestAnimationFrame이 바로 그것인데 setTimeout보다 더 DOM 함수에 적합하다. requestAnimationFrame은 setTimeout에서 시간과 콜백 함수를 필요로 했던 것과 다르게 오직 콜백 함수만 필요로 한다. 또 setTimeout에서는 등록한 시간이 지나면 콜백이 호출되었는데 requestAnimationFrame은 브라우저가 화면에 그리기 바로 직전에 호출된다. 이러한 점들로 인해 브라우저는 프레임률 조절을 포함해 애니메이션 최적화를 스스로 수행할 수 있고 성능을 향상시킨다. 또한 UI 업데이트와의 결합을 통해 CPU 사용률을 setTimeout보다 현저히 낮출 수 있다.

requestAnimationFrame은 장점만 있는 것이 아니다. 단점도 있는데 requestAnimation Frame이 prefix를 사용한다는 점과 안드로이드 브라우저에서는 전혀 사용할 수 없다는 것을 들 수 있다(안드로이드용 크롬에서는 작동한다). 모든 브라우저에 적용(browser normalization)하기 위해 Listing 7.11에 몇 개의 코드를 추가한다. prefix 작업과 더불어 setTimeout에 대한 대체(fallback)도 등록한다. 그리고 setTimeout의 성능 문제를 피하기 위해 프레임률을 15FPS로 제한한다. 최선의 방법은 아닐지라도 큐에 등록되는 것과 다른 성능 문제의 야기를 어느 정도 줄여줄 수 있다.

❄LISTING 7.11 중립 request frame 함수 만들기

```javascript
// 함수를 만들기 위한 함수. 따라서 브라우저는 오직 한 번만 실행됨을 알 수 있다.
var requestFrame = (function() {
    var thisFunc,
            prefixList = ['webkit', 'moz', 'ms'];
    // 사용 가능한 함수를 찾아서 실행

    for (var i=0; i < prefixList.length; i++) {
        thisFunc = prefixList[i] + 'RequestAnimationFrame';

        if(window[thisFunc]) {
            return function(callback) {
                    window[thisFunc](callback);
            }
        }
    }

    // 어떤 함수도 찾지 못하면 15FPS setTimeout으로 대체한다.
    return function(callback) {
        window.setTimeout(callback, 67);
    }

})();
```

기본 애니메이션은 간단하다:이전 예제처럼 공을 500픽셀까지 떨어뜨린다. 그리고 매 프레임마다 10픽셀만큼 이동한다.

```javascript
(function(){

    var destination = 500;
    var start = 0;

    var ball = document.getElementById('ball');

    function move(element){
        start = start + 10;
        element.style.top = (start) + 'px';

        if (start < destination) {
            requestFrame(function(){
                move(element);
            });
        }
    }

    move(ball);

})();
```

프레임률이 브라우저에 의해 변동적으로 제어되기 때문에 이 애니메이션은 하드웨어 기기에 따라 느릴 수도 또는 빠를 수도 있다. 일정한 속도로 움직이게 하려면 애니메이션 전체시간을 바탕으로 프레임 간의 경과 시간을 계산하여 각각의 엘리먼트가 얼마만큼의 픽셀을이동해야 하는지 알아내야 한다(Listing 7.12).

❋LISTING 7.12 requestAnimationFrame을 사용한 애니메이션

```javascript
function animate(element, from, to, duration, callback) {

        // ms 동안 이동해야 할 픽셀 알아내기
        var pixelsPerMS = Math.abs(from-to)/duration;

        // 위치 값 할당
        var pos = from;

        // 시간 값 할당
        var time = Date.now();

        // 콜백 함수 생성
        var func = function(){

                var lastTime, elapsed, pixelsToMove;

                lastTime = time;
                time = Date.now();
                elapsed = time - lastTime;
                // 이동할 픽셀 값 = ms 동안 이동하는 픽셀 * 경과 시간
                pixelsToMove = Math.ceil(elapsed * pixelsPerMS);

                pos = pos + pixelsToMove;

                // 실제 공을 아래로 이동하기 위한 스타일 적용
                element.style.top = pos + 'px';
                if( pos < to ){
                        requestFrame(func);
                } else {
                        callback();
                }

        }
```

```
        func();

}

// 5초 동안 공을 100픽셀만큼 이동
animate(ball, 0, 100, 5000, function(){
        console.log('done!');
});
```

위 예제에서 콜백 함수를 등록하여 애니메이션이 끝나면 알려주도록 했다.

더욱 부드러운 애니메이션 만들기

지금까지 애니메이션을 부드럽게 만들어주는 몇 가지 방법을 알아보았다. 하지만 이런 방법들은 애니메이션을 진정 부드럽게 만들기에는 충분하지 않다. 모바일 사용자들은 자신의 앱에서 애니메이션이 우리가 지금까지 했던 것보다 좀더 부드럽게 동작되기를 기대하고 있다.

애니메이션 성능 문제 디버깅

느린 애니메이션을 인지하기는 쉽지만 정작 그 원인을 찾아내기는 매우 어렵다. 따라서 몇몇 브라우저들은 디버깅 툴을 제공하는데 크롬은 크롬 개발자 도구(Chrome Developer Tools)라는 매운 강력한 디버깅 툴을 가지고 있다. 그중 프레임 타임라인(frame timeline)에 대해 살펴보자. 프레임 타임라인은 프레임률 등을 포함하여 각 프레임의 동작이 어떤 요인에 의해 영향을 받는지와 같이 프레임에 관한 다양한 정보를 제공한다. 이 툴은 오직 데스크톱 환경에서 크롬 브라우저만 지원하지만 웹킷 모바일 브라우저를 지원하기 위한 프락시를 지원한다. 그리고 프록시는 IE10.0과 파이어폭스 모바일과 같이 웹킷 브라우저가 아닌 브라우저들도 부분적으로 지원한다.

타임라인은 그림 7.5와 같다.

Part 07에서 언급한 방법들은 애니메이션을 더욱 부드럽게 만들어주지만 근본적인 문제들을 해결해 주지는 않는다. 이런 근본적인 문제를 해결하기 위해 반복 작업들을 브라우저에서 더욱 많이 처리하도록 해야 한다. 만일 어떤 부분이 조금 느리면 애니메이션의 성능은 수배로 느려진다. 일반적으로 말해 30FPS가 보기에 괜찮은 정도라면 60FPS는 훨씬 부드러운 애니메이션을 보여준다. 60FPS에서 프레임은 16과 2/3 ms만큼 지속된다.

위쪽의 그래프는 프레임들을 표시한다. 그리고 바(bar)들은 각각의 프레임을 나타낸다. 바가 커지는 것은 그만큼 프레임을 수행하는 시간이 증가한다는 것을 의미한다. 그래프를 보면 전반적인 프레임률이 감소함을 볼 수 있다. 프레임률이 지속적으로 60FPS보다 작다고 말할 수 있을 만큼 각 프레임의 크기는 충분히 작다. 그림을 보면 30FPS과 60FPS를 표현하는 라인들이 존재함을 볼 수 있다.

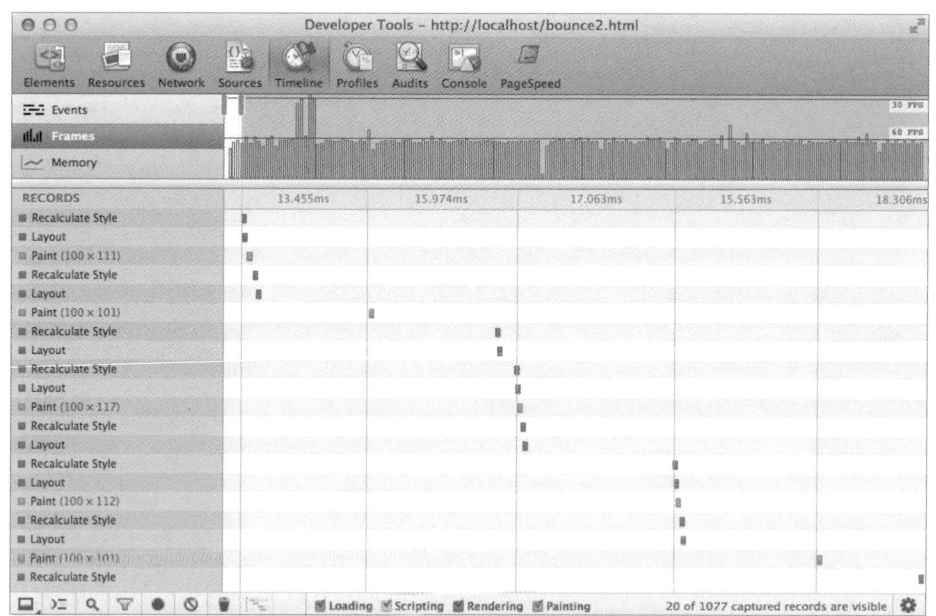

[그림 7.5] The Chrome Developer Tools 프레임 타임라인

만일 어떤 DOM에 30ms 동안 난 한 번 변화를 준다면 대부분의 사용자들은 그 변화를 알아챌 수 없다. 하지만 그 변화를 애니메이션화하기로 결정했다면 효과적인 프레임률은 대략 30FPS 정도가 된다. 스크롤과 같은 네이티브 애니메이션에도 같은 룰이 적용되는데, 만약 페이지가 너무 느려서 16.667ms에 그려질 수 없다면 스크롤의 프레임률은 느려질 것이고 페이지가 느리다는 느낌을 가지게 된다. 이처럼 부드러운 애니메이션을 만드는 방법은 높은

프레임률을 유지하는 것이고 높은 프레임률을 얻기 위해서는 각 프레임의 DOM 변화 시간을 최소화해야 한다.

이 방법의 가장 큰 문제점은 데스크톱과 모바일 디바이스 사이에 성능 간격이 크다는 것이다. 모바일 디바이스에 비하면 데스크톱은 슈퍼컴퓨터이다. 만일 백그라운드에 커다란 이미지를 넣고 공에 그림자 효과를 추가하면 데스크톱에서는 애니메이션이 잘 표현되지만 안드로이드 장치에서는 매우 느리게 동작할 것이다. 성능 문제에 대해 실질적으로 해결하기 원하면 각 프레임에서 어떤 일을 하는지를 보여주는 아랫 부분을 조사해야 한다. 바를 클릭하면 해당 프레임에 대한 폭포수(waterfall) 그래프가 줌인이 된다(그림 7.6).

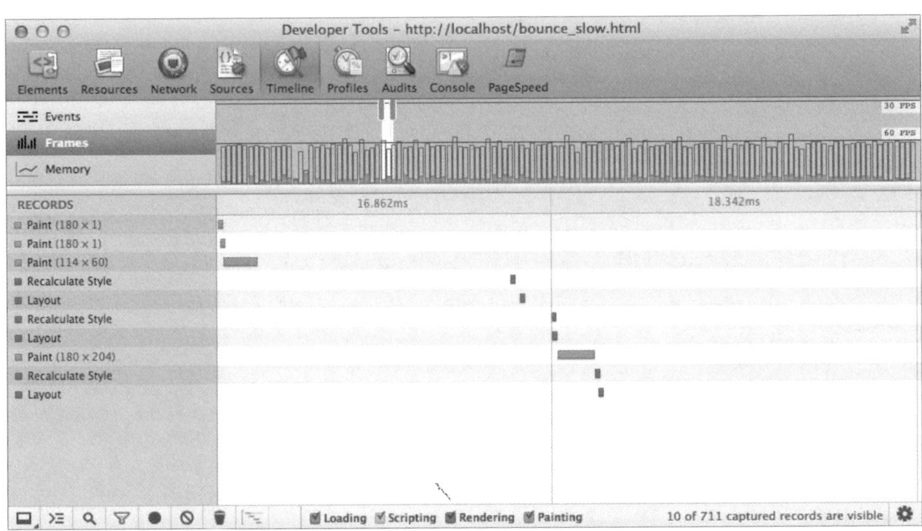

[그림 7.6] 프레임에 대한 waterfall 그래프

프레임 지속 시간은 꽤 좋나. 자세히 보면 DOM 쓰기(스타일과 레이아웃 재계산)가 그리 나쁘지 않은 것으로 볼 때 아마 커다란 녹색 바가 느림의 주된 요인임을 알 수 있다. 녹색 바는 리페인트(repaint)를 나타내는데 리페인트는 브라우저가 이미지의 변화를 특정 영역에 실제로 렌더링하는 것을 말한다. 이 작업은 영역의 크기가 클수록 더 많은 일을 하기 때문에 애니메이션이 실행되는 영역이 클수록 속도는 느려지게 된다. 또한 작업의 복잡도 역시 속도에 영향을 준다. 만일 브라우저가 작은 검은 사각형을 그리는 작업을 한다면 이는 매우 간단한 일이겠지만 그림자를 가진 커다란 공을 그린다면 이것은 꽤 어려운 작업이 된다. 그 이유는 바로 합성(compositing) 때문이다.

합성(COMPOSITING)

합성은 브라우저가 어떤 이미지 위에 또 다른 이미지를 그릴 때 발생한다. 컴퓨터 화면은 픽셀로 채워진 평평한 레이어로 이루어져 있기에 브라우저가 이미지를 렌더링하는 것은 결국 OS의 그래픽 장치가 각각의 픽셀에 어떤 색을 쓸지를 계산하는 과정이다. 검은 사각형을 그리는 것은 계산이 간단하기 때문에 쉬운 작업이다. 만약 픽셀이 사각형 안에 있는 것이면 검은색으로, 그렇지 않다면 흰색으로 결정하면 되기 때문이다. 하지만 애니메이션의 공과 같이 안티-앨리어스(anti-alias) 타원을 그리는 것은 가장자리의 픽셀이 부분적으로 투명이기 때문에 계산이 어렵다. 시스템이 무엇을 하고 있건 간에 렌더링 작업은 부드러운 가장자리를 만들기 위해 가장자리 픽셀의 색깔을 계산해야 한다. 여기에 그림자나 부분 투명화 효과가 추가된다면 계산을 해야 할 픽셀이 더 많아지기 때문에 더 어려워진다. 만약 그림자 위로 투명한 어떤 것이 중첩된다면 문제는 복합적이게 된다. 엘리먼트 수가 증가함에 따라 그려야 할 픽셀 수는 기하급수적으로 증가하게 되고 역시나 계산은 더욱더 어려워지게 된다.

합성은 비용이 많이 든다. 즉, 엘리먼트를 애니메이션화할 때 브라우저가 해야 할 일을 덜 합성할수록 그 애니메이션은 더 빠르게 수행된다. 만일 드로잉(drawing) 작업이 어려울수록 크롬의 폭포수 그래프에 페인트 작업이 계속 길어지는 것을 볼 수 있을 것이다. 만일 애니메이션이 순전히 CSS로만 되어 있고 느리게 동작한다면 보통은 합성이 주원인이다.

02
SECTION

CSS 트랜스폼

모든 애니메이션을 최적화한 이후에도 여전히 충분히 빠르지 않다고 느낀다면 새로운 무기를 꺼낼 때가 온 것이다. 바로 CSS 트랜스폼이다. CSS 트랜스폼은 DOM 계산을 끝낸 이후 엘리먼트를 그리는 방식에 변화를 준다. CSS 트랜스폼은 트랜스폼 함수(표 7.2)와 트랜스폼 CSS 프로퍼티를 적용할 수 있다.

예를 들어 어떤 엘리먼트를 DOM의 상대적인 위치로 이동하고 싶을 때 translate 트랜스폼 함수를 이용할 수 있다. translate 함수는 2개의 파라미터를 가지는데, 원래의 위치로부터 얼마만큼 이동할지를 나타낸다. 기본적으로 원래의 위치는 엘리먼트의 중앙(center)이다.

SYNTAX	설명
translate(x, y)	원래의 위치로부터 엘리먼트의 수직(x), 수평(y)적 이동. 값은 CSS 유닛으로 명시
translate[X|Y](amount)	엘리먼트의 수직 또는 수평적 이동
scale(multiple, [y multiple])	엘리먼트의 크기 조정
scale[XY](multiple)	엘리먼트의 수직 또는 수평적 크기 조정
rotate(deg)	엘리먼트의 회전(각도(degree) 또는 래디언(radian))
skew[X|Y](deg)	엘리먼트의 수직 또는 수평적 회전(각도(degree) 또는 래디언(radian))
matrix([matrix])	엘리먼트의 2차원 매트릭스 변환
translate3d(x, y, z)	엘리먼트의 3차원 이동
scale3d(x, y, z)	엘리먼트의 3차원 크기 조정
rotate3d(x, y, z, deg)	엘리먼트의 3가지 축에 따른 회전
matrix3d([matrix])	엘리먼트의 3차원 매트릭스 변환

[표 7.2] 중요 CSS 트랜스폼 함수들

기기를 탭할 때 #ball 엘리먼트를 이동하는 것을 위의 CSS 트랜스폼 함수들을 이용하여 구현해 본다(Listing 7.13).

❖LISTING 7.13 CSS 트랜스폼을 이용한 위치 변환

```
#ball {
        top: 10px;
        left: 10px;
}


#ball:active {
        top: 50px;
        left: 0px;
}
```

트랜스폼을 이용해 같은 효과를 낼 수 있다.

```css
#ball {
       top: 10px;
       left: 10px;
}


#ball:active {
       top: 10px;
       left: 10px;
       /* 오직 webkit만 prefix를 필요로 한다. */
       -webkit-transform: translate(0, 40px);
       transform: translate(0, 40px);
}
```

트랜스폼을 이용하여 튀어 오르는 공 애니메이션을 재구성할 수 있다.

```css
@keyframes bounce {
       0% {
              transform: translate(0, 20px);
              animation-timing-function: cubic-bezier(1, 0, 0.96, 0.91);
       }

       50% {
              transform: translate(0, 300px);
              animation-timing-function: cubic-bezier(0, 0.27, 0.32, 1);
       }

       100% {
              transform: translate(0, 20px);
              animation-timing-function: cubic-bezier(0, 0.27, 0.32, 1);
       }
}
```

그림 7.7과 그림 7.8을 보면 트랜스폼을 이용한 것과 하지 않은 것의 차이를 볼 수 있다.

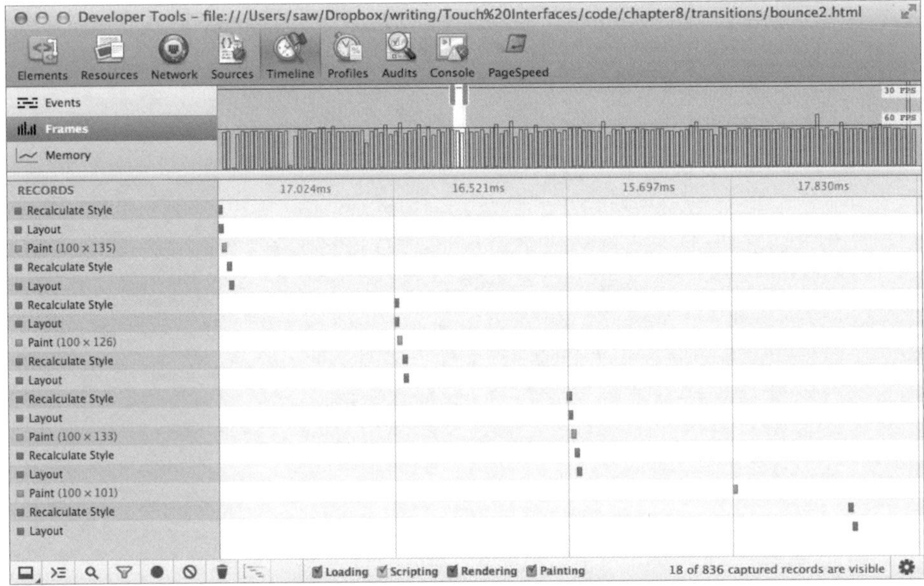

[그림 7.7] 일반 CSS를 이용할 때의 프레임 그래프

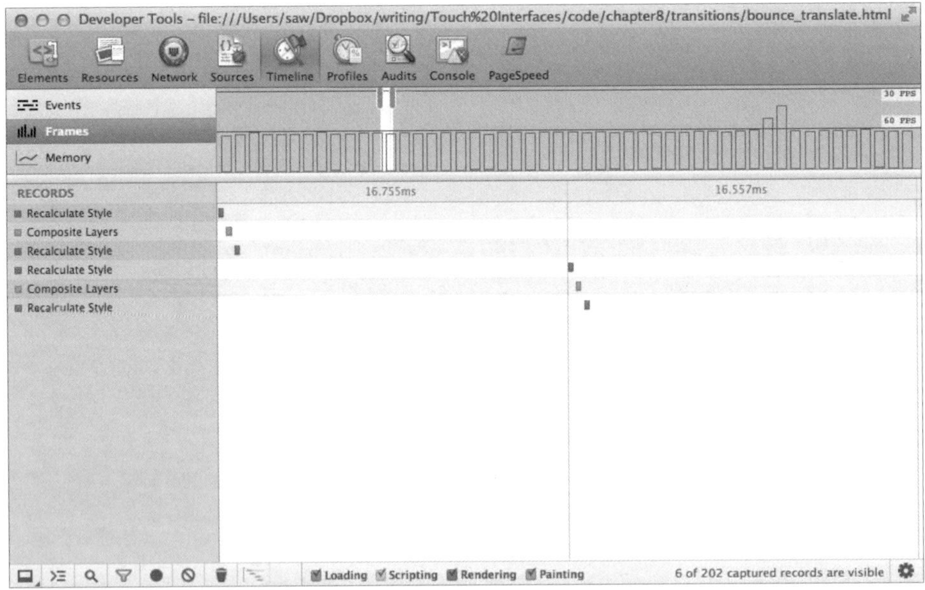

[그림 7.8] 트랜스폼을 이용할 때의 프레임 그래프

데스크톱이기 때문에 프레임률의 차이가 크지 않지만 트랜스폼을 이용하면 브라우저가 하는 일이 적어지는 것을 확실히 볼 수 있다. 만일 갤럭시폰에서 테스트하면 성능이 현저히 향상될 것이다.

NOTE ▾

CSS 트랜스폼의 모든 기능에 대한 상세 문서는 https://developer.mozilla.org/en-US/docs/Web/Guide/CSS/Using_CSS_transforms에서 찾을 수 있다.

하드웨어 가속 

처음 아이폰을 봤을 때 기울어진 그림자 효과나 그 외 비싼 비용을 지불하는 그래픽 효과를 가진 애니메이션이 매우 부드럽게 동작하는 것을 보고 깊은 감명을 받았다. 애플은 빌트인 그래픽 가속기를 장착함으로써 이러한 성능을 이뤄냈는데 이후 모든 iOS 기기에 같은 방식을 적용하였다. GPU는 애니메이션과 합성을 위해 고안되었는데 GPU를 가진 디바이스의 브라우저들은 성능을 향상시키고 싶을 때 가능하면 GPU를 사용하려 한다. 기본적인 트랜스폼은 GPU를 사용하지 않아도 되지만 3D 트랜스폼은 항상 GPU를 사용하여 렌더링해야 한다. 현재까지 가장 빠른 애니메이션 방법은 하드웨어 가속을 이용한 트랜스폼이다. 지금까지 사용했던 2D 트랜스폼을 3D로 변환하는 방법은 translate를 translate3d로 바꾸고 Z값을 추가하면 된다. 만약 Z값이 0이고 3차원에서 실질적인 변환이 없을지라도 이 트랜스폼 동작은 하드웨어 그래픽 가속기에서 이루어진다(Listing 7.14).

❄LISTING 7.14 translate3d를 이용한 하드웨어 가속

```css
@keyframes bounce {
    0% {
        transform: translate3d(0, 20px, 0);
        animation-timing-function: cubic-bezier(1, 0, 0.96, 0.91);
    }
    50% {
```

```
                transform: translate3d(0, 300px, 0);
                animation-timing-function: cubic-bezier(0, 0.27, 0.32, 1);
        }
        100% {
                transform: translate3d(0, 20px, 0);
                animation-timing-function: cubic-bezier(0, 0.27, 0.32, 1);
        }
}
```

현재 갤럭시폰에서 애니메이션은 꽤 부드럽게 동작하는데 대략 30FPS에서 60FPS 사이를 유지한다. 이것은 마치 마법과도 같은 일인데 많은 경우 하드웨어 가속이 부드러운 애니메이션의 해결책으로 사용되고 있다.

하드웨어 가속의 한계

브라우저가 어떤 엘리먼트에 하드웨어 가속을 사용하려 할 때 네이티브 DOM 엘리먼트를 GPU에 그냥 넘겨줄 수가 없다. 대신 엘리먼트를 이미지로 렌더링하여 GPU에 넘겨준다. GPU는 텍스처 맵(texture map) 형태의 이미지를 엘리먼트를 표현하고 있는 폴리곤으로 적용한다. 그리고 난 후 GPU는 그 폴리곤을 빠르게 이동시킬 수 있다. 만약 그 비트맵이 투명(transparency) 정보(알파 채널)를 가지고 있다면 엘리먼트는 부분적으로 투명할 수 있다. 이후부터 GPU는 그 엘리먼트의 크기 증가, 크기 감소, 회전, 트랜스폼 적용 등을 할 수 있게 된다. 그러나 GPU는 콘텐츠에 대한 렌더링을 다시 할 수 없다. 일단 한번 엘리먼트가 GPU로 전송되면 그것은 콘텐츠의 이미지일 뿐 실제 콘텐츠가 아니기 때문이다.

Listing 7.15는 데스크톱 브라우저에서의 차이를 보여준다.

❈ LISTING 7.15 2D 트랜스폼과 3D 트랜스폼의 비교

```
<head>
        <meta name="viewport" content="width=device-width">
        <style type="text/css">
        h1 {
                width: 100px;
                border: 1px solid black;
```

```
                margin: 50px 0px 100px 100px;
                text-align: center;
                font-size: 32px;
                -webkit-transform: scale(3);
transform: scale(3);
        }

        .blurry {
                -webkit-transform: scale3d(3,3,0);
                transform: scale3d(3,3,0);
        }

        </style>
</head>
<body>
        <h1>Hello</h1>
        <h1 class="blurry">Hello</h1>
</div>
</body>
```

완전히 렌더링되었을 때 위에 위치한 2D 트랜스폼이
적용된 엘리먼트는 선명하게 보이는 반면 아래에 있
는 3D 트랜스폼이 적용된 엘리먼트는 흐릿하다(그림
7.9).

3D 트랜스폼이 흐릿한 텍스트를 만드는 반면 2D 트
랜스폼 결과는 렌더링된 이미지가 아니기 때문에 브
라우저는 그 텍스트를 더 크게 다시 렌더링할 수가 있
다. GPU는 이미지 말고는 아무것도 없기 때문에 크기
를 키워도 결과적으로 흐릿한 이미지만 나온다. 이러
한 제약에 따른 문제점을 해결하기 위해 애니메이션

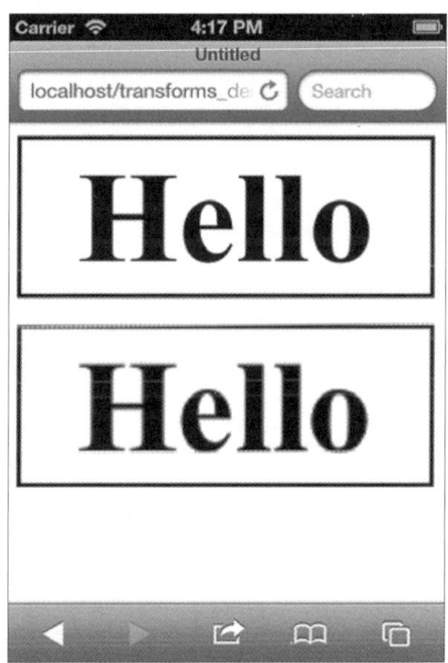

[그림 7.9] 3D 트랜스폼은 오직 렌더링된
이미지만 수정할 수 있다. 따라서
크기를 확대했을 때 이미지가 흐릿해진다.

이 종료되면 선명하게 해주는 트랜스폼을 다시 한 번 수행해야 한다. 대상이 진짜 3D가 아니라면 3D 트랜스폼을 2D 트랜스폼으로 변경하는 것으로 문제를 해결할 수 있는데 이는 transitionend 또는 animationend 이벤트가 발생하면 스타일을 변경하는 것으로 가능하다. 탭을 하면 엘리먼트가 확대되고 흐릿해지지만 잠시 후 다시 선명해지는 것을 Listing 7.16에서 볼 수 있다.

❈LISTING 7.16 다시 선명하게 만드는 트랜스폼

```html
<head>
        <meta charset="utf-8">
        <meta http-equiv="X-UA-Compatible" content="IE=edge,chrome=1">
        <meta name="viewport" content="width=device-width">
        <title>Touch</title>
        <style type="text/css">
                #zoomer {
                        font-size: 24px;
                        position: absolute;
                        top:50px;
                        left:100px;
                        background: green;
                        -webkit-transition: -webkit-transform .2s ease-in-out;
                        transition: transform .2s ease-in-out;
                }
        </style>
</head>
<body>
        <h1 id="zoomer">Drink me!</h1>
</body>
<script type="text/javascript" charset="utf-8">
(function(){

        var TRANSFORM_PROPERTY =
                (typeof document.body.style.webkitTransform ==='string') ?
                'webkitTransform' : 'transform';
```

```javascript
var TRANSFORM_END =
        (typeof document.body.style.webkitTransform ==='string') ?
        'webkitTransformEnd' : 'transformend';


function embiggen(element) {
        element.addEventListener(TRANSFORM_END, function(e) {
                element.style[TRANSFORM_PROPERTY] = 'scale(2)';
        });
        element.style[TRANSFORM_PROPERTY] = 'scale3d(2,2,0)';
}

var z = document.getElementById('zoomer');

z.addEventListener('click', function(e) {
        embiggen(z);
});

})();
</script>
```

다양한 모바일 브라우저에 적용하기 위해 웹킷 prefix를 체크해야 한다. 다시 선명하게 만드
는 트랜스폼은 위에 언급한 내용 이외에 다른 장점이 있다. 바로 그래픽 메모리를 해제하는
것이다. 이론적으로 디바이스는 공유 메모리를 사용하는데 GPU 역시 공유 메모리를 사용한
다. 그리고 GPU는 디바이스가 사용하는 만큼의 메모리를 사용한다. 디바이스에서 구동되는
게임을 개발하는 것이 그런 예가 될 수 있다. 브라우저에서 게임을 구현하는 것은 더욱 복잡
하다. 브라우저는 디바이스 메모리가 충분한지를 확인하기 위해 많은 일들을 한다. 필요하
다면 플래시 저장 공간과 메모리를 변환하기도 한다.

3D 트랜스폼을 한 엘리먼트는 GPU가 관리하는 메모리에 엘리먼트 이미지를 저장할 최소
한의 공간을 확보하고 있다. 비록 GPU를 사용하는 소프트웨어(아이폰이나 안드로이드의
openGL)가 메모리를 효율적으로 관리하려 하시만 결국 메모리는 가득 차게 된다(GPU는

메모리와 플래시 공간을 변환하지 않는다). GPU의 메모리가 소진되면 브라우저는 이상하게 동작하거나 죽게 된다. 이것이 속도를 올리기 위해 페이지의 모든 엘리먼트에 translate3d를 적용하지 않는 이유다. 이상적인 것은 꼭 필요할 때만 3D 트랜스폼을 사용하고 다 사용한 후에는 메모리를 해제하는 것이다.

만일 트랜스폼을 여러 번 적용한다면 엘리먼트의 상태를 DOM 외부에 저장해서 엘리먼트 상태를 알기 위해 매번 DOM을 읽는 것을 피할 수 있을 것이다.

매트릭스 사용하기 

다른 트랜스폼과 약간 다른 형태의 트랜스폼 함수가 있다. 동작에 대한 자세한 설명 대신 직접 구현해 보도록 하자. 이 함수들은 일련의 숫자들로 이루어져 있다. 그리고 이 함수들은 모든 CSS 트랜스폼 함수들이 하는 일을 본질적인 접근을 통해 수학적인 방법으로 할 수 있다. 이 방법은 자바스크립트에서 좀더 고급스러운 동작을 하게 해줄 뿐 아니라 엘리먼트의 상태를 유지하는 작업도 DOM을 살펴보는 것에 의존하지 않으면서 매우 간단하게 만들어준다. 또 다른 좋은 점은 트랜스폼의 getComputedStyle() 값은 DOM의 정보를 항상 트랜스폼 매트릭스 형태의 수식으로 보여준다.

트랜스포메이션(TRANSFORMATION) 매트릭스 이해하기

매트릭스는 그리드(grid) 형태의 숫자인데 미니 스프레드시트와 비슷하다. 2D 트랜스폼은 항상 3×3 매트릭스다. 2D 트랜스폼에서 처음 4개의 값은 매트릭스 자체를 명시하고 마지막 2개의 값이 변화하는 것을 의미한다(그림 7.10).

$$\begin{bmatrix} 1 & 2 & 5 \\ 3 & 4 & 6 \\ 0 & 0 & 1 \end{bmatrix}$$

[그림 7.10]
2D 매트릭스
이용하기

이 매트릭스는 다음과 같은 CSS 형태로 명시할 수 있다.

```
transform: matrix(1, 2, 3, 4, 5, 6);
```

매트릭스의 가장 마지막 줄은 항상 0,0,1이기 때문에 이들을 굳이 기록할 필요 없다. 따라서 2D 트랜스폼 문법에는 오직 6개의 값만 존재한다.

매트릭스를 적용하기 위해서는 상단 위 2줄의 가장 오른쪽에 있는 엘리먼트 값들을 곱해야 한다. 이 말은 약간 혼란스러울 수 있는데 트랜슬레이션 (translation) 적용을 위해 전체 매트릭스를 모두 이해할 필요는 없고 오직 2가지만 이해하면 된다는 의미다. 어떤 매트릭스를 사용할지와 트랜슬레이션에 영향을 주는 것은 오직 2개의 값(3D 트랜스폼에서는 3개)뿐이라는 것이다. 아무런 효과를 주지 않는 매트릭스는 그림 7.11과 같이 적을 수 있다.

$$\begin{bmatrix} 1 & 0 & 0 \\ 0 & 1 & 0 \\ 0 & 0 & 1 \end{bmatrix}$$

[그림 7.11]
매트릭스
기본 형태

CSS에서 위의 매트릭스를 표현하는 방식은 다음과 같다.

```
-webkit-transform: matrix(1,0,0,1,0,0);
transform: matrix(1,0,0,1,0,0);
```

어떤 객체를 변동하려면 그림 7.11에서 하이라이트된 마지막 2개의 값을 바꿔주면 된다. 단위는 픽셀로 가정되기 때문에 기록할 필요 없다. 따라서 엘리먼트를 10픽셀 오른쪽으로 20픽셀 아래로 이동시키려면 매트릭스에 다음과 같이 기입하면 된다.

```
-webkit-transform: matrix(1,0,0,1,10,20);
transform: matrix(1,0,0,1,10,20);
```

이동 다음으로 많이 사용되는 트랜스폼은 엘리먼트의 크기를 조절하는 것이다. 처음 4개 값 중 1들은 엘리먼트 크기를 조정하는 네 사용되는데 첫 번째 값은 수평적 크기 조정을, 두 번째 값은 수직적 크기 조정을 한다. 따라서 어떤 엘리먼트에 10픽셀 오른쪽, 20픽셀 아래, 2배 확대 트랜스폼을 적용하려면 매트릭스를 다음과 같이 구현하면 된다.

```
-webkit-transform: matrix(2,0,0,2,10,20);
transform: matrix(2,0,0,2,10,20);
```

3D 트랜스폼은 보기에 복잡해 보이지만 2D와 크게 다르지 않다. 그림 7.12는 3D 트랜스폼을 위한 매트릭스의 형태를 보여준다.

$$\begin{bmatrix} 1 & 0 & 0 & 0 \\ 0 & 1 & 0 & 0 \\ 0 & 0 & 1 & 0 \\ 0 & 0 & 0 & 1 \end{bmatrix}$$

[그림 7.12]
3D 트랜스폼을 위
한 매트릭스

이전과 마찬가지로 그림 7.12에서 하이라이트 부분이 변환을 의미하는 값이다. 숫자가 더 많아졌지만 X 값과 Y 값은 이전과 동일하고 새로 Z 값이 추가되었다. 위 트랜스폼을 3D로 변경하면 다음과 같다(가독성을 위해 여러 라인을 사용했으며 하이라이트 부분은 실제 변환과 관련된 값들이다).

```
-webkit-transform: matrix3d(2,0,0,0,
                            0,2,0,0,
                            0,0,1,0,
                            10,20,0,1);
transform: matrix3d(2,0,0,0,
                    0,2,0,0,
                    0,0,1,0,
                    10,20,0,1);
```

3D 트랜스폼이지만 2차원밖에 사용하지 않기 때문에 Z 값들은 바뀌지 않았다. 3D 효과는 이 책의 범위를 넘어서는 것이기 때문에 더 이상 다루지 않지만 3D 효과를 이용하면 매우 재미있는 일들을 할 수 있다.

모든 트랜스폼들은 엘리먼트 스냅샷을 제공하는데 이런 스냅샷들을 간단히 리스트로 취합한 뒤 일괄 수행하면 동시에 여러 개의 트랜스폼을 적용할 수 있다. 트랜스폼들을 수학적으로 변환하여 하나의 매트릭스에 구현하면 비교적 명확하고 어렵지 않게 구현할 수 있다.

NOTE ▾

매트릭스 트랜스폼에 대해 상세히 배우고 싶으면 이 책의 웹사이트 링크 및 상세 설명을 살펴보기 바란다.

애니메이션은 단순히 눈으로 보기에만 좋은 것이 아니라 모던한 인터페이스를 디자인하는
데 중요한 부분을 담당하고 있다. 뒤에 나오는 제스처에 대한 부분을 살펴보면 사용자 피드
백이 얼마나 중요한지 알 수 있다.

Part 07에서 CSS가 애니메이션 속도를 올려준다는 사실과 3D 애니메이션과 2D 애니메이션
의 몇 가지 차이점에 대해 배웠다. 그리고 자바스크립트 애니메이션만 사용할 수 있을 때를
위해 requestAnimationFrame을 사용하는 방법에 대해서도 알아보았다.

애니메이션의 속도를 높이기 위해서는 자바스크립트를 피해야 하지만 실제로는 많은 웹사
이트에서 자바스크립트를 사용하고 있는 것이 현실이다. 따라서 Part 08에서는 터치 디바이
스에서 빠른 반응을 보여주기 위해 자바스크립트를 어떤 식으로 최적화할 수 있는지 좀더
상세히 알아보도록 한다.

사진의 섬네일 리스트를 구현하는 프로젝트다. 그림
7.13은 결과에 대한 예제다.

프로젝트는 다음과 같은 조건을 만족해야 한다. 사용
자가 화면의 섬네일 이미지를 탭하면 스크린을 가득
채우는 사진으로 확대되며 확대된 이후 사진은 흐릿
하거나 불투명하지 않고 선명해야 한다. 사용자가 확
대된 사진을 다시 탭하면 사진은 원래의 섬네일 이미
지로 돌아간다. 이 모든 애니메이션은 최대한 부드럽
게 동작해야 한다.

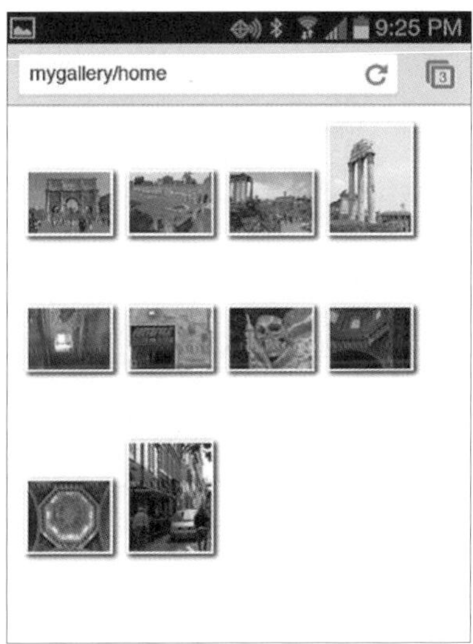

[그림 7.13] 섬네일 사진 갤러리

아무리 신중하게 클라이언트 코드를 만들더라도 조금만 지나면 그 코드가 심하게 느려지는 것을 종종 발견하곤 한다. Part 08에서는 이런 문제를 해결하는 방법과 터치에 최적화된 코드를 만드는 몇 가지 원칙을 배워본다.

PART 08

자바스크립트
성능 최대화하기

성능 테스트와 디버깅

제2차세계대전 이후 남태평양 주변으로 여러 개의 신흥 종교들이 갑자기 생겨났다. 이러한 종교들은 토착 원주민들이 캔으로 된 식료품, 여러 도구들, 그 외에 여러 보급품 등과 같이 일본군과 연합군이 하늘에서 투척한 보급품에 의해 영감을 얻어 시작된 것이었다. 그들은 외국인의 행동을 따라 할 뿐만 아니라 활주로와 비행기 등 기술력을 요하는 것들을 따라 만들었으며 심지어 군사훈련까지 따라 했다. 이런 모든 행위들의 목적은 하늘에서 보급품이 다시 떨어지기를 바라는 것이었는데, 이를 일컬어 '카고 컬트(cargo cults)'라 부른다.

자바스크립트의 성능에 대한 많은 조언이 이와 같은 방식으로 적용되고 있다. 개발자들은 그들이 무엇을 왜 하는지에 대한 이해도 없이 심지어는 도움이 되는지 여부조차 모른 채 그들이 들었던 조언을 그대로 코드에 사용하고 있다. 따라서 우리는 Part 08에서 자바스크립트 코드의 성능을 업그레이드하는 방법 중 인터페이스 반응 속도를 향상하는 방법에 대해 집중 분석할 것이다. 그리고 이와 더불어 성능 최적화를 위해 실질적인 실험과 테스트가 얼마나 중요한지에 대해 알아보도록 한다. 브라우저 엔진은 계속 변하고 있고, 디바이스의 진화는 진행 중이다. 따라서 모든 성능 향상 팁들을 항상 여과 없이 받아들이는 것은 그리 좋은 생각이 아니다(이 책에 있는 팁들도 마찬가지다). 당신이 세웠던 가정에 대한 실험과 그 가정에 대한 테스트 그리고 그 검증 결과를 신뢰하는 것이 자바스크립트 성능을 향상할 수 있는 가장 좋은 마인드다.

과학적인 방법

'카고 컬트'를 피하는 가장 좋은 방법은 과학을 적용하는 것이다.

- 해결해야 할 문제를 정한다.
- 해결 방법에 대한 가설을 세운다.
- 가설을 테스트한다.

- 결과를 검토한다.
- 결론을 도출한다.

위와 같은 간단한 테스트들로 대부분의 성능 문제를 해결할 수 있다.

CONSOLE.TIME()을 이용한 간단한 테스트

자바스크립트 테스트는 보통 스크립트 수행에 걸리는 시간을 파악하는 것이다. 안드로이드용 크롬과 iOS의 사파리는 console.time() 함수를 제공하여 자바스크립트를 수행하는 시간을 정확히 알 수 있도록 하고 있다. 경과된 시간은 시작할 때 console.time(label) 함수를 호출하고 끝날 때 console.timeEnd(label)을 호출하면 구할 수 있다. console은 해당 레이블(label)에 대해 두 함수 사이의 경과된 시간을 알려준다.

이 방법은 대부분의 경우에 잘 동작하면서도 비교적 간단한 테스트 방법이라 할 수 있다. 성능 문제를 해결하기 위해 좀더 심도 있는 분석을 할 수 있는 더 강력한 툴인 jsPerf를 사용해 보자.

성능 테스트를 위한 jsPerf 사용하기

JSPerf.com 웹사이트에서 테스트 케이스를 정의하면 다양한 브라우저에서 해당 테스트 케이스를 테스트해 보고 결과를 비교해 볼 수 있다. 이 방법은 간단하지만 매우 강력한 테스트 기법이다.

jsPerf.com에 테스트를 만드는 것은 생각보다 쉽지 않다: 사이트를 탐색해서 테스트 이름과 설명을 기입한 후 테스트 케이스를 추가하고 테스트를 시작해야 한다. 만약 성능 문제를 테스트한다면 독립된 이슈에 대한 테스트 케이스를 따로 만들어야 한다. jsPerf는 어떤 문제를 심도 있게 분석하고 싶을 때 사용하면 된다.

jsPerf를 사용할 때 유의할 점:

- 테스트 케이스가 어떻게 만들어져 있느냐에 따라 결과가 달라지기 때문에 독립변수를 잘 정해서 한 번에 하나씩만 테스트해야 한다.
- 브라우저 간 직접적인 성능 비교는 할 수 없다. 그저 테스트 케이스에 따른 각 브라우저 간의 상대적인 성능만 테스트할 수 있다.
- 서로 다른 방법론에 따른 테스트 결과를 비교할 수 없다. 만일 동일 시스템의 모든 브라우저에서 테스트할 수 없다면 그 테스트 결과는 신뢰할 수 없다.

쓰기 전용 DOM

웹페이지에서 자바스크립트를 사용하는 주된 이유는 DOM에 어떤 동작을 적용하기 위해서이다. 엘리먼트에 애니메이션 효과를 준다든지 엘리먼트의 값을 변경하는 것 등이 그런 예라 할 수 있다. 그런데 불행히도 DOM은 자바스크립트에 비해 상당히 느리기 때문에 DOM에 어떤 동작을 적용하는 것은 많은 비용을 지불해야 한다. 심지어 읽기(read)조차 그리 빠르지 않다.

다음 테스트(http://jsperf.com/dom-vs-cached-value)는 그 비용에 대해 보여준다.

```
// 10,372,715 ops/sec on JSPerf
var title = document.getElementById('thisone').title;


// 70,447551 ops/sec(미리 cache에 저장해 놓은 값).
var title = cache['8143594951'];
```

DOM에서 ID에 의해 엘리먼트를 찾아 스타일이 적용되지 않은 값을 읽는 것은 비교적 빠른 편이지만 그래도 객체에서 값을 읽는 것보다는 7배나 느리다. offsetHeight와 같이 더 많은 비용을 지불하는 값을 가져오면 더욱 느려진다. offsetHeight를 테스트해 보면 객체에서 값을 가져올 때보다 56배가 느려짐을 알 수 있다.

DOM 캐시 

DOM으로부터 데이터를 읽는 것은 확실히 피할 수 없지만 데이터 캐시를 영리하게 사용하면 그 횟수를 획기적으로 줄일 수 있다. 만일 어떤 DOM에 다시 접근할 것 같으면 적어도 DOM의 레퍼런스 정도는 자바스크립트 변수에 저장해 놓는 것이 좋다. 혹시 접근할 일이 많지 않더라도 필요한 값을 자바스크립트에 저장해 놓으면 해당 값이 업데이트될 때 DOM과

변수 모두를 한꺼번에 업데이트할 수 있어 이후 DOM에 다시 접근할 필요가 없어진다.

캐시의 사용은 일반적인 구현보다 조금 복잡해지지만 성능을 올리기 위한 특별한 방법을 생각하려 애쓰는 것보다 이처럼 불필요한 DOM의 접근을 찾아서 줄여주는 것이 훨씬 쉽고 효율적이다. 만약 DOM으로부터 같은 값을 두 번 이상 사용하는 동작을 발견하면 가장 첫 동작을 캐시에 저장해서 사용하는 것이 좋다. 그리고 미리 알고 있는 값을 저장해서 사용하는 것 역시 DOM의 중복 접근을 막을 수 있다.

예를 들어 엘리먼트의 가로 길이를 확장하는 자바스크립트 애니메이션에서 가로 길이를 확장할 때마다 엘리먼트의 크기를 체크하는 것을 원하지는 않을 것이다. 따라서 DOM 노드의 포인터를 캐시에 저장해 놓으면 매번 DOM 노드에 접근할 필요가 없다.

❊LISTING 8.1 DOM 값 캐시

```
var el = document.getElementById('grow');

// offset width의 초깃값을 저장
var w = el.offsetWidth;

// 초깃값의 지속적인 사용.  DOM으로부터 값을 가져오지 않음.
function render() {
        w = w + 5;
        el.style.width = w + 'px';
}

function loop(){
        if(w < 800) {
                webkitRequestAnimationFrame(loop);
                render();
        }
}

loop();
```

DOM이 노드를 찾는 동작보다 메모리에서 값을 가져오는 동작이 빠른 것은 당연하다. 몇몇 DOM 동작은 스타일 계산을 다시 해야 하기 때문에 더욱 느릴 수밖에 없다. 그리고 모든 offset* 값들은 이러한 문제를 가지고 있는데 이보다 더 큰 문제는 DOM 동작이 블러킹(blocking) 모드로 작동되는 것이다. 만약 DOM 동작이 블러킹 모드에 들어가면 사용자 인터페이스를 포함해 그 어떤 기능도 수행되지 않는다(스크롤은 예외인데 이에 대해 나중에 다시 언급할 것이다).

03 SECTION 사용자 피드백 우선순위 정하기

이전에도 언급한 적이 있지만 사용자가 성능을 인지하는 실질적인 부분은 바로 피드백이다. 자바스크립트의 성능 문제를 해결하려면 사용자 피드백을 우선 대상으로 삼아야 한다. 사용자 피드백을 제외한 모든 것은 기다려줄 수 있다.

순서에 의한 지연

브라우저에서 자바스크립트는 단일 스레드에서 동작하는데 이는 자바스크립트 엔진이 한 번에 한 가지 일만 할 수 있다는 것을 의미한다. DOM에 관련된 동작 역시 같은 스레드에서 처리되는데 이런 스레드를 UI 스레드라 부른다. 한 스레드에서 여러 가지 작업을 동시에 할 수 있는 것은 모든 작업을 하나의 큐에 넣은 다음 스레드가 한가할 때 처리하기 때문에 가능한 것이다.

만약 어떤 DOM 작업이 느리게 진행되고 있으면 새로 발생한 이벤트는 큐에 들어가고 앞선 작업이 끝나야만 수행된다. 이를 토대로 생각하면 만일 어떤 DOM 리딩에 의해 지체되는 중에 새로운 사용자 이벤트가 발생하면 그 이벤트는 즉시 처리될 수 없다는 것을 알 수 있다. 이는 템플릿 컴파일이나 AJAX 응답 처리와 같은 느린 자바스크립트 작업에도 동일하게 적용된다. 만약 브라우저가 바빠서 사용자 인터페이스가 동작하지 않으면 이는 효과적인 사용자 인터페이스가 될 수 없다. 이것이 사용자 피드백을 위해 우선순위를 다시 정하는 이유다.

중요하지 않은 작업 순위 조정 

만약 브라우저가 바쁜 상태일 때 사용자 피드백을 주는 것과 AJAX 응답과 같이 시간이 걸리는 작업이 동시에 존재하면 중요하지 않은 작업을 뒤로 미룰 수 있다. 이를 위해 작업의 수행 순서를 조정해야 한다. 수행 순서의 조정은 플래그가 설정되어 있는 작업은 나중에 수행하는 방식으로 구현할 수 있다(Listing 8.2).

❖ LISTING 8.2 플래그를 이용한 작업 지연

```
var uibusy = false;
function handleResponse(response) {
        if(uibusy) {
                window.setTimeout(function(){
                        handleResponse(response)
                }), 100);
        } else {
                // response 처리
        }
}
```

이제 response 핸들러는 작업 가능한 시간까지 대기한다.

지금까지 언급된 방법을 모두 활용 :
무한 스크롤(Infinite scroll)

무한 스크롤은 서버에서 가져온 콘텐츠를 페이지 마지막에 계속해서 덧붙이는 UI 패턴이다. 이것은 매우 효율적인 방법이며 널리 사용되고 있다. 특히 성능 관점에서 볼 때 매우 기술적인 방법이다.

이번 예제에서는 그림 8.1에서 알 수 있듯이 Flickr 사이트에서 검색한 슬라이드 뷰를 무한대로 스크롤하는 기능을 만들어본다(이전 예제 코드를 다시 사용할 수 있다).

[그림 8.1] 사진 리스트에 대한 무한 스크롤

인터페이스를 위한 템플릿과 CSS 

여느 때처럼 마크업에서부터 시작한다. handlebar 템플릿을 다시 사용하며 div 엘리먼트들을 리스트 형태로 구조화한다. 각각의 리스트들은 개별적인 슬라이드를 의미한다. 슬라이드는 하나의 이미지와 그에 대한 캡션으로 구성되어 있다. 이미지 출력은 화면에 로딩된 부분을 순차적으로 보여주는 방법 대신 로딩 완료 후 일시에 전체 이미지를 보여주는 방법을 사용한다.

Listing 8.3의 코드를 간략히 분석하면 GIF 타입의 이미지들을 호출하고 있으며 src와 URL은 데이터 속성(attribute)에 명시되어 있다. Listing 8.3은 전체 코드 중 일부를 보여주고 있으며 전체 코드는 웹사이트에서 다운로드할 수 있다.

✤LISTING 8.3 무한 스크롤에 대한 마크업

```html
<div id="wrapper">

</div>
<script id="slide" type="text/x-handlebars">
        <div id="s-{{id}}" data-id="{{id}}" class="slide">
            <div class="imgholder">
                    <a title="by {{ownername}} on Flickr" target="_blank"
                        href="http://www.flickr.com/photos/{{owner}}/{{id}}">
                        <img class="img" data-src="{{url_n}}" src="/empty.gif"
                          ></a>
            </div>
        </div>
</script>
<script type="text/javascript" src="handlebars.js"></script>
<script type="text/javascript" src="bird_data.js"></script>
<script type="text/javascript" src="scroller.js"></script>
```

위 마크업에 대한 CSS는 상대적으로 간단하다. 슬라이드를 동일한 크기로 준비한 다음 이미지의 크기를 max-width와 max-height를 이용해 슬라이드에 맞게 조절해 준다. 그리고 이미지 opacity에 대해 트랜지션을 명시한다. 이를 통해 이미지의 로딩 지연을 좀더 부드럽게 해준다.

✤LISTING 8.4 무한 스크롤 스타일들을 위한 마크업

```css
body {
    margin: 0;
```

```css
        padding: 0;
        text-align: center;
}


.slide {
        width: 300px;
        padding: 20px;
        margin: 10px auto 10px auto;
        height: 250px;
        background: #f6f6ed;
        position: relative;
        text-align: center;
}


.slide p {
        width: 100%;
        overflow: hidden;
        white-space: nowrap;
        text-overflow: ellipsis;
        font-family: sans-serif;
}


.slide .img {
        max-width: 100%;
        max-height: 210px;
        text-align: center;
        opacity: 1;
        display: inline;
        -webkit-transition: opacity 0.25s ease-in-out;
        transition: opacity 0.25s ease-in-out;
}


.imgholder {
        width: 100%;
        text-align: center;
}
```

무한 스크롤 스크립트

무한 스크롤 효과를 내기 위해서는 사용자가 특정 길이 이상 스크롤을 할 수 없도록 임계치를 정의해야 한다. 임계치에 다다르면 스크롤이 멈추고 서버로부터 콘텐츠를 가져와 페이지에 덧붙이는 작업이 이루어진다. 도큐먼트(document)의 탑과 viewport의 탑 사이의 거리를 window.pageYOffset이라 하는데 만약 이 값이 바디의 offsetHeight 더하기 viewport height 값보다 크면 페이지의 끝에 다다른 것이다.

무한 스크롤 효과를 구현하는 데 있어 조심해야 할 부분은 새로운 콘텐츠를 로딩할 때 발생하는 지연이다. 이런 지연은 임계치를 viewport height보다 더 크게 잡아주면 피할 수 있다. 이렇게 하면 사용자가 콘텐츠의 바닥(bottom)에 도착해서 새로운 콘텐츠를 불러오려 할 때 이미 로딩되어 있는 콘텐츠를 가져온다(Listing 8.5).

❋LISTING 8.5 무한 스크롤 만들기

```
function handleScroll(e) {
        if(window.scrollY + 1000 > document.body.offsetHeight) {
                // 더 많은 데이타를 모아서 추가함
                fetchBirds();
        }
        handleDefer();
}
window.addEventListener('scroll', handleScroll);
```

fetchBirds 함수는 Flickr API를 이용하여 이미지를 검색한 뒤 이전에 정의한 템플릿을 이용해 DOM에 삽입하고 있다(Listing 8.6).

❋LISTING 8.6 Fetching 데이터

```
function fetchBirds() {
        if(fetching) {
```

```javascript
        return;
    } else {
        fetching = true;
    }

    window.birdData.fetchPhotos('seagull', page++, function(data) {
        console.time('render');
        var len = data.length;
        for (var i=0; i < len; i++) {
            document.getElementById('wrapper').innerHTML +=
                template(data[i]);
        }
        fetching = false;
        handleDefer();
        console.timeEnd('render');
    });
}
```

NOTE ▾

console.time을 이용해 렌더링 시간을 측정한다. 이는 이후에 성능을 향상하려 할 때 많은 도움을 줄 수 있을 것이다.

DOM에 삽입하는 과정이 많은 수의 이미지에 적용될 경우에는 문제가 될 수 있는데 이는 이미지들을 가능한 빨리 삽입하려 하기 때문이다. 많은 수의 이미지를 동시에 다운로드하면 브라우저의 다운로드 슬롯(slot)이 가득 차기 때문에 이미지가 나타나는 시간이 지연된다. 게다가 이미지 로딩이 느려져서 이미지가 부분적으로 화면에 나타난다. 이는 분명 사용자가 원하는 바가 아닐 것이다.

handleDefer() 함수는 이러한 문제를 해결할 수 있다.

```html
<img class="img" data-src="{{url_n}}" src="/empty.gif" ></a>
```

이 템플릿의 〈img〉 태그는 src 프로퍼티에 실제 이미지를 가지고 있지 않고, handleDefer()
함수에서 이미지를 화면에 보여줄 때 해당 이미지에 대한 실제 src를 로드한다. 이러한 방법
은 백그라운드에서 이미지를 다운로드하는 횟수를 줄여주기 때문에 실제 페이지에서 더 빠
르게 동작할 수 있고, 결과적으로 사용자의 돈과 배터리를 절약해 줄 수 있다(Listing 8.7).

✤LISTING 8.7 이미지 지연

```javascript
function isVisible(node) {
        // 필요한 크기 구하기
        var scrollTop = window.scrollY,
                offTop = node.offsetTop,
                offsetHeight = node.offsetHeight,
                innerHeight = window.innerHeight,
                topViewPort = scrollTop,
                bottomViewPort = scrollTop + innerHeight;

        // viewport에 위치하는지 판단
        return offTop + offsetHeight > topViewPort && offTop < bottomViewPort;
}


function handleDefer() {
        // 이미지의 크기를 아직 모르기 때문에 일단 모든 슬라이드에 대해 작업 수행
        var list = document.querySelectorAll('.slide');
        for (var i=0, len = list.length; i < len; i++) {
                thisImg = list[i].querySelector('.img');
                if(thisImg.src) {
                        continue;
                }
                // 만약 화면에 보여줘야 하면 src 값을 업데이트
                if(isVisible(list[i])) {
                        var src = thisImg.getAttribute('data-src');
                        if(src) {
                                thisImg.src = src;
                                thisImg.removeAttribute('data-src');
```

```
                }

            }
        }
}
```

이 예제는 동작하기는 하지만 아직 부족한 점이 있다. 사파리(아이폰)에서 스크롤 동작이 부드럽게 진행되지만 스크롤을 멈출 때 이미지가 모두 pop되는 것처럼 보인다. 안드로이드에서는 스크롤에 대한 프레임률이 좋지 않은데 심지어 스크롤을 하지 않을 때도 마찬가지다. 이런 현상은 여러 가지 성능 문제 때문인데 그중 가장 큰 문제는 스크롤 핸들러이다.

안드로이드의 스크롤 이벤트는 사용자가 스크롤할 때마다 반복적으로 발생한다 ― 갤럭시 S 3에서는 1초에 1백 번 발생한다. 이는 handleScroll() 함수와 handleDefer() 함수가 수백 번 호출된다는 의미인데 이러한 함수들은 비용이 적게 드는 함수가 결코 아니다. 사파리의 문제는 완전 반대다. 사파리는 스크롤 이벤트가 사용자가 스크롤할 때, 정확히는 스크롤 애니메이션이 끝날 때 딱 한 번 발생한다. 아이폰에서는 스크롤하는 동안 인터페이스의 변화를 주는 어떤 코드도 동작하지 않는다.

이 문제에 대한 해결책은 스크롤 핸들러에 타이머를 연결하는 것이다. 타이머는 간단히 500ms마다 사용자가 스크롤을 했는지 체크한다(Listing 8.8). 만약 사용자가 스크롤을 했으면 handleShow()를 호출하고 스크롤하지 않았으면 아무 동작도 하지 않는다.

❊LISTING 8.8 스크롤 이벤트를 타이머에 연결

```
// 값을 캐시에 저장하여 다른 함수들이 다시 값을 얻어오지 않도록 함

var lastScrollY = window.pageYOffset,
        // 윈도우 캐시
        scrollY = window.pageYOffset,
        innerHeight,
        topViewPort,
        bottomViewPort;
```

```
function handleScroll(e, force) {

        // 스크롤하지 않으면 아무것도 하지 않음
        if(!force && lastScrollY == window.scrollY) {
                window.setTimeout(handleScroll, 100);
                return;
        } else {
                lastScrollY = window.scrollY;
        }

        scrollY = window.scrollY;
        innerHeight = window.innerHeight;
        topViewPort = scrollY -1000;
        bottomViewPort = scrollY + innerHeight + 1000;
        if(window.scrollY + innerHeight + 2000 > document.body.offsetHeight) {
                fetchBirds();
        }

        handleDefer();
        window.setTimeout(handleScroll, 500);
}

window.setTimeout(handleScroll, 500);

fetchBirds();
```

윈도우(window) 값을 캐시에 저장하여 다른 함수들(check visibility와 같은)이 활용할 수 있도록 한다. 그리고 양쪽 모두 스크롤 변화를 매 100ms마다 체크한다. 이러한 방법들은 아이폰과 스크롤 이벤트를 발생하는 다른 기기에서 스크롤에 대한 성능 향상 효과를 얻을 수 있다. 성능 향상을 위한 많은 방법들이 있지만 마지막으로 언급할 내용은 이미지 로딩에 대한 고의적인 지연이다. 이미지를 불러오는 과정은 일반적으로 src 값을 세팅하는 것이다. 이미지가 화면에 보일 때가 되면 브라우저는 이미지 데이터를 가져오고 화면에 보여주기 시작한다. 이런 과정에는 부작용이 있는데 이미지 전체가 한 번에 로딩되지 않고 부분적으로 로딩되면 사용자가 느리다는 느낌을 가질 수 있다. 따라서 부분 로딩 대신 이미지가 모두 로딩될 때까지 기다렸다가 한 번에 보여주는 방법은 부분 로딩보다 실제로는 느리지만 사용자에게 는 빠르다는 느낌을 준다.

일반적인 로딩 대신 프리로드(preload)를 하도록 handleDefer() 함수를 수정하고, 로딩이 완료되면 클래스를 변경한다(Listing 8.9).

❋LISTING 8.9 이미지 지연을 위한 애니메이션 효과

```
/* css에 애니메이션 추가 */
.slide .img {
        -webkit-transition: opacity 0.25s ease-in-out;
        -moz-transition: opacity 0.25s ease-in-out;
        -o-transition: opacity 0.25s ease-in-out;
        transition: opacity 0.25s ease-in-out;
}


/* 업데이트 defer 함수 */
function handleDefer() {
        console.time('defer');
        var i, list, thisImg, deferSrc, img, handler,

        // defer 코드가 DOM에 계속해서 쿼리하지 않도록 데이터 값 캐시
        list = slideCache,
        len = listLength;


        for (i=0; i < len; i++) {
            thisImg = list[i].img
            var deferSrc = list[i].src;
            if(isVisible(list[i].id)) {

                // handler 함수가 옳은 값을 가질 수 있도록 종료 함수 추가
                handler = function() {
```

```
                    var node, src;
                    node = thisImg;
                    src = deferSrc;

                    return function () {
                            node.src = src;
                            node.style.opacity = 1;
                            loaded[deferSrc] = true;
                    }
                }();

                var img = new Image();
                img.onload = handler;
                img.src = list[i].src;


        }
    }
    console.timeEnd('defer');
}
```

이제 이미지가 로딩될 때 애니메이션 효과가 적용된다. 이 애니메이션 효과로 인해 페이지가 느리다는 느낌이 줄어들 것이며 사용자가 빠르다고 인지할 만한 성능을 가질 수 있게 되었다.

이 함수에서 또 다른 성능 향상 방법을 생각해 볼 수 있다. write-only DOM 전략을 적용하여 슬라이드에 대한 정보를 DOM 대신 슬라이드캐시(SlideCache)에서 가져오는 것이다. DOM이 수정되는 경우는 새로운 콘텐츠가 덧붙여질 때이기 때문에 데이터는 updateSlideCache 함수가 필요로 할 때까지 캐시에 저장되어 사용될 수 있다(Listing 8.10).

❋LISTING 8.10 슬라이드 데이터를 캐시에 저장

```
var slideCache;
```

```javascript
function updateSlideCache(node) {
        var list = node.querySelectorAll('.slide'),
            len = list.length
            obj;

        slideCache = [];

        for (var i=0; i < len; i++) {
            obj = {
                    node:list[i],
                    id:list[i].getAttribute('data-id'),
                    img:list[i].querySelector('.img')
            }

            obj.src = obj.img.getAttribute('data-src');
            slideCache.push(obj);
        }
}
```

여기서 노드 파라미터는 새로 추가된 슬라이드다. 이제 handleDefer 함수는 데이터를 DOM 에서 직접 가져오지 않고 오직 이 캐시에서만 가져온다. 이외에 또 다른 성능 개선 부분은 isVisible() 함수이다. 이 코드에서 handleDefer 함수의 수행 시간 중 절반은 isVisible() 함수 에서 소비된다. 이유는 간단하다. 저 함수는 많은 DOM에서 많은 정보를 가져온 후 그것들 을 계산한다. DOM 안의 슬라이드가 변화할 가능성은 거의 없기 때문에 이 함수 역시 높은 확률로 캐시 사용이 가능하다(Listing 8.11).

❁LISTING 8.11 엘리먼트의 visibility를 체크하기 위해 캐시를 사용

```javascript
var slideMap = {};

// 간단히 살펴보기 위해 slide id와 같은 photo id를 사용한다.
function isVisible(id) {
        var offTop, offsetHeight, data;
```

```javascript
// 슬라이드가 캐시에 저장되어 있으면 캐시로부터 데이터를 가져온다.
if(slideMap[id]){
        offTop = slideMap[id].offTop;
        offsetHeight = slideMap[id].offsetHeight;

// 슬라이드가 캐시에 저장되어 있지 않으면 캐시를 업데이트한다.
}else {
        node = document.getElementById('s-' + id);
        offsetHeight = parseInt(node.offsetHeight);
        offTop = parseInt(node.offsetTop);
        data = {
                node:node,
                offTop:offTop,
                offsetHeight:offsetHeight
        };

        slideMap[id] = data;
}

// 캐시에 저장되어 있는 경우라면 이것은 DOM 인스펙션(inspection)이 아니라 간단한 계산이다.
if(offTop + offsetHeight > topViewPort && offTop < bottomViewPort) {
        return true;
} else {
        return false;
}
}
```

이러한 최적화를 한 뒤 간단한 몇 가지 테스트를 해보자. 테스트 결과를 보면 defer와 스크롤 코드에 매우 적은 시간이 소요됨을 알 수 있다. defer는 이제 아이폰 4에서 2~20ms 사이의 값을 가진다. 이것 외에 테스트 결과 중 눈에 띄는 또 다른 항목이 있다.

defer: 20ms

defer: 15ms

render: 1404ms

새로운 콘텐츠의 렌더링에 1초 이상의 꽤 많은 시간이 소요되었다. 이는 충분히 인지할 만한 지연인데 도대체 무엇 때문에 이렇게 오래 걸렸는지 생각해 보자. 렌더링 자체는 느리지 않다. 다만 DOM에 삽입하는 작업이 느릴 뿐이다. 노드에 스트링을 추가한 다음 DOM에 덧붙이는 것이 2배 정도 빠르기 때문에 이를 적용해 보기로 한다(Listing 8.12).

✿LISTING 8.12 DOM 인스펙션 최적화

```
function fetchBirds() {

        // fetch 중에는 재fetch를 하지 않는다.
        if(fetching) {
                return;
        } else {
                fetching = true;
        }

        window.birdData.fetchPhotos('seagull', page++, function(data) {
                console.time('render');
                var len = data.length,
                str = '',
                frag;

                for (var i=0; i < len; i++) {
                        str += template(data[i]);
                }
                frag = document.createElement('div');
                frag.innerHTML = str;
                document.getElementById('wrapper').appendChild(frag);
                updateSlideCache(frag);
                fetching = false;
```

```javascript
        // 이미지가 로딩되었는지 확인하기 위해 defer 코드를 실행
        handleScroll(null, true);
        console.timeEnd('render');
    });
}
```

일련의 모든 최적화 작업이 끝난 뒤 갤럭시 S3와 아이폰 3, 4에서 페이지가 빨라졌는지 실제
데이터를 가지고 테스트를 해본다. 아이폰 기반의 기기에서 실행한 최적화하지 않은 코드의
성능 테스트(표 8.1)와 최적화 작업을 한 코드의 성능 테스트(표 8.2)를 비교해 보면 렌더링
과 이미지 핸들링에서 얼마나 개선되었는지 알 수 있다. 다행히 코드 최적화로 인해 성능을
크게 향상할 수 있었다.

측정	평균	중간 값
Defer	49.2ms	43ms
Render	2129.6ms	2153.5ms

[표 8.1] 최적화하지 않은 성능 테스트 결과

측정	평균	중간 값
Defer	17.1ms	11ms
Render	120.5ms	86ms

[표 8.2] 최적화를 한 성능 테스트 결과

SUMMARY 정리

성능 최적화는 로켓처럼 엄청난 과학 분야는 아니지만 그래도 과학적으로 접근해야 한다.
가설을 세우고 그에 대한 테스트를 한 뒤 실제 데이터에 근거해서 결론을 내려야 한다. 그러
나 사용자가 인지했을 때 더 빠르다고 생각되면 실제로는 비효율적이라도 그것을 선택해야
한다. 가장 중요한 것은 개발자의 생각이 아닌 사용자의 피드백이기 때문이다.

Part 08의 코드들에 몇 가지 변화를 주어 다시 만들어보자. 먼저 검색 기능을 추가하여 화면에 검색된 결과를 보여준다. 각 슬라이드에는 제목과 설명이 존재하며 스크롤과 로딩은 부드럽게 동작한다.

무한 스크롤은 수직에서 수평으로 변경된다. 스크롤할 때 각 슬라이드가 화면에 정확히 고정되는 기능이 추가된다. 예를 들어 사용자가 스크롤 도중 멈췄을 때 슬라이드가 정중앙에 있지 않으면 자동으로 스크롤되어 슬라이드를 정중앙으로 맞춘다.

현시대로 오면서 모바일 기기들이 데스크톱 컴퓨터를 대체할 수 있는 이유 중 하나는 터치 인터페이스의 활용 때문이라 할 수 있다. 그리고 이런 터치 인터페이스를 좀더 강력하게 만들어주는 요소 중 하나가 바로 제스처이다. 성공한 대부분의 모바일 기기에서 제스처를 지원하는 것은 이러한 맥락에서다.

일반적으로 제스처는 손가락을 이용해 동작한다. 제스처를 통해 어떠한 변화를 주기 위해 미리 정해진 일련의 연속된 동작을 손가락으로 실행하는데 이에 대한 결과로 사진이 넘겨진다거나 페이지가 스크롤되기도 하고 줌인 등의 동작이 발생한다. 만약 미리 정해진 동작 이외의 제스처를 시도하면 기기는 어떤 반응도 하지 않는다. 이렇게 미리 정해진 제스처들은 어떤 의미에서 키보드의 단축키와 비슷하다.

Part 09에서 우리는 스와이프(swipe)와 같은 가장 기본적이고 중요한 제스처들만 살펴볼 것이다. 스와이프 같은 것은 아주 기본적인 제스처이기 때문에 사용자들은 당연히 동작할 거라고 생각할 뿐만 아니라 아주 부드럽게 움직이기를 바란다. 이렇게 좋은 터치 인터페이스들은 많은 곳에서 필요로 한다.

PART 09

기본적인 제스처

왜 제스처인가?

제스처는 탭처럼 그리 간단하지 않다. 이유는 제스처를 구현하기 위해서 일정 시간 동안 일어나는 변화를 분석할 필요가 있기 때문이다. 이런 연유로 IE10.0과 iOS의 사파리는 특정 제스처 이벤트만 제한해서 지원하고 있다. 그러나 이외의 브라우저에서 제스처를 사용하려면 제스처를 직접 구현해야 한다. 브라우저 자체에서 몇몇 제스처들이 지원되기는 하지만 기능이 매우 제한적이기 때문에 다양하고도 질 좋은 제스처를 구현하기에는 많은 제약이 따른다. 그럼 이렇게 힘든 제스처를 왜 사용하는가? 데스크톱에서 사용하기에 클릭만으로 충분하지 않은가? 이런 의문에 대한 답은 의외로 간단하다. 바로 많은 사용자들이 제스처가 당연히 동작할 거라고 생각하기 때문이다. 만일 어떤 사용자가 터치 인터페이스를 마주하게 된다면 당연히 스와이프(또는 줌인, 줌아웃)를 시도할 것이다.

터치 인터페이스 관습

'Part 01 모바일 환경'에서 언급했듯이 터치 인터페이스에는 관습적으로 사용되는 몇몇 제스처들이 있다. 가장 일반적인 관습으로 스와이프를 들 수 있는데, 순차적으로 동작하는 슬라이드 쇼 같은 데에서 왼쪽에서 오른쪽으로 스와이프를 시도하는 것은 매우 자연스러운 터치 인터페이스의 활용이다. 그림 9.1은 Yelp 리뷰 사이트다. 화면에 보이는 3개의 이미지는 스와이프를 해달라고 거의 빌다시피 하고 있다. 같은 의미로 만약 사용자가 일렬로 되어 있는 아이콘들을 모바일 기기에서 본다면 스와이프를 사용할 수 있을 거라고 기대할 것이다.

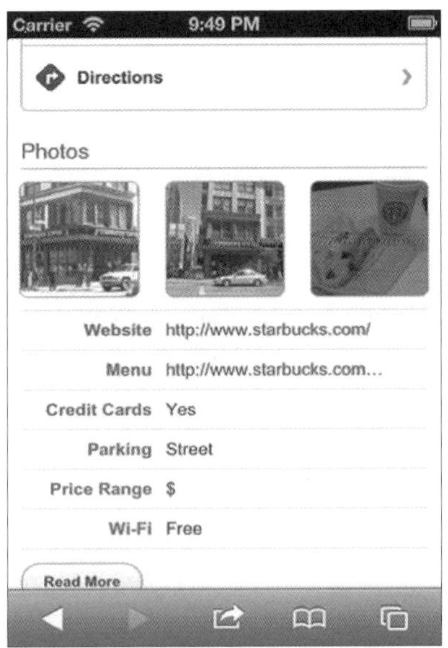

[그림 9.1] Yelp.com의 섬네일 그림들

이번에는 Flickr의 예제를 보자. 그림 9.2는 원래 가로로 만들어진 사진 리스트의 양옆에 화살표가 존재하여 클릭할 수 있게 되어 있었다. 그러나 사용자들이 이 페이지를 아이패드에서 마주한다면 보는 즉시 사진 리스트에 대해 스와이프하려 할 것이다. 스와이프 기능에 대한 어떠한 안내 정보가 없더라도 말이다. 그리고 원래 기능인 화살표는 정작 인지하지도 못할 것이다. 이러한 것이 바로 터치 인터페이스에 대한 관습이다.

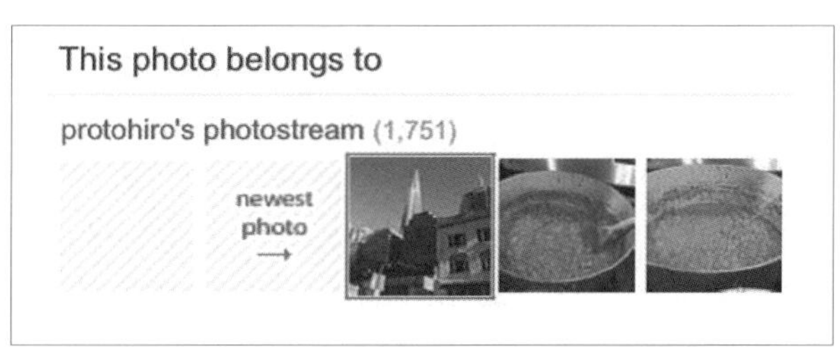

[그림 9.2] 아이패드에서 보여지는 사진 리스트에 대한 컨트롤

제스처를 사용하면 좋은 이유가 사용자 기대 외에 또 다른 것이 있다. 바로 사용하기 쉽다는 것이다. 예를 들어 달리는 지하철에서 작은 모바일 기기의 화살표를 손가락(특히 엄지손가락)으로 터치하기는 매우 어려운데 스와이프를 하기는 너무 쉽다. 그것은 스와이프 동작의 인지 범위가 매우 크기 때문이다.

추가 기능으로서 제스처 

제스처가 훌륭하다는 것은 의심의 여지가 없다. 다만 그것이 항상 모든 이에게 유용하지는 않다는 점을 고려해야 한다. 윈도폰 7의 IE9.0과 같은 몇몇 브라우저는 제스처를 지원하지 않는다. 그리고 어떤 사람들은 제스처를 좋아하지 않거나 심지어 그것을 사용할 수조차 없다. 예를 들어 모바일 스크린 리더(mobile screen reader)를 사용하는 사람들은 제스처를 사용할 수 없기 때문에 스와이프 역시 의미가 없다. 따라서 제스처를 사용할 수 없는 사람들을 생각한다면 기본적인 인터페이스를 모두 구현한 다음 추가 기능으로 제스처를 덧붙이는 것이 가장 합리적인 방법이다. 이러한 접근은 웹 개발자들에게 점진적인 강화(progressive enhancement)로 알려져 있다.

단계를 적용한 구현

넷스케이프 1 이후로 웹 개발자들은 새로운 기술을 적용하는 데 어려움을 겪어왔다. 브라우저가 다양해지면서 새로운 기술을 동시에 지원하지 않는 경우가 많았기 때문이다. 사용자가 어떤 브라우저를 사용할지 모르기 때문에 모든 브라우저가 지원하지 않는 기술은 사용하기 힘들었다. 이에 대한 대안으로 점진적인 강화가 제안되었는데 새로운 기술을 아예 사용하지 않는 것보다는 훨씬 좋은 방법이었다. 점진적인 강화는 앞서 설명했듯이 레이어별로 기능을 구현한 다음 브라우저에서 레이어에 맞는 기능을 사용하는 것이다. 물론 기본 레이어에는 모든 브라우저에서 동작하는 기능이 있기 때문에 사용자가 기능 자체를 사용하지 못하는 일은 발생하지 않는다.

점진적인 강화는 2003년에 처음 소개되었다. 그 당시 CSS와 자바스크립트는 동작을 보장받지 못하고 있었다. 이 때문에 CSS와 자바스크립트는 최상위 레이어에 존재했으며 만약 CSS와 자바스크립트가 실패하면 해당 브라우저에서 동작 가능한 하위 레이어가 수행되었다.

터치 인터페이스에서 제스처는 최상위 레이어에 위치하고 있다. 제스처가 최상위 레이어에 있어야만 의존성 문제를 조금이나마 줄일 수 있다. 다음 단락에서 레이어 구성에 맞는 제스처를 구현하는 방법에 대해 알아본다.

02 SECTION
점진적으로 강화되는 터치 컨트롤러 만들기

아이폰에서 사용자들이 켰다 껐다 할 수 있는 현관 등에 대한 웹 인터페이스를 만들어보자. 보다 많은 브라우저에서 사용할 수 있도록 점진적인 강화를 염두에 두고 컨트롤러를 만들 것이다. 가장 기본적으로 이 인터페이스는 현관 등이 켜졌는지 꺼졌는지의 상태를 보여주어야 한다.

✤LISTING 9.1 전원 스위치 만들기

```
<h1>A Simple Switch</h1>
<h2>Power: <span id="status">OFF</span></h2>
<form action="/power">
        <label for="power">Power:</label>
        <!-- 여기 DIV들은 아직 아무것도 하지 않음 -->
        <div class="switchwrap">
                <div class="switch">
                </div>
                <input type="checkbox" id="power" />
        </div>
        <p><input type="submit" value="Submit" /></p>
</form>
```

/power submit을 처리할 수 있는 서버코드가 있다고 가정하자. CSS에서는 마크업 안의 〈div〉 태그를 아름다운 작은 스위치로 바꿔주고 삽입 버튼은 숨겨서 화면에 보이지 않도록 하자(Listing 9.2).

✤LISTING 9.2 전등 스위치 CSS

```
body {
        font-family: sans-serif;
        background: #ccc;
}
/* 그래디언트(gradients) */
.switchwrap{
        /* clarity를 생략한 크로스(cross) 브라우저 버전 */
        background: linear-gradient(to bottom, #cccccc 0%,#eeeeee 100%);
}
.switchwrap .switch {
```

```css
/* clarity를 생략한 크로스 브라우저 버전 */
background: linear-gradient(to bottom, #b8e1fc 0%,#a9d2f3 10%,
→ #90bae4 25%,#90bcea 37%,#90bff0 50%,#6ba8e5 51%,#a2daf5 83%,
→ #bdf3fd 100%);
}

form {
        text-align: center;
        width: 150px;
        position: relative;
        margin:auto;
        font-size:18px;
}

input {
        font-size: 18px;
}

/* js class는 자바스크립트가 사용 가능할 때만 작동하게 만든다. */
.js .switchwrap {
        position: relative;
        width: 150px;
        height:30px;
        margin:auto;
        box-shadow: inset 1px 1px 3px #000, inset -1px -1px 3px rgba(0,0,0,0.3);
        border-radius: 25px;
        overflow: hidden;
}

.js .switchwrap .switch {
        position: absolute;
        top:0;
        left:0;
        font-size: 12px;
        width: 28px;
        height: 28px;
```

```css
        border: 1px solid #333;
        border-radius: 25px;
        box-shadow: 1px 1px 2px rgba(0,0,0,0.5), inset 1px 1px 1px rgba
        ↳ (255,255,255,0.6);
}

/* 사용자가 컨트롤러를 사용할 수 있도록 삽입 감추기 */
.js .switchwrap #power{
        position: absolute;
        top:0;
        left:-1000px;
}
```

.js 클래스가 존재하기 때문에 위 기능은 드물기는 하지만 자바스크립트를 지원하지 않는 브라우저에서는 동작하지 않는다. 페이지 상단에 다음과 같이 클래스를 추가하는 짧은 코드를 삽입하면 이런 스타일들을 활성화할 수 있다.

```html
<script type="text/javascript">document.body.className = "js";</script>
```

지금까지의 전등 스위치는 그림 9.3과 같다. 현재 어떠한 동작도 되지 않기 때문에 클릭으로 스위치를 토글할 수 있는 간단한 스크립트가 필요하다(Listing 9.3).

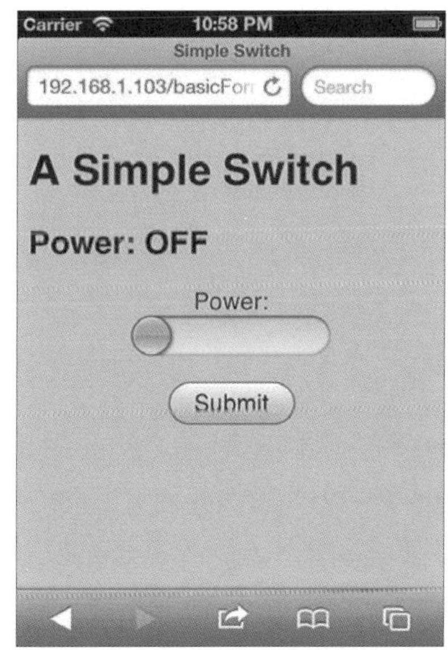

[그림 9.3] 전등 스위치

```
var isOn = false;

var $ = function(selector) {
        return document.querySelector(selector);
}

function turnOn() {
        $('#status').innerHTML = 'ON';
        isOn = true;
}

function turnOff() {
        $('#status').innerHTML = 'OFF';
        isOn = false;
}

var theSwitch = $('.switch');

theSwitch.addEventListener('click', function(e) {
        if(isOn) {
                theSwitch.style.left = '0px';
                turnOff();
        } else {
                theSwitch.style.left = '119px';
                turnOn();
        }
});
```

이제 인터페이스가 동작된다. 우리는 전등을 켜고 끌 수 있으며 현재 상태도 볼 수 있다. 그리
나쁘지 않다. 하지만 터치 디바이스라는 점을 감안하면 뭔가 부자연스럽다. 클릭 대신 터치
인터페이스에 어울리는 무언가로 대체해 줘야 한다. 데스크톱이라면 문제없겠지만 터치 디
바이스에서 클릭은 자연스럽지 않기 때문에 대신 스와이프(swipe)를 사용해 보기로 하자.

터치 이벤트를 사용하기 위해서는 4개의 중요 이벤트들을 리슨해야 한다. 중요 이벤트들은 다음과 같다. touchstart, touchmove, touchcancel, touchend.

스와이프를 사용하기 위해 먼저 touchstart가 발생한 이후 손가락을 얼마나 이동했는지를 알아보고 전등을 켤 만큼 충분히 이동했는지를 판별한다. 그리고 충분히 이동했다면 전등을 켜짐으로 변경한다.

4개의 이벤트를 추가하는 가장 간단한 방법은 switch와 if문을 사용하여 4개의 모든 이벤트를 하나의 함수에서 처리하는 것이다(Listing 9.4).

❖LISTING 9.4 터치 이벤트 리스닝

```
var TRANSITION_END = 'webkitTransitionEnd',
        TRANSITION_CSS = '-webkit-transition',
        TRANSFORM_CSS = '-webkit-transform',
        TRANSFORM = 'webkitTransform',
        TRANSITION = 'webkitTransition';


// prefix 불필요
if(document.body.style.transform) {
        TRANSITION_END = 'transitionend';
        TRANSITION_CSS = 'transition';
        TRANSFORM_CSS = 'transform';
        TRANSFORM = 'transform';
        TRANSITION = 'transition';
}


var l = $('form').offsetLeft;


var startLeft;


function handleTouch(e) {
```

```javascript
switch(e.type) {
    case 'touchstart':


        break;
    case 'touchmove':


        break;
    case 'touchcancel':


        break;
    case 'touchend':


        break;
    }
}
```

손가락 위치를 계산하려면 먼저 시작점을 알고 있어야 한다. 이 경우에는 폼(form)의 맨 왼쪽임을 간단히 알 수 있는데, offsetLeft 프로퍼티를 이용해 값을 구한다. 그런 후 제스처의 궤적을 계속 추적해 간다. 이 코드는 API를 정규화하는 데 도움을 준다.

하나의 함수에서 모든 이벤트를 처리하는 또 다른 이유는 이벤트를 처리하는 부분이 서로 연관되어 있기 때문이다. 비록 4개의 이벤트로 나눠져 있지만 실제로는 제스처의 시작, 중간, 끝으로 구분되는 하나의 동작이라 할 수 있다. touchstart가 발생하면 제스처의 시작 값을 저장하며 이는 나중에 발생하는 이벤트에 대한 액션을 처리할 때 사용된다. touchmove 이벤트 때에는 사용자에게 피드백을 주기 위해 화면에 변경 사항을 반영해 주고 제스처가 얼마나 진행되었는지를 체크한다. 마지막으로 touchend에는 제스처 과정을 정리하고 스냅백(snap-back) 애니메이션의 수행 여부를 판별한다.

이 위젯은 사용자에게 실제 스위치와 같은 느낌을 주기를 원한다. 실제 느낌을 주려면 손가락에 의해 스위치가 작동하는 것이 가장 좋은 방법인데 이를 위해 스위치 자체가 손가락의 작은 움직임에도 민감하게 반응해야 한다. 사용자들은 사용하기 전에 미리 작은 테스트를 통해 터치 인터페이스의 사용이 가능한지 확인하려 하기 때문이다.

이를 위해 touchmove 이벤트에서 손가락의 움직임에 따라 스위치가 변화되도록 할 것이다. 이러한 변화를 매우 빈번하게 발생시켜 손가락 밑에 항상 스위치가 있게 만든다(Listing 9.5).

✽LISTING 9.5 touchmove 핸들링

```
case 'touchmove':

        // l은 폼의 offsetLeft 값
        goTo = (e.touches[0].pageX - l);

        if(goTo < 119 && goTo > 0) {
                lastX = e.touches[0].pageX - l;

                // 위치 업데이트
                theSwitch.style[TRANSFORM] = 'translate3d(' +
                (e.touches[0].pageX - l) + 'px' + ',0,0)';
        }

        if(goTo > 60 && !isOn) {
                console.log('turn on');
                turnOn();
        } else if (goTo < 60 && isOn) {
                console.log('turn off');
                turnOff();
        }

        break;
```

move 이벤트가 발생할 때마다 스위치 위치를 변경하기 때문에 터치한 지점을 바탕으로 스위치의 위치를 매번 재계산한다. 그리고 스위치 위치가 지정 범위 안에 있는지를 확인한다 (그렇지 않으면 스위치가 엉뚱한 곳에 있을 것이기 때문이다). 계산한 위치가 정상적이라면 3D 트랜스폼을 이용해 스위치를 변경한다. 그리고 변경된 부분이 한계치를 넘었는지 확인해서 만약 넘었다면 스위치를 토글한다.

스냅핑 백(SNAPPING BACK)

스냅핑 백은 제스처를 일단 시작했지만 한계치를 넘을 만큼 움직이지는 않아서 의도했던 동작을 실행하지 않음을 말한다. 이럴 경우 순식간에 원래 형태로 돌아오는 게 아니라 되돌아가는 애니메이션을 실행한다. 이 동작을 부드럽게 만들기 위해 이즈-아웃 함수를 트랜지션에 적용한다. 지속 시간이 상수이기 때문에 고무줄처럼 빠르게 원래 있던 곳으로 돌아간다 (Listing 9.6).

❖LISTING 9.6 touchend 핸들링

```
case 'touchcancel':
// touchend에서 처리한다. 로직은 같다.
case 'touchend':
        if(lastX > 60) {
                endPoint = 119;
        } else {
                endPoint = 0;
        }

        theSwitch.style[TRANSITION] = TRANSFORM_CSS + ' .1s ease-out';
        theSwitch.style[TRANSFORM] = 'translate3d('+endPoint+'px,0,0)';
        break;
```

touchcancel 이벤트는 제스처가 무언가로부터 인터럽트를 당했을 때 발생한다. 이런 경우 제스처가 끝난 것으로 간주하기 때문에 touchcancel은 touchend에서 처리한다. 이제 이 위젯은 어색함을 많이 벗어나서 진짜 스위치와 거의 흡사하게 동작하게 되었다.

NOTE ▾

지금까지는 스와이핑(swiping)에 대한 간단한 예제였다. 인터페이스로 제스처만 제공하는 또 다른 일반적인 사용을 라이트박스(lightbox)를 통해 알아본다.

터치 라이트박스 만들기

SECTION 03

2005년에 오리지널 lightbox.js가 나온 이후로 라이트박스 위젯은 웹에서 표준이 되었다. 라이트박스는 큰 이미지를 보여주기 위해 modal dialog box를 생성한다. 그리고 보통 좌우에는 슬라이드를 넘기기 위해 〈이전(previous)〉 또는 〈다음(next)〉과 같은 버튼이 있다. 아마도 아이폰에 있는 포토 브라우저에서 영향을 받았을 거라고 생각되는데 모바일용 라이트박스는 그것과 비슷한 제스처를 지원한다.

버드 파운데이션(bird foundation)에 있는 내 친구는 캘리포니아 허밍버즈(hummingbirds)에 터치 인터페이스용 라이트박스 기능이 추가되기를 바랐다.

모바일 기기에서 라이트박스가 꽤 흔해졌기 때문에 사용자들은 라이트박스가 좀더 빠르게 동작하기를 원한다. 그러나 가장 중요한 점은 라이트박스가 손가락으로 움직인다는 것이다. 제스처를 멈추었을 때 슬라이드는 다음 위치로 가 있든지 아니면 원래 위치로 되돌아와야 한다.

네이티브 제스처 불가능하게 만들기

라이트박스는 사용자들이 사진을 가능한 최대로 보기 원하기 때문에 화면 전체를 차지한다. 이러한 종류의 인터페이스를 생성할 때는 정확한 위치를 정하는 것이 원활한 작업을 위한 중요한 요소인데, 그 이유는 사용자가 핀치(pinch) 줌과 같은 원래 있는 제스처를 실행해서

인터페이스의 크기를 변경해 버리면 라이트박스 인터페이스가 이상하게 깨지기 때문이다. 이를 방지하기 위해 viewport 메타 프로퍼티에 몇 가지 값을 추가한다.

NOTE ▾

핀치 제스처를 제공하는 올바른 방법은 자바스크립트를 통해 해당 제스처를 재정의해 주는 것이다. 'Part 11 핀칭(Pinching)과 다른 복잡한 제스처'에서 핀치에 대해 다룰 것이다.

```
<meta name="viewport" content="width=device-width,initial-scale=1.0, →
maximum-scale=1.0,user-scalable=no">
```

섬네일 HTML 만들기

다음으로 정렬되지 않은 섬네일 리스트를 포함한 〈div〉를 생성한다. 그리고 슬라이드를 보여줄 수 있는 충분한 정보들이 라이트박스에 있는지 확인하기 위해 데이터(data) 프로퍼티를 사용할 것이다.

섬네일이 확대되었을 때를 위해 data-full-width 값과 data-full-height 값을 포함한다. 이러한 값들은 이미지를 fetch할 때 가져와야 하지만 여기서는 좀더 빠르게 동작시키기 위해 서버의 라운드트립(round-trip)을 기다리지 않고 미리 정해진 값으로 슬라이드를 만든다 (Listing 9.7).

❀LISTING 9.7 섬네일 마크업 정의

```
<ul>
<li> <!-- 각 섬네일은 다음과 같다. -->
        <a class="slidelink" href="http://www.flickr.com/photos/steveberardi/
    → 7819216372">
                <img data-flickr-url="http://www.flickr.com/photos/steveberardi/
            → 7819216372"
```

```
                    alt="Black-Chinned Hummingbird"
                    data-full-height="495"
                    data-full-width="640"
                    src="http://farm9.staticflickr.com/8287/7819216372_f189440d20_q.jpg"
                    height="75" width="75">
            </a>
    </li>
    <!-- 추가적인 섬네일들은 같은 포맷을 가진다. -->
    </ul>
```

섬네일 스타일링

다음은 섬네일을 좀더 예쁘고 화려하게 만드는 과정이다(Listing 9.8).

❉LISTING 9.8 라이트박스 스타일 사용하기

```
html {
        background: #f1eee4;
        font-family: georgia;
        color: #7d7f94;
}

h1 {
        color: #ba4a00;
}

.welcome {
        text-align: center;
        text-shadow: 1px 1px 1px #fff;
}
```

```css
.welcome h1 {
        font-size: 20px;
        font-weight: bold;
}
.welcome {
        -webkit-box-sizing: border-box;
        -moz-box-sizing: border-box;
        box-sizing: border-box;
        margin:5px;
        padding:10px;
        box-shadow: 2px 2px 5px rgba(0,0,0,0.5);
        border-radius: 5px;
}

.carousel {
        margin:5px;
}

.carousel ul li {
        height: 70px;
        width: 70px;
        margin: 5px;
        overflow: hidden;
        display: block;
        float: left;
        border-radius: 5px;
        box-shadow: 1px 1px 2px rgba(0,0,0,0.5), -1px -1px 2px rgba(255,255,255,1);
}

.slidelink {
        display: inline-block;
        height: 75px;
        width: 75px;
}
```

```css
/* 페이지를 회색으로 채운다. */
.slidewrap {
        position: absolute;
        width: 100%;
        overflow: hidden;
        top: 0px;
        bottom: 0px;
        left:0px;
        right:0px;
        background: #444;
        display: none;
}

/* 슬라이드를 viewport에 맞게 조정한다. */
.slide {
        width:100%;
        height:200px;

        position:absolute;
        text-align: center;
        top:40px;
        left:0px;
}

/* 슬라이드의 시작 지점
   inline 스타일은 많은 부분이 아래 내용으로 교체 */
.slide div {
        display: inline-block;
        height:100px;
        width:100px;
        background-size:100%;
        background-repeat:no-repeat;
}

.slide .caption {
```

```css
        display: block;
        position: absolute;
        text-align: left;
        top: 0px;
        left: 0px;
        width:150px;
        height:25px;
        background:rgba(0,0,0,0.5);
}

.slide .caption a {
        color: #fff;
        text-decoration: none;
        font-family: sans-serif;
}

.controls {
        font-family: arial;
        font-size: 28px;
}

.controls a {
        color: #fff;
        text-decoration: none;
}
```

꾸며진 결과물은 그림 9.4에서 볼 수 있다.

[그림 9.4] 섬네일 화면

기본적인 라이트박스 만들기 

- 라이트박스를 만들기 위해 필요한 자바스크립트 작업은 다음과 같다.
- 라이트박스에 대한 데이터 수집 및 초기화
- 라이트박스 숨기기 및 다시 보여주기
- 그 외 부가적인 라이트박스 HTML 코드 만들기(〈이전〉 버튼, 〈다음〉 버튼, 회색 백그라운드)
- 슬라이드 만들기
- 터치 이벤트 핸들링

이러한 기능들이 애플리케이션이 아니라 위젯에서 동작하기 때문에 우리는 별도의 데이터 레이어를 구성할 필요가 없다. 위젯에 필요한 모든 데이터는 DOM으로부터 가져온다.

브라우저 정규화

작업을 시작하기 전에 앞으로 구현할 기능들이 모든 브라우저에서 동작하도록 몇몇 코드를 추가한다(Listing 9.9). 다만 IE10.0은 여기서 잠시 제외하고 Part 10에서 다루기로 한다.

```
function $(selector) {
        return document.querySelector(selector);
}


var TRANSITION  = 'transition',
        TRANSFORM = 'transform',
        TRANSITION_END = 'transitionend',
        TRANSFORM_CSS = 'transform',
        TRANSITION_CSS = 'transition';

if(typeof document.body.style.webkitTransform !== undefined) {
        TRANSITION = 'webkitTransition';
        TRANSFORM = 'webkitTransform';
        TRANSITION_END = 'webkitTransitionEnd';
        TRANSFORM_CSS = '-webkit-transform';
        TRANSITION_CSS = '-webkit-transition
}
```

유용한 함수들

-webkit-transform과 translate3d를 계속 입력하는 대신 이를 대체할 수 있는 몇 가지 유용한 함수를 만들어보자(Listing 9.10).

❖LISTING 9.10 라이트박스 유틸리티 함수 만들기

```
function setPosition(node, left) {
        node.style[TRANSFORM] = "translate3d("+left+"px, 0, 0)";
}


function addTransitions(node){
        node.style[TRANSITION] = TRANSFORM_CSS + ' .25s ease-in-out';
```

```
        node.addEventListener(TRANSITION_END, function(e){
                window.setTimeout(function(){
                        e.target.style[TRANSITION] = 'none;'
                }, 0)
        })
}

function cleanTransitions(node){
        node.style[TRANSITION] = 'none';
}
```

라이트박스 위젯은 사용자의 직접적인 요청과 상관없이 페이지가 처음 로딩되면 초기화된
다. 초기화 자체는 매우 가벼운 동작이기 때문에 사용자가 섬네일을 보는 데 별다른 영향을
끼치지 않으며 오히려 라이트박스를 빠르게 시작할 수 있기 때문에 반응이 더 빠르다는 느
낌을 줄 수 있다.

초기화

위젯이기 때문에 생성자 형태로 구현한다. 만약 다시 사용하려면 셀렉터를 생성자에게 넘겨
주면 된다(Listing 9.11).

❀LISTING 9.11 라이트박스 생성자

```
function Lightbox (selector) {

        var containerNode = $(selector),
                wrapper,
                chromeBuilt,

                currentSlide = 0,
                slideData =[],

                boundingBox = [0,0],
```

```
        slideMap = {};

    // init을 즉시 호출
    init();

    return {

        show: show,
        hide: hide
    };

}
```

이 생성자는 객체를 리턴하는데 이러한 방식으로 개인적으로 사용하는 내부 함수를 숨길 수 있다. 이렇게 간단한 인터페이스만 노출시키면서 사용자들이 이 위젯을 사용할 수 있다.

생성자 안에서 init 함수를 호출하는 것에 대해 살펴보자. init 함수 호출은 생성자 밖에서 해도 상관없지만 생성자 안에서 init 함수를 호출하면 보다 명료한 의미를 가질 수 있다. 그리고 이렇게 같은 의미를 가진 부분들을 하나의 함수에 모아놓으면 리팩토링에 도움이 된다.

init 함수는 모든 li 노드를 찾는다. 그리고 섬네일을 찾아서 slideData 배열에 정보를 저장한다. 이 배열은 슬라이드 쇼 기능에 필요한 모든 정보를 담고 있다. 그러나 배열을 사용하면 라이트박스를 실행할 때 맞는 슬라이드를 찾기 위해 배열 전체를 검색하기 때문에 약간의 지연이 발생할 수 있다. 따라서 보다 빠르게 동작하기 위해 슬라이드맵(slideMap)을 사용한다. 슬라이드맵을 사용하면 배열 전체를 검색하지 않고도 원하는 슬라이드 객체를 불러올 수 있다(Listing 9.12).

❄**LISTING 9.12 라이트박스 초기화**

```
function init(){
    var slides = containerNode.querySelectorAll('li');
    var thisSlide, thisImg;
```

```javascript
    for (var i=0; i < slides.length; i++) {
            thisSlide = {}, thisImg = slides[i].querySelector('img');

            // flickr의 섬네일 이미지를 큰 "Z" 사이즈 이미지로 교체
            thisSlide.url = thisImg.getAttribute('src').replace(/_s|_q/, '_z');

            thisSlide.height = thisImg.getAttribute('data-full-height');
            thisSlide.width = thisImg.getAttribute('data-full-width');
            thisSlide.link = slides[i].querySelector('a').href;

            // 슬라이드맵에 추가
            slideMap[thisSlide.link] = slideData.push(thisSlide) - 1;
            thisSlide.id = slideMap[thisSlide.link];
        }
}
```

이제 라이트박스를 사용할 준비가 되었다. 나머지 초기화 부분은 show 함수에서 다룬다 (Listing 9.13).

❋LISTING 9.13 라이트박스 보여주기

```javascript
function show(startSlide){
    if(!chromeBuilt){
            buildChrome();
            attachEvents();
    }
    wrapper.style.display = 'block';
    boundingBox = [ window.innerWidth, window.innerHeight ];

    goTo(slideMap[startSlide]);
    attachTouchEvents();
}
```

buildChrome 함수는 라이트박스를 위한 HTML 랩퍼(wrapper)를 만든다. 그리고 chromeBuilt를 true로 설정해서 사용자가 라이트박스를 숨기거나 보여줄 때 라이트박스 크롬(chrome)을 매번 만들지 않는다. 템플릿 함수를 만들기는 하겠지만 매우 간단하기 때문에 진짜 템플릿 언어는 사용하지 않는다(Listing 9.14).

❄LISTING 9.14 크롬 콘텐츠 만들기

```javascript
var wrapperTemplate = function(){
        var div = document.createElement('div');
        div.innerHTML = '<div class="controls">'+
        '<a class="prev" href="#">prev</a> | '+
        '<a class="next" href="#">next</a></div>'+
        '</div>';
        div.className = "slidewrap";
        return div;
}


function buildChrome(){
        wrapper = wrapperTemplate();
        document.body.appendChild(wrapper);
        boundingBox[0] = wrapper.getAttribute('offsetWidth');
        chromeBuilt = true;
}
```

크롬 만들기의 마지막 과정은 이전과 다음 링크에 이벤트 핸들러를 연결하는 것이다(Listing 9.15).

✿LISTING 9.15 클릭 핸들링

```javascript
function handleClicks(e){
        var target = e.target;

        // prevent default는 필요할 때만 호출되며 이를 통해 클릭이 동작하는 것을 방지한다.
        if(target.className == 'next') {
                e.preventDefault();
                goTo(currentSlide + 1);
        } else if(target.className == 'prev'){
                e.preventDefault();
                goTo(currentSlide - 1);
        } else if (target.className != 'flickr-link') {
                e.preventDefault();
                hide();
        }
}


function attachEvents(){
        wrapper.addEventListener('click', handleClicks);
}
```

이제 라이트박스를 위한 모든 준비가 끝났다. show 함수에서 goTo()를 호출하면 시작 슬라이드가 로딩될 것이다. 이 함수는 파라미터에 정의된 슬라이드를 보여주지만 약간 느릴 수도 있다.

NOTE ▾

모두 소문자인 goto를 함수 이름으로 사용해서는 안 된다. goto는 자바스크립트에서 예약어 중 하나이다.

라이트박스를 시작하면 클릭했던 슬라이드는 viewport에 있고, 이전 슬라이드는 왼쪽에, 다음 슬라이드는 오른쪽에 있다. 여기서 〈다음〉 버튼을 클릭(또는 스와이프)하면 현재 슬라이드는 왼쪽으로 움직이고 다음 슬라이드가 현재 위치로 온다(그림 9.5).

[그림 9.5] 라이트박스 안의 슬라이드

랩퍼에서 사용했던 템플릿 방식을 다시 적용하여 슬라이드 템플릿을 만들어본다. 이 함수는 init 함수에서 만든 슬라이드 데이터 객체를 인자로 받는다(Listing 9.16).

❋LISTING 9.16 슬라이드 템플릿 만들기

```
function slideTemplate(slide){
    var div = document.createElement('div');
    div.className = 'slide';
    div.innerHTML = '<div style="background-image:url('+slide.url+')">'+
    '<div class="caption"><a class="flickr-link" href="'+slide.link+'">
    → By '+slide.owner+' on Flickr</a></div>'+
    '</div>';
    return div;
}
```

이미지 렌더링 작업에 GPU를 이용하기 위해 〈img〉 대신 〈div〉를 사용하기로 한다(이 방법은 'Part 07 CSS 트랜지션, 애니메이션, 그리고 트랜스폼'에서 논의했다). 이 방식을 이용하면 성능을 향상할 수 있을 뿐 아니라 메모리 사용량도 줄일 수 있다.

buildSlide 함수는 이전 다른 함수보다 약간 더 복잡하다. 슬라이드 데이터를 슬라이드 템플릿에 넣는 것 외에 슬라이드가 viewport에 맞는지도 확인해야 한다. 이미지가 사용 가능한 공간보다 얼마나 큰지 알기 위해 스케일팩터(scaleFactor)를 사용한다. 만약 슬라이드에 맞지 않다면 알맞은 크기로 조정된 다음 DOM에 덧붙여진다(Listing 9.17).

❀LISTING 9.17 슬라이드 만들기

```javascript
function buildSlide (slideNum) {

        var thisSlide, s, img, scaleFactor = 1, w, h;

        // 데이터가 없으면 슬라이드를 만들지 않음
        if(!slideData[slideNum] || slideData[slideNum].node){
                return false;
        }

        thisSlide = slideData[slideNum];
        s = slideTemplate(thisSlide);

        img = s.querySelector('div');

        // 이미지가 너무 커서 크기를 조정
        // (Init 함수에서 미리 저장해 놓은 bounding box 데이터를 사용)
        if(thisSlide.width > boundingBox[0] || thisSlide.height > boundingBox[1]){

                if(thisSlide.width > thisSlide.height) {
                        scaleFactor = boundingBox[0]/thisSlide.width;
                } else {
                        scaleFactor = boundingBox[1]/thisSlide.height;
                }
```

```
                w = Math.round(thisSlide.width * scaleFactor);
                h = Math.round(thisSlide.height * scaleFactor);
                img.style.height = h + 'px';
                img.style.width = w + 'px';
        }else{
                img.style.height = thisSlide.height + 'px';
                img.style.width = thisSlide.width + 'px';
        }

        thisSlide.node = s;
        wrapper.appendChild(s);
        setPosition(s, boundingBox[0]);
        return s;
}
```

슬라이드 움직이기 

goTo 함수는 요청 슬라이드와 인접 슬라이드를 특정 위치로 이동시키는 일을 한다. 요청 슬라이드가 이전 혹은 다음 슬라이드가 아니라면 애니메이션을 시작하기 전의 처음 슬라이드 위치로 이동한다(Listing 9.18).

❈LISTING 9.18 goTo 함수 사용

```
function goTo(slideNum){

        var thisSlide;

        // 실패 시 현재 슬라이드로 되돌아감
        if(!slideData[slideNum]){
                goTo(currentSlide);
```

```javascript
    }

    if(Math.abs(currentSlide - slideNum) !== 1 &&
    slideData[currentSlide] && slideData[currentSlide].node){
            // 인접 슬라이드가 아니라면 새 슬라이드로 등록
            setPosition(slideData[currentSlide].node,
            (slideNum < currentSlide) ? boundingBox[0] : 0 - boundingBox)
    }

    thisSlide = slideData[slideNum];

    // 인접 슬라이드 만들기
    buildSlide(slideNum);
    buildSlide(slideNum + 1);
    buildSlide(slideNum - 1);

    // 슬라이드 전환 애니메이션
    if(thisSlide.node){
            addTransitions(thisSlide.node);
            setPosition(thisSlide.node, 0);
    }

    // 이전 슬라이드로 이동, 애니메이션 동작
    if(slideData[slideNum - 1] && slideData[slideNum-1].node){
            addTransitions(slideData[slideNum - 1 ].node);
            setPosition( slideData[slideNum - 1 ].node , (0 - boundingBox[0]) );
    }

    // 다음 슬라이드로 이동, 애니메이션 동작
    if(slideData[slideNum + 1] && slideData[slideNum + 1].node){
            addTransitions(slideData[slideNum + 1 ].node);
            setPosition(slideData[slideNum + 1 ].node, boundingBox[0] );
    }

    currentSlide = slideNum;
}
```

이제 라이트박스가 거의 완성되었다. 이전 또는 다음 슬라이드로 이동할 수도 있고 슬라이드를 숨기거나 보이게 할 수도 있다. 그리고 처음 또는 마지막 슬라이드에 다다르면 그레이아웃(gray out) 효과 등으로 사용자에게 알려주는 게 좋을 것 같다. 이 라이트박스는 데스크톱과 터치 디바이스에서 모두 사용 가능하다.

제스처 추가하기 

대부분의 터치 디바이스는 기본적으로 포토 뷰어를 내장하고 있다. 이런 다양한 앱들은(원래는 아이폰 사진 앱에서 유래했지만) UI 관습 같은 것을 만들었는데, 사진을 왼쪽으로 스와이프하면 다음 슬라이드가 나오는 것이다. 이 동작은 매우 단순해서 제스처를 실행하면 다음 사진을 보여줄 뿐 사용자에게 어떠한 피드백을 주지는 않는다.

어떠한 방식으로든 사용자에게 피드백을 주는 것이 좋기 때문에 좀더 추가해 보기로 하자. 사용자가 스와이프를 할 때 손가락이 움직인 만큼 이전 또는 다음 슬라이드를 부분적으로 보여준다. 그리고 사진이 움직일 때 해당 인터페이스를 조작하고 있다는 것을 보여주기 위해 일종의 환영(illusion)을 보여준다(그림 9.6).

[그림 9.6] 슬라이드 스와이핑

리스닝 터치 이벤트

터치 이벤트를 지원하는 많은 라이브러리가 있지만 필자는 일반적으로 그것의 사용을 권장하지는 않는다. 터치 이벤트를 핸들링할 때 엘리먼트 역시 제스처에 의해 업데이트되기 때문에 그 어떤 부분에 어떤 방식으로든 지연이 발생할 수 있다. 그리고 이러한 지연은 사용자에게 애플리케이션이 느리다는 느낌을 가지게 한다. 그리고 간접적인 레이어를 추가하는 것은 무조건 성능에 영향을 미칠 수밖에 없다. 라이브러리 사용을 추천하지 않는 것은 이러한 연유에서다.

인터페이스가 전체 화면을 모두 차지하고 있기 때문에 단순히 슬라이드의 터치 이벤트만 리슨하지는 않는다. 실제로 사용자가 터치 타깃을 힘들게 찾아서는 안 되기 때문에 DOM의 root 노드의 터치 이벤트를 리슨하기로 한다 — 스크린 어디에서나 스와이프가 동작한다. 그리고 이전 예제처럼 모든 터치 이벤트를 하나의 함수에서 핸들링하기로 한다(Listing 9.19).

✿LISTING 9.19 터치 이벤트 붙이기

```
function attachTouchEvents() {

        var bd = document.querySelector('html');
        bd.addEventListener('touchmove', handleTouchEvents);
        bd.addEventListener('touchstart', handleTouchEvents);
        bd.addEventListener('touchend', handleTouchEvents);

}
```

터치 이벤트 핸들링

제스처 동작 중 상태를 저장하기 위해 변수 3개를 사용한다. 이 변수들에는 제스처의 시작 포인트와 마지막 포인트가 있다(startPos와 endPos). Listing 9.20는 꽤 복잡하기 때문에 전체 코드에서 일부만 살펴보도록 한다. 함수의 모든 코드는 웹사이트에서 볼 수 있다.

touchstart 이벤트는 터치를 시작하면 발생한다. 그리고 제스처가 시작되는 지점으로 기록된다. 본격적인 처리를 하기 전에 기존에 남아 있는 트랜지션이 있는지 확인해서 제거해 주어야 한다. 그리고 새로운 트랜지션 스타일을 노드에 적용한다. 트랜지션이 적용되면 노드가 순식간에 바뀌지 않게 된다. 이로써 사용자 피드백 효과가 추가되었다.

```
// 왼쪽 또는 오른쪽으로 이동?
var direction = 0;

if(e.type == 'touchstart'){
        startPos = e.touches[0].clientX;
        lastPos = startPos;
        direction = 0;
        if(slideData[currentSlide] && slideData[currentSlide].node){
                cleanTransitions(slideData[currentSlide].node);
        }


        if(slideData[currentSlide + 1] && slideData[currentSlide + 1].node){
                cleanTransitions(slideData[currentSlide + 1].node);
        }


        if(slideData[currentSlide - 1] && slideData[currentSlide -1].node){
                cleanTransitions(slideData[currentSlide -1].node);
        }
}
```

touchmove에서 터치가 clientX를 따라 어느 정도 이동했는지를 체크한다. 그리고 그에 따라 현재 슬라이드도 그만큼 이동시킨다. 만약 슬라이드가 왼쪽으로 가면 다음 슬라이드를 보여주고 오른쪽으로 가면 이전 슬라이드를 보여준다. 이 방식에서 실제로 움직이는 슬라이드는 2개뿐이지만 마치 모든 슬라이드 열이 움직이는 것 같은 환영을 추가적으로 보여준다. 맵을 이용해 슬라이드 정보를 저장하면 DOM 읽기가 필요 없게 되며 오직 쓰기만 필요하다.

```
if(e.type == 'touchstart'){
/*..*/
} else if(e.type == 'touchmove'){
        e.preventDefault();
        // 만약 마지막 위치가 시작 위치보다 크면 제스처는 오른쪽으로 행해진 것이다.
```

```javascript
    if(lastPos > startPos){
        direction = -1;
    }else{
        direction = 1;
    }


    // 현재 보여지는 슬라이드를 이동하고 그 방향에 따라
    // 이전 슬라이드를 보여줄지 아니면 다음 슬라이드를 보여줄지 결정한다.
    if(slideData[currentSlide]){
        setPosition(slideData[currentSlide].node, e.touches[0].
            clientX
        → - startPos);
        if(direction !== 0 && slideData[currentSlide + direction]){
            if(direction < 0){
                setPosition(slideData[currentSlide +
                    direction].node,
                        (e.touches[0].clientX - startPos) -
                            boundingBox[0]);
            }else if(direction > 0){
                setPosition(slideData[currentSlide +
                    direction].node,
                        (e.touches[0].clientX - startPos) +
                            boundingBox[0]);
            }
        }
    }

    // 마지막 위치를 기록
    lastPos = e.touches[0].clientX;


}
```

터치를 끝내면 코드는 다음 과정을 진행할지 아니면 아무것도 하지 않을지를 결정한다. 만약 아무것도 하지 않기로 하면 슬라이드는 원래 있던 곳으로 되돌아가게 된다. 그리고 이때 사용자에게 슬라이드에 변화가 없다는 피드백을 준다. 만약 마지막 슬라이드를 쓸어넘기기 하면 슬라이드가 제스처 방향으로 움직이지만 다음 슬라이드가 없기 때문에 다시 원래 있던 곳으로 되돌아가게 된다. 이런 움직임은 사용자에게 인터페이스가 멈추지 않았으며 마지막 슬라이드이기 때문에 다음 슬라이드를 보여줄 수 없다는 것을 명백하게 알려준다(그림 9.7). 사실 이 기능은 이전 goTo 함수에서 구현했다. slideNum 값을 goTo 함수에게 전달하면 간단하게 재귀 처리한 뒤 동일 슬라이드에게 넘겨준다.

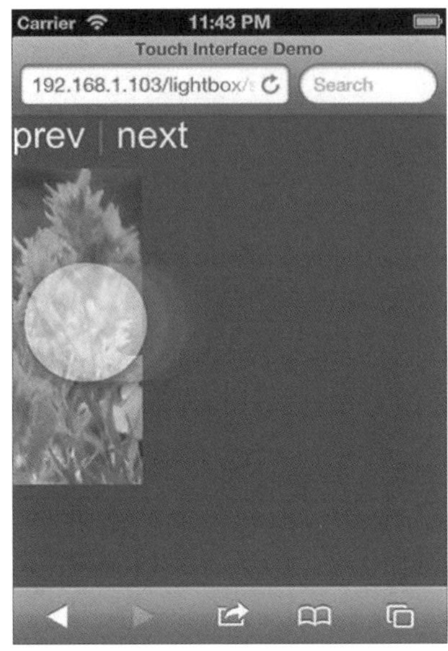

[그림 9.7] 슬라이드의 끝에 다다름

```javascript
else if(e.type == 'touchend'){
        if(lastPos - startPos > 50){
                goTo(currentSlide-1);
        } else if(lastPos - startPos < -50){

                goTo(currentSlide+1);
        }else{

                //스냅백
                addTransitions(slideData[currentSlide].node);
                setPosition(slideData[currentSlide].node, 0);

                if(slideData[currentSlide + 1] && slideData[currentSlide
                    + 1].node){
                        addTransitions(slideData[currentSlide + 1]);
                        setPosition(slideData[currentSlide + 1].node,
                            boundingBox[0]);
```

```
                }

                if(slideData[currentSlide - 1] && slideData[currentSlide
- 1].node){
                        addTransitions(slideData[currentSlide - 1]);
                        setPosition(slideData[currentSlide - 1].node, 0 -
boundingBox[0]);
                }

        }

}
```

라이트박스가 제스처 사용의 간단한 예제임에는 틀림없다. 그러나 항상 모든 일을 사용자에게 알려주어야 한다는 사실은 어느 제스처에나 동일하다. 사용자에게 인터페이스가 하는 일을 트랜지션이나 애니메이션을 통해 지속적인 피드백으로 제공해야 한다.

모바일 웹 인터페이스를 개발하다 보면 스와이프(swipe)를 많이 사용하는 것을 알 수 있다. 스와이프는 좋은 터치 인터페이스를 만드는 데 필수적인 제스처다. 사용자에게 많은 피드백을 제공하려 할수록 좋은 인터페이스를 만들 수 있을 것이다.

처음 예제에서 인터페이스를 보여주기만 했다면, 두 번째 예제에서는 사용자가 탭하기 전에 이미 처리되어야만 하는 작업에 대해 살펴보고 이러한 작업이 빠른 사용자 피드백을 구현하는 데 방해 요소가 아님을 확인할 수 있었다.

Part 10에서는 스와이프(swipe)에 대해 좀더 자세히 알아보고 스와이프의 친척뻘인 스크롤에 대해 살펴보겠다.

Part 09와 'Part 08 자바스크립트 성능 최대화하기'의 예제들을 참고해서 Flickr 검색 결과에 대해 스와이프를 사용해 볼 수 있는 위젯을 만들어라.

- 시작할 때 사진 리스트가 미리 설정되어 있어야 하며 리스트의 끝에 다다르면 스냅백이 되어야 한다.

- Flcikr API에서 더 이상 데이터를 주지 않을 때까지 계속해서 슬라이드를 변경할 수 있다.

- 오래된 노드를 제거할 수 있는 코드를 추가해서 한 페이지에 슬라이드가 3개 이상 존재하지 않는다.

스크롤링(scrolling)과 스와이핑(swiping)이 동작하지 않거나 느려지는 경우는 터치 인터페이스에서 거의 발생하지 않는다. 하지만 좀더 살펴보면 이 2가지 동작을 보다 가볍고 빠르게 만들 수 있다. 이곳에서는 이 2개의 동작과 윈도우 8의 IE10.0에서 터치 이벤트를 사용하는 방법에 대해 배워본다.

PART
10
스크롤링과 스와이핑

스크롤링

스크롤링은 가장 평범한 제스처이면서 동시에 가장 신경 쓸 필요 없는 제스처이기도 하다. 왜냐하면 스크롤은 페이지가 화면보다 작아지면 자연적으로 사라지기 때문이다. 그림 10.1 과 그림 10.2에서 이미지는 텍스트에 고정되어 스크롤되고 있다. 그리고 스와이프를 통해 페이지가 전환된다. 이러한 레이아웃에서 스크롤링은 더 이상 필요 없다.

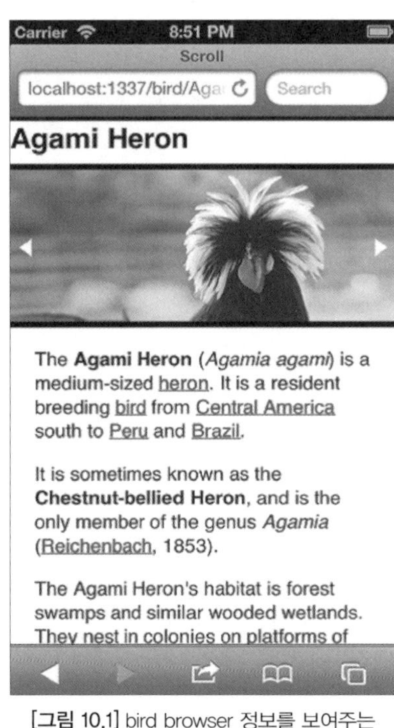

[그림 10.1] bird browser 정보를 보여주는 페이지에 대한 화면 설계서로 일반적인 새를 대표하는 사진으로 닭을 선택

[그림 10.2] 해당 인터페이스에서 스와이핑이 작동하는 방식

네이티브 스크롤링

대부분의 브라우저에서 스크롤링은 무리 없이 동작한다. 심지어 오래되어 성능이 느린 안드로이드에서도 스크롤링은 매끄럽게 동작한다. 그리고 사용자들은 이런 스크롤링이 어떻게 동작하는지 잘 알고 있으며 조금이라도 이상하면 금방 눈치챈다. 스크롤링 동작에 이상이 있다고 느끼면 사용자들은 이내 모든 사이트에 이상이 있을 거라고 의심하기 시작한다.

iOS 5+, 안드로이드 3+, 그리고 IE10.0에서 스크롤링을 구현하기는 그리 어렵지 않다. 데스크톱에서처럼 overflow:auto를 엘리먼트에 적용하면 된다(이 방법에서 발생하는 몇 가지 작은 이슈가 있는데 이것은 Part 10의 뒷부분에서 언급하기로 한다).

안드로이드 2.3.X에서는 overflow:auto처럼 개별적인 엘리먼트에 대한 스크롤링 기능을 기본적으로 지원하지 않는다. 이 점은 안드로이드 2.3.X가 2년 전 오퍼레이팅 시스템(Operating System)이란 것을 고려한다면 그리 이상한 일이 아니지만 문제는 구글에 따르면 안드로이드 사용자의 50%가 여전히 안드로이드 2.3.X를 사용하고 있다는 것이다.

따라서 모든 브라우저를 지원하기 위해 자바스크립트 사용을 피해야 하며 〈div〉를 사용하여 스크롤링을 구현하는 대신 고정된 위치(fixed position)를 이용해야 한다.

안드로이드에서 고정된 위치를 이용하기 위해 viewport의 메타 프로퍼티에 width=device-width와 user-scalable=no를 포함해야 한다(Listing 10.1).

✿LISTING 10.1 새 브라우저 마크업

```
<!-- 명료함을 위해 몇몇 헤드 콘텐츠 생략-->
<head>
<meta name="viewport" content="width=device-width, user-scalable=no">
</head>
<body>
<div class="view">

        <div class="slide">

                <div class="header">
```

```html
<h1 class="title">Acorn Woodpecker</h1>

<div class="hero">
    <div class="navigation">
            <a href="{{prev.path}}" title="Previous Bird"
                class="prev-link arrow">
                <span>◄</span>
            </a>
            <a href="{{next.path}}" title="Next Bird"

                class="next-link arrow">
                <span>►</span>
            </a></div>
        <img class="hero-img" src="/images/chicken.jpg">
    </div>

</div>
<div class="bd">
        <p>content...</p>
</div>

</div>

</div> </body>
```

이 예제에서 화살표를 표현하기 위해 UTF-8 캐릭터를 사용한 것을 볼 수 있는데 이런 방법
은 페이지의 용량을 줄이는 데 도움을 준다. 여기에 조금만 더 사용자를 배려한다면 화살표
가 무엇을 의미하는지 레이블을 추가하여 사용자가 화살표를 오해하지 않도록 하자. 레이
블을 추가하는 방법은 〈a〉 엘리먼트에 WAI-ARIA 레이블을 추가하면 된다. 예를 들어 aria-
label="next photo"는 이 표시가 단순한 삼각형이 아니라 다음 페이지로 갈 수 있는 링크라
는 것을 명확하게 알려준다. 마지막으로 CSS를 이용해 이 페이지가 다양한 스크린 사이즈에
맞도록 한다(Listing 10.2).

```css
body * {

        /* 좀 더 쉬운 수학 */
         -webkit-box-sizing:border-box;
         -moz-box-sizing:border-box;
        box-sizing:border-box;
}


body {
        font-family: sans-serif;
}


.header {
        height: 178px;
        position: fixed;
        overflow: hidden;
        width: 100%;
        top: 0;
        left: 0;
        border-bottom: 5px solid black;
        background: #fff;
}


.hero {
        display: block;
        position: relative;
        height: 85%;
        width: 100%;
        padding-top: 5px;
        text-align: center;
        background: #000;
}


/* 클릭/탭을 할 수 있는 사진 속 링크 */
```

```css
.navigation {
        position: absolute;
        top: 0px;
        left: 0px;
        width: 100%;
        height: 100%;
        padding: 0;
        margin: 0;
}

.navigation .arrow {
        color: #fff;
        text-decoration: none;
        position: absolute;
        height: 100%;
        width: 50%;
}

.navigation .arrow span {
        display: block;
        position: absolute;
        top: 40%;
        left: 5px;
}

.navigation .next-link {
        left: 50%;
}

.navigation .next-link span {
        left: auto;
        right: 5px;
}

/* 엘리먼트에 맞도록 이미지 사이즈 변경 */
.hero-img {
```

```css
        display: inline;
        max-height: 100%;
        max-width: 100%;
}

.title {
        border-top: 4px solid black;
        color: black;
        height: 40px;
        font-size: 24px;
        width: 100%;
        margin: 0;
        text-align: left;
}

/* 헤더를 위한 탑 마진 */
.bd {
        width: 100%;
        margin-top: 210px;
        padding: 0px 20px;
}
```

하이라이트가 된 부분이 이 레이아웃의 키포인트이다. 메인 콘텐츠가 헤더를 위해 충분히 탑 마진을 가지며 그 헤더의 위치는 고정되어 있다. 이 레이아웃은 안드로이드 2.3을 포함한 모든 브라우저에서 무리 없이 동작한다.

만약 설계상 고정된 푸터(footer)가 필요하다면 우리는 콘텐츠의 바닥에 충분한 공간을 마련했는지만 확인하면 된다. 이렇게 하면 사용자가 스크롤을 아래로 내리더라도 텍스트의 위치가 움직이지 않는다.

이러한 접근 방식에 한 가지 문제가 있다면 그것은 스크롤바가 화면 세로 방향에 생긴다는 것이다(그림 10.3).

[그림 10.3] 페이지 가운데 있는 스크롤바
(안드로이드 2.3)

경우에 따라 overflow:auto가 유일한 옵션인 경우가 있는데 overflow:auto는 안드로이드 3+와 IE10.0에서 오리지널 스크롤처럼 잘 동작한다. iOS의 overflow:auto는 오리지널 스크롤과 다르게 가속도 개념이 있다. 스크롤을 시작한 이후 점점 느려지는 것인데 스크롤 가능한 엘리먼트들은 이 기능을 기본적으로 제공하지 않으며 손가락을 떼는 즉시 멈춘다. 이 기능을 위해 웹킷의 prefix CSS 프로퍼티가 제공된다. 스크롤 셀렉터에 -webkit-overflow-scrolling을 추가하면 가속도가 지원된다. 안드로이드와 윈도폰 8은 이런 기능과 상관없기 때문에 -webkit-overflow-scrolling 프로퍼티를 무시한다.

안드로이드 2의 오버플로(overflow)

안드로이드 2.3 이하 버전에서 overflow:auto는 overflow:hidden으로 취급된다. 이 말은 안드로이드 사용자 중 절반이 이런 방식으로 스크롤을 사용할 수 없다는 의미다. 안드로이드 2.3을 지원하고 싶지만 설계를 변경할 수 없다면 자바스크립트를 이용해 스크롤 기능을 다시 구현해야 할 것이다.

가능하면 오리지널 스크롤을 재구현하는 것은 피해야 한다. 완벽한 재구현이 불가능할 뿐만 아니라 오래된 OS에서 돌고 있는 디바이스를 더욱 느리게 만들 수 있다. 그리고 엘리먼트를 이동시키는 자바스크립트 역시 오리지널 스크롤만큼 잘 동작하지 않을 것이다. 사용자들은 조금이라도 이상하면 금세 알아채곤 한다.

경고는 이쯤 해두고 다시 돌아가자면, 오리지널과 매우 유사하면서 터치 이벤트를 지원하는 스크롤을 만드는 것이 가능하다. 간단히 생각해서 스크롤 대상의 엘리먼트를 스와이프 제스처에 따라 이동시키면 되지만 실제로 구현하려면 무척 복잡해진다. 따라서 수레바퀴의 발명처럼 어렵게 가는 대신 오버스로(github.com/filamentgroup/Overthrow)나 iScroll 4(cubiq.org/iscroll-4)를 사용하자. 2가지 모두 무척 좋은 방법들이다.

오버스로를 활용한 오버플로 추가하기

오버스로(overthrow)는 일종의 보완적인 역할을 하는데 구형 브라우저와 신형 브라우저에서 서로 다르게 동작한다. 먼저 구형 브라우저에서는 기존 스크롤을 재구현하지 않고 새로 운 스크롤을 추가하는 방식으로 적용한다. 반면 신형 브라우저에서는 브라우저에 있는 스크롤 방식을 그대로 사용한다.

사용법은 간단하다. overthrow.js를 인클루드(include)한 후 오버스로 클래스를 스크롤하는 엘리먼트에 추가하면 끝이다. overthrow는 기존 스크롤만큼은 아니지만 사용하기에는 충분할 정도로 잘 동작한다(Listing 10.3).

❊LISTING 10.3 오버스로(overthrow) 사용하기

```html
<!DOCTYPE HTML>
<html lang="en-us">
<head>
        <meta http-equiv="Content-Type" content="text/html;charset=UTF-8">
        <meta name="viewport" content="width=device-width">
        <meta name="viewport" >
        <style type="text/css">
        /* 많은 개발자들이 이 부분에 .overthrow-enabled를 추가하는 것을 권장한다.  하지만 전혀
            필요 없을 뿐 아니라 오버플로와 상관없이 화면이 처음 로딩될 때 잠깐  CSS가 적용되지 않는 현상
            (flash of content)을 유발할 가능성이 있다.  그리고 신형 브라우저들에 대해 의존성 문제
            도 생길 수 있다. */
                #scrolly {
                        width: 200px;
                        height: 300px;
                        overflow: auto;
                        border: 2px solid red;
                }
        </style>
        <script src="/overthrow.js"></script>
</head>
<body>
        <div class="overthrow" id="scrolly">
                <p>Content...</p>
        </div>
</body>
```

ISCROLL4를 활용한 오버플로

iScroll4는 완전히 다른 방식의 메커니즘을 가지고 있다. 기존 브라우저를 보완하는 역할이 아니라 별개의 완전한 위젯으로 존재한다. 그리고 비록 iOS6에서는 기존 브라우저보다 조금 못한 감이 있지만 그 외 버전에서는 여전히 매우 훌륭하게 동작한다.

iScroll4는 사이즈가 커서 쉽게 사용하기에는 약간 버거운 면이 있다. 때문에 iScroll이 제공하는 여러 가지 기능이 꼭 필요할 때가 아니고는 사용하지 않는 것이 좋다. 항상 그렇듯 외부 라이브러리는 적게 쓸수록 좋기 때문이다.

iScroll 사용법은 오버스로에 비해 약간 더 복잡하다. iScroll을 적용하는 엘리먼트는 꼭 하나의 자식(child) 노드를 가지고 있어야 하며 그 자식 노드는 스크롤 대상이어야 한다. 그리고 스크롤바를 제대로 동작시키기 위해 그 엘리먼트에는 위치(position)가 적용되어야 하며 CSS에서 위치는 inherit를 제외한 나머지 속성으로 정의되어야 한다. 이렇게 하기 위해서 자식 노드의 위치는 부모(parent) 노드에 상대적(relative)으로 지정되는 것이 필요한데 만약 부모 노드에 위치가 없다면 자식 노드는 다음 부모의 위치를 참조하게 되며 이 경우 정상 동작을 보장할 수 없다(Listing 10.4).

✿LISTING 10.4 iScroll 사용하기

```html
<html lang="en-us">
<head>
        <meta http-equiv="Content-Type" content="text/html;charset=UTF-8">
        <meta name="viewport" content="width=device-width, user-scalable=no">
        <style type="text/css">
        #scrolly {
                position: relative;
                height: 250px;
                margin: auto;
                width: 90%;
                border: 1px solid red;
        }
        </style>
        <script src="/iscroll.js"></script>
</head>
```

```html
<body>
        <div id="scrolly">
                <div id="scroller">
                        <p>content</p>
                </div>
        </div>
</body>
<script type="text/javascript">
var myScroll = new iScroll('scrolly');
</script>
</html>
```

이 코드의 결과물로 데스크톱을 포함한 모든 브라우저에서 스크롤 가능한 〈div〉가 존재하게 된다. 게다가 iOS 스타일의 스크롤바도 생기는데 매우 훌륭하게 동작하지만 안드로이드 기기에서는 약간 삐걱거릴 수도 있다(그림 10.4). 성능 역시 충분히 빠르지만 오래된 안드로이드 기기에서는 원래 스크롤보다 인지 가능할 정도로 느리게 동작하며 엘리먼트 안의 콘텐츠가 복잡할수록 문제는 더 심각해진다.

[그림 10.4] 안드로이드 2.3에서 iOS 스타일 스크롤바

02 SECTION

레이아웃 틀어짐

모바일 기기에서 사용자가 한창 집중해서 작업하는 도중에 갑자기 누군가에게 넘길 일이 생겼을 때 만일 그 모바일 기기가 회전되어버리면 화면의 모든 레이아웃이 틀어지게 된다. 또는 그저 화면을 크게 보기 위해 핀치(pinch) 제스처로 줌인을 했을 뿐인데 갑자기 사용조차

못할 정도로 화면 전체가 망가지는 경우도 있다. 이러한 문제는 모바일 개발에 있어 해결해야 할 도전 과제 중 하나인데 우리가 만든 '캘리포니아 새들' 사이트 역시 줌과 기기 회전에 대해 이와 같은 문제를 가지고 있다.

기기 회전 

기기를 수평으로 바꾸면 지금까지 만든 인터페이스는 전혀 사용할 수 없다(그림 10.5). 일반적으로 사용자들이 콘텐츠를 볼 때 수평으로 보는 경우가 대부분이지만 혹 수직으로 보더라도 레이아웃이 틀어지는 것을 바라지 않는다. 문제 해결을 위한 간단한 방법은 미디어(media) 쿼리를 사용하는 것이다. 미디어 쿼리를 사용하면 모바일 기기를 어떤 방향으로 바꿔도 레이아웃이 정상적으로 표현된다. 예를 들어 모바일 기기를 수평 방향으로 바꾸면 헤더는 사이드바 위치로 이동하며 메인 콘텐츠는 스크롤 가능하게 변경된다.

이렇게 위치를 변경하기 위해 고정된 위치 방식을 적용하여 스타일 시트(style sheet) 맨 아래에 방향 전환에 대한 미디어 쿼리를 추가한다(Listing 10.5).

[그림 10.5] 수평 방향에서 인터페이스가 완전히 틀어짐

❖ LISTING 10.5 방향 전환에 대한 미디어 쿼리

```
@media screen and (orientation: landscape) {
    .header {
```

```css
width: 33%;
height: 110px;
border-bottom: 2px solid black;
}
.header .hero {
background: transparent;
}
.header .title {
height: 34px;
font-size: 14px;
}
.header .arrow span {
top: 10px;
}


.bd {
width: auto;
margin: 0 10px 0 34%;
padding: 0px;
font-size: 12px;
}
}
```

결과가 무척 괜찮아 보이며 서로 다른 방향으로 부드럽게 전환된다(그림 10.6).

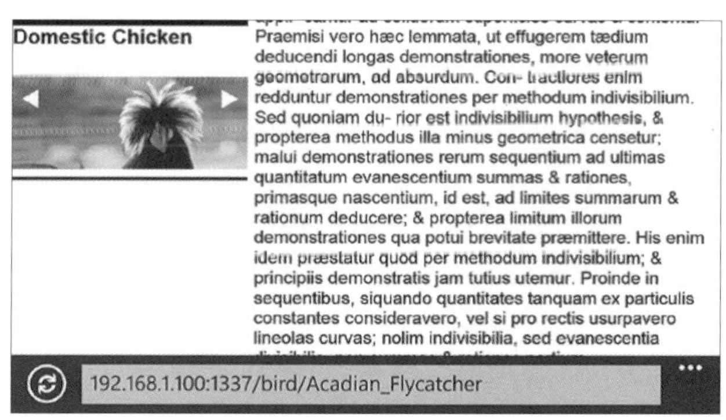

[그림 10.6] 윈도폰 8의 IE10.0에서 수평 방향

특별히 iOS에서 레이아웃을 틀어지게 하는 또 다른 일반적인 방법이 있는데 바로 줌이다.

고정된 위치와 줌인/줌아웃은 서로 어울리지 않는데 안드로이드에서 줌인/아웃을 하면 고정된 위치는 전혀 동작하지 않게 된다. 윈도우 8과 iOS는 줌을 지원하지만 결과를 예측할 수는 없다(그림 10.7). 고정된 위치를 효과적으로 사용하려면 viewport 메타 프로퍼티에 user-scalable=no를 추가하면 된다. 스크롤과 줌인/줌아웃에 고정된 위치를 사용하지 않고 오버플로에 의존한다면 가능하기는 하지만 원하는 대로 동작하지 않을 것이다.

필자가 지금까지 테스트했던 모든 디바이스를 보면 기본적인 줌인/줌아웃은 항상 개별 엘리먼트가 아니라 전체 페이

[그림 10.7] iOS의 고정된 레이아웃에서 줌인/줌아웃의 결과

지에 적용되었다. 만약 어떤 콘텐츠를 스크롤 가능한 엘리먼트에 추가했고 그 엘리먼트에 대해 줌인/줌아웃을 시도하면 그 엘리먼트가 아니라 전체 페이지가 줌인/줌아웃이 된다. 그리고 한 번 줌인/줌아웃을 하게 되면 브라우저가 엘리먼트 줌인/줌아웃과 화면 스크롤을 구분하기 힘들기 때문에 스크롤 기능이 제대로 동작하지 않는다. 개별 엘리먼트를 줌인/줌아웃을 하려면 해당 기능을 직접 구현하는 수밖에 없는데 이는 Part 11에서 다루기로 한다.

03 SECTION 새 브라우저에 스와이핑(swiping) 기능 추가하기

새 브라우저의 목적은 위키피디아에서 스크랩한 약 800종의 새들을 보여주는 것이다(스크랩 코드에 대해 관심이 있다면 이 책에서 제공하는 웹사이트에서 찾아볼 수 있다). 해당 애플리케이션에서 새들에 대한 정보를 데이터로 제공하기 위해 새들에 대한 리스트를 자바스

크립트 배열로 변환하여 저장하는 것이 필요하다. 애플리케이션을 간단하게 구현하기 위해 템플릿과 API를 사용하지 않고 HTML을 이용해서 직접 만들어본다.

저자가 운영 중인 서버는 Node.js 애플리케이션을 사용하지만 이 코드에 있어 일반 서버와 별다른 특이 사항은 없다. 애플리케이션은 개념적으로 2개의 endpoint를 가지고 있다.

- /bird/birdname
- /fragments/birdname

fragments는 헤드 콘텐츠를 제외한 모든 HTML을 가지고 있다. 새 브라우저는 스와이핑을 이용해 페이지 간 이동을 하는데 이는 Part 09에서 살펴본 라이트박스와 유사한 개념이다. 페이지를 시작하면 이전 페이지와 다음 페이지 역시 미리 만들어서 숨긴다. 그리고 사용자가 스와이핑을 시작하면 넘기는 방향에 따라 이전 또는 다음 페이지를 보여준다.

인접한 페이지 간 위치가 겹치기 때문에 고정된 위치를 사용하는 것은 불가능하다. 따라서 스와이핑을 사용하려면 엘리먼트에 overflow:auto를 사용해야 한다. 이 때문에 Listing 10.6 은 안드로이드 2.3에서는 제대로 동작하지 않을 것이다.

✿LISTING 10.6 절대 위치(absolute position) 스타일

```
body * {
        -webkit-box-sizing: border-box;
        -moz-box-sizing: border-box;
        box-sizing: border-box;
}

body {
        font-family: sans-serif;
        width: 100%;
        -ms-touch-action: none;
}

.slide {
        position: absolute;
        overflow: hidden;
        top: 0;
```

```css
            left: 0;
            width: 100%;
            height: 100%;
            margin: 0;
}

.header {
            height: 50%;
            overflow: hidden;
            width: 100%;
            top: 0;
            left: 0;
            position: absolute;
            border-bottom: 5px solid black;
            background: #fff;
}

.hero {
            display: block;
            position: relative;
            height: 100%;
            width: 100%;
            padding-top: 5px;
            text-align: center;
}

.navigation {
            position: absolute;
            top: 0px;
            left: 0px;
            width: 100%;
            height: 100%;
            padding: 0;
            margin: 0;
}
```

```css
.navigation .arrow {
        color: #fff;
        text-decoration: none;
        position: absolute;
        height: 100%;
        width: 50%;
}
.navigation .arrow span {
        display: block;
        position: absolute;
        top: 40%;
        left: 5px;
}
.navigation .next-link {
        left: 50%;
}
.navigation .next-link span {
        left: auto;
        right: 5px;
}

.hero-img {
        display: inline;
        max-height: 100%;
        max-width: 100%;
}

.title {
        border-top: 4px solid black;
        color: black;
        height: 40px;
        font-size: 24px;
        width: 100%;
        margin: 0;
        text-align: left;
}
```

```css
.bd {
        width: 100%;
        height: 50%;
        position: absolute;
        overflow: auto;
        -webkit-overflow-scrolling: touch;
        top: 50%;
        padding: 0px 20px;
}

@media screen and (orientation: landscape) {
        .header {
        width: 33%;
        height: 110px;
        border-bottom: 2px solid black;
        }
        .header .hero {
        background: transparent;
        }
        .header .title {
        height: 34px;
        font-size: 14px;
        }
        .header .arrow span {
        top: 10px;
        }

        .bd {
        width: auto;
        height: 100%;
        top: 0;
        margin: 0 10px 0 34%;
        padding: 0px;
        font-size: 12px;
        }
}
```

이 스타일을 가지고 좀더 흥미로운 자바스크립트 부분으로 가보자.

데이터 모델 만들기

애플리케이션의 반응 속도를 빠르게 하기 위해 페이지에 모든 새들에 대한 정보를 미리 로딩한다. 800종의 새들에 대한 모든 정보는 17KB 크기의 압축된 형태로 있으며 약간의 선비용만 지불하면 확실히 속도를 올릴 수 있다. 여기서 모든 새들의 정보에 순차적인 ID를 부여하면 더욱 빨라지지만 경우에 따라 불가능한 경우도 있다.

데이터는 다음과 같이 리스트 형태로 존재한다.

```
[
    {
            "latin": "Empidonax virescens",
            "path": "/bird/Acadian_Flycatcher",
            "name": "Acadian Flycatcher"
    },
    {
            "latin": "Melanerpes formicivorus",
            "path": "/bird/Acorn_Woodpecker",
            "name": "Acorn Woodpecker"
    }
]
```

이 데이터를 해당 애플리케이션에 유용하게 만들기 위해 리스트를 관리하는 오브젝트를 생성하고 해당 오브젝트는 모델로서 제공된다. 오브젝트는 배열(array) 형태이지만 원하는 오브젝트를 빠르게 찾을 수 있도록 룩업 테이블(lookup table)로 구성된다. 룩업 테이블은 이름에 의해 오브젝트를 찾을 수 있으며 나중에 규모를 확장할 때 유용하게 사용될 것이다.

이 모델은 오직 한 번만 사용되는 싱글 오브젝트이기 때문에 모듈 형태로 구현하기로 한다. 성능에 있어 약간의 비용이 지불되겠지만 대신 API가 주는 여러 장점을 취할 수 있다(Listing 10.7).

```javascript
var birds = (function() {

        var currentBird,
        myBirdList,
        currentBird,
        myBirdList = birdList,
        birdMap = {};
```

init 함수는 배열을 오브젝트로 변환한다. 오브젝트를 사용하면 특정 새를 찾기 위해 모든 배열을 뒤지는 수고를 할 필요가 없기 때문에 훨씬 빨라진다.

```javascript
        function init() {
                for (var i=0, len = myBirdList.length; i < len; i++) {
                        birdMap[myBirdList[i].name] = i;
                }

                setBird(thisBird);
        }

        // index에 대한 새 오브젝트를 가져옴
        function getInfo(index) {
                return myBirdList[index];
        }

        function nextBird() {
                return myBirdList[currentBird + 1];
        }

        // offset에 대한 새 오브젝트를 가져옴
        function birdAtOffset(offset) {
                return myBirdList[currentBird + offset];
        }
```

```javascript
// current에 대한 새 오브젝트를 가져옴
function getThisBird() {
        return myBirdList[currentBird];
}


function prevBird() {
        return myBirdList[currentBird - 1];
}
```

setBird 함수에서 currentBird를 설정한다. prevBird와 nextBird 함수는 여기에서 설정된 currentBird를 기준으로 설정된다.

```javascript
function setBird(birdname) {

        // 새 이름이 경로이거나 언더스코어가 있을 경우
        if(birdname.indexOf('_') !== -1) {
        // 가끔씩 앞에 /bird/가 있는 경우가 있는데 이는 고려하지 않음
                matches = birdname.match(/(?:\/bird\/)?(.+)/);
                birdname = matches[1].replace('_', ' ');
        }


        currentBird = birdMap[birdname];
}

return {
                init:init,
                nextBird:nextBird,
                prevBird:prevBird,
                thisBird:getThisBird,
                birdAtOffset:birdAtOffset,
```

```
                advance:function() {
                        if(myBirdList[currentBird + 1]) {
                                currentBird++;
                        }
                },

                setBird:setBird
        }
}());
```

다음으로 데이터를 캐시에서 가져오거나 또는 넣기 위해 랩퍼 함수를 만들 것이다(Listing 10.8). 이 책의 웹페이지에 가면 캐시를 어떻게 구현했는지 볼 수 있다.

❖ LISTING 10.8 데이터를 가져오는 랩퍼 함수

```
function getBirdData(path, callback) {
        path = path.replace('/bird/', '/fragments/');
        var data = modelCache.get(path);

        if(data) {
                /* Timeout 0는 이러한 과정이 비동기적으로 동작함을 의미한다. */
                window.setTimeout(function()
                        callback && callback(data);
                }, 0);
                return;
        }

        /* 이전에 사용했던 AJAX를 호출한다. */
        makeRequest(path, function(xhr) {
                modelCache.set(path, xhr.responseText);
                callback && callback(xhr.responseText);
        })
}
```

다음은 페이지의 이동이나 생성 또는 삭제와 같은 동작을 만들어본다. 그리고 어떤 동작이 끝났을 때 이를 사용자에게 알려주는 부분도 구현한다. 이러한 동작은 자주 발생하기 때문에 원론적으로 접근하는 것이 가장 빠르다. private 함수와 private 프로퍼티에 대해 언더스코어를 붙여 사용한다(Listing 10.9).

❄LISTING 10.9 슬라이드 클래스

```javascript
/* 유틸리티 함수, 브라우저 일반화 */
function $(selector) {
        return document.querySelector(selector);
}


var TRANSITION  = 'transition',
        TRANSFORM = 'transform',
        TRANSITION_END = 'transitionend',
        TRANSFORM_CSS = 'transform',
        TRANSITION_CSS = 'transition';

if(typeof document.body.style.webkitTransform !== undefined) {
        TRANSITION = 'webkitTransition';
        TRANSFORM = 'webkitTransform';
        TRANSITION_END = 'webkitTransitionEnd';
        TRANSFORM_CSS = '-webkit-transform';
        TRANSITION_CSS = '-webkit-transition'
}


/* id는 고유한 DOM ID
 * content는 나타내고자 하는 슬라이드의 html
 * selector는 슬라이드 content가 이미 페이지에 올라와 있을 때 사용한다.
 */
function Slide(id, content, selector) {

        this.id = id;
```

```javascript
        this.content = content;

        this._listeners = [];

        this.selector = selector;
        this._build();
}

/* 트랜지션이 끝나면 알려주는 리스너 등록 */
Slide.prototype.onMoveEnd = function(callback) {
        this._listeners.push(callback);
}
```

슬라이드의 변화가 끝났음을 알려주는 것도 매우 중요하다. 이 간단하게 구현된 옵저버는 그런 경우를 처리한다.

_build 함수(언더스코어는 이 함수가 private 함수라는 것을 의미한다)는 새 슬라이드를 DOM 안에 추가하는 일을 한다.

```javascript
Slide.prototype._build = function(){

    var myNode, that, div;

    if(this.selector) {
            this.node = $(this.selector);
    } else {
            div = document.createElement('div');
            div.innerHTML = this.content;
            this.node = div.querySelector('.slide');
            document.querySelector('.view').appendChild(this.node);
```

삽입 작업을 빠르게 처리하기 위해 DOM에 직접 추가하는 대신 document fragment(⟨div⟩)에 content를 추가한다.

```javascript
}
        this.node.id = this.id;
        myNode = this.node;
        that = this;
        this._handler = this.node.addEventListener(TRANSITION_END,
                function(e){
            if(!that || !that._listeners) {
                    return;
            }
            var i;
            myNode.style[TRANSITION] = '';
            moving = false;
            for (i=0; i < that._listeners.length; i++) {
                    if(typeof that._listeners[i] == "function") {
                            that._listeners[i]();
                    }
            };
        });
}


Slide.prototype.setLeft = function(left) {

        this.node.style[TRANSFORM] = "translate3d(" + left + 'px,0,0)';
}


Slide.prototype.moveTo = function(pos) {
        this.node.style[TRANSITION] = TRANSFORM_CSS +' .2s ease out';
        this.node.style[TRANSFORM] = "translate3d("+pos+"px,0,0)";
}


Slide.prototype.cleanTransitions = function() {
        this.node.style[TRANSITION] = '';
```

```javascript
}

Slide.prototype.hide = function() {
        this.node.style.display = 'none';
}


Slide.prototype.show = function() {
        this.node.style.display = 'block';
}


/* DOM에서 제거한다. 이렇게 하면 가비지 컬렉터가 리스너를 제거한다. */
Slide.prototype.destroy = function() {
        this._listeners = [];
        if(this.node.parentNode) {
                this.node.parentNode.removeChild(this.node);
        }
}
```

이 클래스는 페이지를 생성하고 조작하는 작업을 캡슐화하며 그들이 더 이상 필요하지 않을 때 깔끔하게 제거되었는지 확인한다.

캐시를 사용하기 때문에 슬라이드를 생성하는 작업은 매우 빠르다(빠른 디바이스에서 3~10ms, 느린 디바이스에서도 50ms을 넘지 않는다). 우리는 다음 페이지, 이전 페이지, 현재 페이지 이렇게 3개의 페이지를 항상 유지하는데 이를 nextSlide, prevSlide, currentSlide라고 부르기로 한다. 이런 방식은 사이트의 메모리를 획기적으로 줄일 수 있기 때문에 사이트의 속도를 빠르게 하고 메모리가 부족해서 발생하는 문제를 방지할 수 있다.

일반적으로 스와이프를 구현할 때 기능에 대한 피드백에 집중하지만 여기서는 슬라이드 간 이동이 끝났는지 확인하는 것에 더 많은 관심을 기울여보도록 한다. 이러한 작업은 prepare 함수에서 이루어지며 사용자들이 현재 슬라이드를 보기만 할 뿐 아무런 작업도 하지 않는 트랜지션 종료 시점에 호출된다(Listing 10.10)

```
var currentSlide, nextSlide, lastSlide,
moving = false,
THRESHOLD = 100,
nextSlide,
prevSlide;

function prepare() {
```

먼저 다음 새와 이전 새가 있는지 데이터 레이어에 물어본다. 만약 있다면 해당 슬라이드들에 대한 데이터가 미리 생성되어 알맞은 위치에 있는지 확인한다.

```
        var nextBird = birds.nextBird(),
            prevBird = birds.prevBird();


        // 생성 가능하면 슬라이드를 만들다.
        if(nextBird && (!nextSlide || nextSlide.id !== nextBird)) {
            getBirdData(birds.nextBird().path, function(resp) {
                nextSlide = new Slide(birds.nextBird().name, resp);
                nextSlide.hide();
                nextSlide.setLeft(window.innerWidth);
            });

        } else if(!nextBird) {
            nextSlide = false;
        }


        // previous와 같은 작업
        if(prevBird && (!prevSlide || prevSlide.id != prevBird)){
            getBirdData(birds.prevBird().path, function(resp) {
                prevSlide = new Slide(birds.prevBird().name, resp);
```

```
                        prevSlide.hide();
                        prevSlide.setLeft(-window.innerWidth);
                });
        } else if (!prevBird){
                prevSlide = false;

        }

}
```

이 함수는 첫 번째 슬라이드에 대한 모든 초기 설정 작업을 위해 가장 먼저 수행된다. 이제 페이지 간 이동을 위해 goTo 함수를 만들어보자(Listing 10.11). goTo 함수는 방향을 말해주는 정수(integer)형의 direction 파라미터를 받아서 이전 또는 다음 슬라이드로 이동할 수 있도록 한다. onMoveEnd라는 콜백 함수를 등록해서 작업을 정리하고 prepare 함수를 호출하여 피드백이 아닌 다른 작업을 하기 전까지 효과적으로 기다린다.

❋LISTING 10.11 goTo 함수 구현

```
function goTo(direction) {
        moving = true;

        if(direction == 1) {
                // 제스처가 끝나면 다음 슬라이드로 이동
                currentSlide.onMoveEnd(function(){
                        // currentSlide는 더 이상 필요하지 않음
                        currentSlide.destroy();
                        prevSlide = currentSlide;
                        currentSlide = nextSlide;
                        birds.advance();
                        prepare();
                });

                currentSlide.moveTo(0 - window.innerWidth);
                nextSlide.moveTo(0);
```

```
        } else {

                currentSlide.onMoveEnd(function(){
                        currentSlide.destroy();
                        currentSlide = prevSlide;
                        nextSlide = currentSlide;
                        birds.goBack();
                        prepare();
                });

                currentSlide.moveTo(window.innerWidth);
                nextSlide.moveTo(window.innerWidth);
                prevSlide.moveTo(0);

        }

}
```

이제 모든 준비가 되었다. 인터페이스를 초기화하고 터치 이벤트를 리슨하도록 하자(Listing 10.12).

❀LISTING 10.12 애플리케이션 초기화

```
// 처음 슬라이드
currentSlide = new Slide(thisBird, false, '.slide');
prepare();

document.addEventListener('touchstart', handleTouch);
document.addEventListener('touchmove', handleTouch);
document.addEventListener('touchend', handleTouch);

// 캐시 준비
birds.birdAtOffset(-2) && getBirdData(birds.birdAtOffset(-2).path);
birds.birdAtOffset(2) && getBirdData(birds.birdAtOffset(2).path);
birds.birdAtOffset(3) && getBirdData(birds.birdAtOffset(3).path);
```

이쯤 되면 우리가 아직 handleTouch 함수를 만들지 않았다는 것을 알 수 있다. Part 09의 라이트박스에서는 터치 이벤트 핸들러를 document root에 추가했다. 이 애플리케이션에서도 Part 09와 똑같은 방식으로 터치 이벤트 핸들러를 처리한다면 스크롤이 제대로 동작하지 않는 문제가 발생한다. 이유는 스크롤링이 touchMoved 기본 이벤트이기 때문이다. 따라서 이를 처리하기 위해 preventDefault(e)를 이벤트 핸들러 안에서 호출해 준다.

리스너는 일반적으로 헤더(header) 엘리먼트에 추가한다. 이런 경우 문제가 되는 것이 앞으로 계속해서 헤더를 생성하고 지우게 되는데, 이는 리스너 역시 지워지고 다시 붙여지는 일이 반복된다는 의미이기 때문에 코드의 복잡성이 증가되는 요인이 된다.

따라서 헤더에 넣는 방식 대신 터치 이벤트를 체크해서 핸들링하는 방식을 사용한다. 만일 터치 이벤트가 발생한 부분이 스크롤 영역이라면 이벤트 처리를 중단한다(Listing 10.13).

❖LISTING 10.13 터치 이벤트 핸들링

```
function isLink(element) {
        return getAncestor(element, 'A');
}


function getAncestor(element, tag) {
        if(!element.tagName || !tag) {
                return false;
        }
        if (element.tagName == tag) {
                return element;
        } else if(element.tagName !== 'BODY'){
                return getAncestor(element.parentNode, tag);
        } else {
                return false
        }
}


var lastPos, startPoint;


function handleTouch(e) {
        var diff, anchor, direction = 0, bd;
```

```javascript
if(moving) {
        return;
}

// 타깃이 스크롤 영역이면 이벤트 핸들링을 중지한다.
bd = getAncestor(e.target, 'DIV');
if(bd && bd.className == 'bd') {       nextSlide.hide();
        return;
} else {
        e.preventDefault();
}

switch (e.type) {
        case 'touchstart':
                startPoint = e.touches[0].pageX;

                // 트랜지션 종료
                currentSlide.cleanTransitions();

                // 숨겨진 슬라이드 보여줌
                if(nextSlide) {
                        nextSlide.cleanTransitions();
                        nextSlide.show();
                }

                if(prevSlide) {
                        prevSlide.cleanTransitions();
                        prevSlide.show();
                }

                lastPos = e.touches[0].pageX;
                break;

        case 'touchmove':
                e.preventDefault();
                diff = e.touches[0].pageX - startPoint;
```

```javascript
            // 3개의 슬라이드 모두 이동
            currentSlide.setLeft(diff);
            if(diff > 0) {
                    prevSlide && prevSlide.setLeft(diff - window.innerWidth);
            } else {
                    nextSlide && nextSlide.setLeft(diff + window.innerWidth);
            }


            lastPos = e.touches[0].pageX;
            break;

    case 'touchcancel':
    case 'touchend':
            diff = lastPos - startPoint;

            // 스와이프가 짧으면 탭인지 확인함
            if(Math.abs(diff) < 5) {
                    anchor = isLink(e.target);
                    if(isLink(e.target)) {
                            window.location = anchor.href;
                    }
            }


            // 페이지가 넘어갔다면 되돌아가거나 그대로 있음
            if(diff < -THRESHOLD && nextSlide) {
                    goTo(1);
            }else if (diff > THRESHOLD && prevSlide) {
                    goTo(-1);
            } else {
                    // 그대로 있다면 원상태로 복귀
                    currentSlide.moveTo(0);
                    nextSlide.moveTo(window.innerWidth);
                    prevSlide.moveTo(-window.innerWidth);
            }
            break;
```

```
        }
}
```

이제 모든 기능이 정상적으로 동작한다. 스와이프로 페이지 간 이동을 하고 텍스트를 스크롤할 수 있다. 한 가지 보완해야 할 부분은 디바이스를 회전했을 때 한계점이 너무 크다는 것이다. 디바이스를 가로로 회전하면 터치 대상이 작아지기 때문에 한계점(threshold)을 변경하도록 하겠다.

디바이스의 방향은 window.orientation 프로퍼티에 정의된다. 이 값이 0이면 세로 방향이고 90 또는 -90이면 가로 방향이다. orientationchange 이벤트를 리슨하여 이 값을 체크할 수 있다.

```
window.addEventListener("orientationchange", function(){
        if(window.orientation !== 0){
                THRESHOLD = 25;

        } else {
                THRESHOLD = 100;
        }
});
```

그동안의 경험으로 보면 모든 안드로이드 디바이스에서 orientationchange 이벤트를 지원하지는 않는다. 어떤 안드로이드는 기기를 회전하면 resize 이벤트를 발생하고 다른 안드로이드는 이벤트를 늦게 발생하기도 한다. 다행히 모든 안드로이드에서 프로퍼티 값은 정상적으로 설정하는 것 같으므로 이를 이용해 방향 전환을 체크하는 함수를 만들어보자. 이 함수에서 orientationchange 이벤트와 resize 이벤트를 처리하는 핸들러들을 모두 추가한다. 그리고 정상적으로 회전 이벤트를 발생하지 못하는 기기를 위해 이 함수를 매 2초마다 호출한다(Listing 10.14).

✿LISTING 10.14 모든 기기에서 디바이스 회전에 대한 이벤트 처리

```
var previousOrientation = 0;
function checkOrientation(){
```

```
        // 방향이 같으면 처리하지 않음
        if(window.orientation !== previousOrientation){
                previousOrientation = window.orientation;
                if(window.orientaiton !== 0) {
                        THRESHOLD = 25;
                } else {
                        THRESHOLD = 100;
                }
        }
};


window.addEventListener("resize", checkOrientation);
window.addEventListener("orientationchange", checkOrientation);


// 주기적으로 폴링
setInterval(checkOrientation, 2000);
```

마이크로소프트 포인터(POINTER) 이벤트 

지금까지 살펴본 터치 핸들러들은 윈도우8의 IE10.0에서는 동작하지 않는다. 대신 포인터 이벤트를 이용하면 IE10.0에서 원활하게 사용할 수 있다. 비록 포인터 이벤트가 이전 터치 이벤트들과는 많은 점에서 다르지만 기본적인 터치 이벤트의 처리는 원활히 수행한다. 포인터 이벤트를 사용하기 위해 첫 번째로 해야 할 일은 -ms-touch-action:none;를 ⟨body⟩ 엘리먼트에 주가하는 것이다. 이는 기본적인 시스템 제스처를 포인터 이벤트로 오버라이딩하는 과정이다. 그리고 난 후 MSPointer 이벤트에 대한 핸들러들을 추가한다(Listing 10.15).

❖ LISTING 10.15 MSPointer 이벤트에 대한 리스닝

```
document.addEventListener('MSPointerDown', handleTouch);
document.addEventListener('MSPointerMove', handleTouch);
document.addEventListener('MSPointerCancel', handleTouch);
document.addEventListener('MSPointerUp', handleTouch);
```

우리는 중복된 로직을 줄이기 위해 한 함수에서 포인터 이벤트를 처리할 것이다. 이 때문에
하나의 함수들로 구성될 때보다 몇몇 부분에 변화가 있을 수 있다(Listing 10.16).

❋LISTING 10.16 포인터와 터치 이벤트 핸들링

```javascript
function handleTouch(e) {

        var diff, anchor, direction = 0;

        if(moving) {
                return;
        }


        // 만약 타깃이 스크롤 영역이면 이벤트 핸들링을 중지한다.
        if(getAncestor(e.target, 'DIV').className == 'bd') {
                nextSlide.hide();
                return;
        } else {
                e.preventDefault();
        }


        switch (e.type) {
                case 'MSPointerDown':
                case 'touchstart':

                        startPoint = e.touches ? e.touches[0].pageX : e.screenX;
                        currentSlide.cleanTransitions();
                        if(nextSlide) {
                                nextSlide.cleanTransitions();
                                nextSlide.show();
                        }
                        if(prevSlide) {
                                prevSlide.cleanTransitions();
                                prevSlide.show();
```

```javascript
                }
                lastPos = e.touches ? e.touches[0].pageX : e.screenX;
                break;
        case 'MSPointerMove':
        case 'touchmove':
                e.preventDefault();

                diff = e.touches ? e.touches[0].pageX - startPoint :
→ p e.screenX - startPoint;

                currentSlide.setLeft(diff);
                if(diff > 0) {
                        prevSlide && prevSlide.setLeft(diff - window.innerWidth);
                } else {
                        nextSlide && nextSlide.setLeft(diff + window.innerWidth);
                }
                lastPos = e.touches ? e.touches[0].pageX : e.screenX;
                break;
        case 'MSPointerUp':
        case 'MSPointerCancel':
        case 'touchcancel':
        case 'touchend':
                // 변경 없음
                break;
    }
}
```

각각의 터치 이벤트들을 체크함으로써 어떤 포인터 또는 터치 이벤트가 발생했는지 알 수 있고 필요한 값을 어떤 방식으로 가져올지 결정할 수 있다. 놀랍게도 IE10.0을 지원하는 데 추가적으로 필요한 작업이 없어서 생각만큼 어려운 일은 아니다. 마이크로소프트는 iOS의 사파리와 마찬가지로 더 높은 레벨의 제스처 이벤트도 제공하는데 IE와 사파리에서의 구현 은 서로 많은 부분에서 다르다. 만약 높은 레벨의 제스처 API가 좀더 표준화된다면 그것들은 꽤 유용할 것으로 생각된다. 그러나 지금은 그런 것들 대신 간단한 터치(또는 포인터) 이벤트 사용을 권장한다.

Part 10에서는 더 작은 스크롤 영역을 만들기 위해 고정된 위치를 이용하는 방법을 알아보았다. 그리고 작은 엘리먼트에 overflow:auto를 적용했을 때 발생하는 강점과 단점에 대해서도 알아보았다. 그 외 좀더 복잡한 스와이프를 처리하기 위한 터치 이벤트 사용 방법과 IE10.0에서 포인터 이벤트를 사용하는 법에 대해 살펴보았다.

대부분의 디바이스들은 터치스크린이라는 오직 하나의 입력장치만 가지고 있다. 그리고 손가락 하나만을 이용해 가능한 간단하게 동작하기를 바란다. Part 10의 코드들은 꽤 복잡하게 보일 수 있으나 매우 고심해서 나온 결과물이다. 필자 역시 터치 디바이스를 가지고 있으며 코드와 인터페이스들에 대해 계속 테스트하고 있다. 만약 부드럽고 반응이 빠른 인터페이스에 초점을 맞춘다면 이러한 코드들을 자연스럽게 발견할 수 있을 것이다.

Part 11에서는 멀티터치 이벤트와 같이 좀더 복잡한 제스처를 다룰 예정이다.

상단에는 이미지, 하단에는 스크롤 가능한 텍스트 콘텐츠를 가진 페이지를 만들어라. 해당 페이지는 모바일 기기를 지원한다. 텍스트는 페이지 하단의 2/3를 차지하며 페이지 윗부분은 스와이프가 가능한 10개 정도의 이미지로 채운다(그림 10.8).

추가적으로 텍스트 부분도 스와이프가 가능하도록 하여 사용자들이 텍스트와 이미지 사이를 자유롭게 이동할 수 있도록 하자. 그리고 스크롤링은 항상 가능해야 한다.

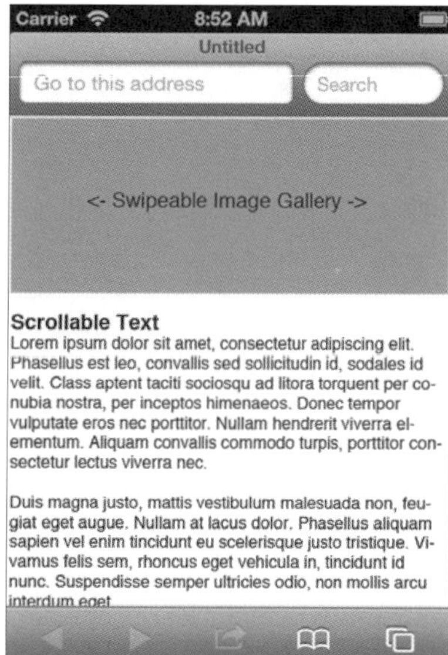

[그림 10.8] 프로젝트에 대한 화면 설계서

스티브 잡스는 아이폰을 소개하는 자리에서 다양한 터치 제스처를 보여줌으로 써 사람들의 감탄을 이끌어냈다. 이렇듯 멀티터치 기능은 터치 인터페이스 사용에 더 큰 즐거움을 주며 다양한 방법으로 사용될 수 있다.

멀티터치 제스처를 다루기는 쉬운 일이 아니다. 멀티터치 제스처를 제대로 구현하려면 수학적인 지식과 비동기 자바스크립트 프로그래밍에 대한 내공이 필요하다. 하지만 필요하다면 지금부터라도 차근차근 배워나가면 된다.

Part 11에서는 웹킷, 파이어폭스 그리고 IE10.0에서 멀티터치를 다루는 기본적인 방법에 대해 알아볼 것이다. 그리고 멀티터치 제스처 중 가장 많이 사용하는 핀치 제스처를 직접 구현해 보겠다.

PART 11

핀칭(Pinching)과
다른 복잡한 제스처

멀티터치 지원에 대해 이해하기

불행하게도 안드로이드 2.3 이하 버전의 브라우저에서는 멀티터치를 지원하지 않는다. 안드로이드 2.3 버전의 몇몇 기기에서 멀티터치를 지원해 주기는 하지만 이는 OS 레벨에서 지원하는 것이며 이 때문에 자바스크립트 사용이 불가능하기 때문에 사용이 쉽지 않다. 이렇게 되어 있는 이유는 아마도 멀티터치를 일반적인 사이트에서는 사용할 필요가 없으니 그저 다른 차원의 터치 이벤트 정도로 생각하라는 의미인 듯하다.

멀티터치를 지원하는 브라우저 

멀티터치는 iOS 사파리, 안드로이드 3 이상, 파이어폭스 모바일, 안드로이드용 크롬, IE10.0에서 지원한다. IE10.0을 제외한 나머지는 거의 동일한 API를 사용한다.

iOS의 멀티터치

iOS 사파리의 터치 배열은 11개의 터치를 담을 수 있는데 iOS 사파리가 멀티터치를 지원하는 최초의 브라우저이기 때문에 다른 브라우저에 있는 터치 API 역시 이 방식과 유사하게 설계되었다. iOS의 멀티터치 API는 iOS의 모든 버전에서 동일하기 때문에 어느 정도 안정성이 검증되어 있다.

사파리 역시 회전과 크기 조정에 대한 high-level 제스처 이벤트를 가지고 있으며 이러한 high-level 이벤트는 복잡한 수학적 연산이 필요하다. 이들은 오직 iOS에서만 지원되지만 쉽게 사용할 수 없기 때문에 사용 빈도가 떨어진다.

안드로이드의 멀티터치

안드로이드 3 이후부터 멀티터치를 지원하기 시작했다. 터치 오브젝트 프로퍼티들을 제외한 모든 API들이 iOS와 동일하다.

IE10.0의 멀티터치

IE10.0은 멀티터치를 지원하지만 다른 브라우저들과 조금 다른 방식을 사용한다. 각각의 터치이벤트를 터치 배열에 넣는 게 아니라 각 터치에 대한 터치 이벤트를 개별적으로 생성한다. 그리고 IE는 사파리와 비슷하게 high-level 제스처 API를 지원하기 때문에 사용법이 약간 복잡하지만 매우 강력한 기능들을 구현할 수 있다. 예를 들어 관성 애니메이션 같은 제스처들도 지원한다. 다시 한 번 말하면 이런 기능은 오직 윈도우 8의 IE10.0에서만 동작한다.

02 SECTION 멀티터치 다루기

필자는 개인적으로 멀티터치를 처리할 때 각 터치들의 생명주기에 대해 생각해 본다. 터치는 어떤 브라우저든 사용자가 화면에 손가락을 올려놓는 것에서부터 시작된다. 그리고 화면 위를 움직이는 동안 살아 있다가 화면에서 손가락을 떼면 생명을 마감한다. 그리고 이런 과정 중에 많은 개별적인 이벤트가 시작된다. 이런 이벤트들은 마치 하나의 흐름처럼 여겨진다. 다음 예제에서 우리는 각각의 터치포인트를 연결하여 원을 그리는 디버깅 툴을 만들 것이다. 이 예제는 안드로이드 3+, iOS 사파리, 파이어폭스, 그리고 IE10.0에서 동작한다.

사전 작업

가장 먼저 할 일은 네이티브 제스처들을 가능한 많이 불가능하게 만드는 일이다. 안드로이

드와 iOS에서는 viewport 메타 프로퍼티에 width=device-width, user-scalable=no를 추가하면 되고, IE10.0에서는 〈body〉 태그에 -ms-touch-action: none;을 추가하면 된다. 터치할 클래스는 〈div〉를 원으로 꾸며준다(Listing 11.1).

❄LISTING 11.1 원에 대한 스타일

```
<meta http-equiv="Content-Type" content="text/html;charset=UTF-8">
<meta name="viewport" content="width=device-width, user-scalable=no">
<style type="text/css">
        body {
                -ms-touch-action: none;
        }

        .touched {
                /* 100px 사각형에 50px border radius를 적용하면 원이 된다 */
                height: 100px;
                width: 100px;
                border: 1px solid red;
                border-radius: 50px;
                position: absolute;
                top:0;
                left:0;
                opacity:0;
        }
</style>
```

이 예제를 조금 변형해서 MyTouch 생성자에 원을 만드는 코드를 포함한다(Listing 11.2). 이 객체는 원의 생명주기와 위치 정보를 관리할 것이다.

NOTE ▾

Part 10에 사용되었던 브라우저 축약 코드와 같은 방식을 사용하고 있다.

```javascript
// 페이지에서 원 관리하기
var touches = {};

function MyTouch(id) {
        this.id = id;
        var touchee = document.createElement('div');
        touchee.className = 'touched';
        touchee.style.opacity = 0;
        touchee.id = id;
        touchee.addEventListener(TRANSITION_END, function() {
                touchee.style[TRANSFORM] = '';
        });

        document.body.appendChild(touchee);
        this.node = touchee;
}

MyTouch.prototype.setPos = function(posX, posY) {

        this.node.style.opacity = 1;
        var x = Math.round(posX - 50) + 'px';
        var y = Math.round(posY - 50) + 'px';
        this.node.style[TRANSFORM] = "translate3d(" + x + "," + y + ",0)"

}

MyTouch.prototype.destroy = function(cb) {
        this.fade();
        var node = this.node, id = this.id;
        window.setTimeout(function() {
                node.parentNode && node.parentNode.removeChild(node);
                delete(touches[id]);
        }, 1000);
```

```
}

MyTouch.prototype.fade = function() {
        this.node.style[TRANSITION] = 'opacity .5s ease-in-out';
        this.node.style.opacity = 0;

}
```

각각의 원은 유일한 식별자를 가지고 있는데 이를 통해 현재 수행하는 이벤트가 같은 손가락에서 생성된 연결 동작이라는 것을 구별하여 손가락 궤적을 추적하는 데 사용한다. 다양한 모든 터치 이벤트는 이와 동일한 기능을 구현하기 위한 별도의 식별자를 제공한다.
더 이상 원이 필요하지 않을 때를 위해 원을 제거하는 함수를 만든다(Listing 11.3).

❋ LISTING 11.3 생명주기 함수 만들기

```
function kill(id) {
        touches[id] && touches[id].destroy();
}

function reaper() {
        var id;
        for (id in touches) {
                kill(id);
        }
}
```

터치의 시작 

터치의 시작은 IE10.0을 제외한 모든 브라우저에서 touchstart 이벤트를 통해 이루어진다. touchstart 이벤트에서 터치 객체를 생성하고 원을 그리기 시작한다. Part 10에 소개된 터치

핸들러와 차이점은 Part 11의 터치 핸들러에는 원을 그리기 위해 터치 배열에 대한 반복문이
존재한다는 것이다. 그리고 이 반복문 안에는 이미 생성된 터치 이벤트의 중복 검사 코드가
존재한다.

이 예제(Listing 11.4)에서 각각의 이벤트는 분리해서 다룰 것이다. 이는 Part 10의 스위치 예
제를 구현하는 방법과는 약간 다른 형태인데 이를 통해 이벤트를 다루는 또 다른 방법에 대
해 알아보자.

❖LISTING 11.4 touchstart 다루기

```
document.addEventListener('touchstart', function(e){
        e.preventDefault();
        var len = e.touches.length, thistouch;
        for (var i=0; i < len; i++) {
                thistouch = e.touches[i];

                touches[thistouch.identifier] = new MyTouch(thistouch.
                    identifier);
                 touches[thistouch.identifier].setPos(thistouch.pageX,
                    thistouch.pageY);
        }
});
```

각각의 터치 객체에서 identifier 프로퍼티가 키로 사용된다. 그리고 이 키를 통해 해당 이벤
트가 살아 있는 동안 원의 궤적을 추적할 수 있다. 이 코드는 iOS 사파리, 안드로이드 3+, 안
드로이드 크롬, 그리고 파이어폭스 모바일에서 무리 없이 동작한다.

같은 동작이 IE10.0의 포인터 이벤트에서는 조금 다르게 구현되는데 이는 IE가 각각의 터치
에 대해 개별적인 이벤트를 생성하기 때문이다(Listing 11.5).

```
document.addEventListener('MSPointerDown', function(e){
        touches[e.pointerId] = new MyTouch(e.pointerId);
        touches[e.pointerId].setPos(e.clientX, e.clientY);
});
```

비록 개별적인 이벤트를 생성하지만 touchpointer에 대한 정보는 다르지 않기 때문에 이벤트 핸들링 코드 외의 다른 코드는 변경할 필요 없다.

터치 이동 

터치가 살아 있는 동안 이동하게 되면 touchmove 이벤트(또는 MSPointerMove)가 발생한다. 유일한 식별자를 통해 궤적을 따라갈 수 있기 때문에 터치로 원을 그릴 수 있다. 코드(Listing 11.6)는 이전에 사용했던 start 이벤트 코드와 매우 유사한데 식별자를 통해 터치 궤적을 추적한다는 점이 다르다. 터치를 반복할 때마다 변화된 부분을 적용하는데 해당 부분을 적용하기 전에 항상 식별자를 확인한다.

❋ **LISTING 11.6 touchmove 다루기**

```
function mover(e) {
        e.preventDefault();
        var len = e.touches.length,
                thistouch;
        for (var i = 0; i < len; i++) {
                thistouch = e.touches[i];
                if (!touches[thistouch.identifier]) {
                        touches[thistouch.identifier] = new MyTouch(thistouch.
                                identifier);
                }
```

```
                touches[thistouch.identifier].setPos(thistouch.pageX,
                        thistouch.pageY);
            }
    }
document.addEventListener('touchmove', mover);
```

이 코드는 touchstart와 매우 유사하다. 많은 경우 이런 종류의 코드들을 하나의 함수로 결합할 수 있다(이 방식은 여기서 잘 동작한다. 웹사이트의 전체 예제 코드도 이러한 접근 방식을 사용한다).

다시 말하지만 IE10.0 버전(Listing 11.7)은 반복을 제외한 모든 부분이 동일하다.

❀LISTING 11.7 MSPointerMove 다루기

```
function moverMS(e) {
        if(!touches[e.pointerId]) {
                touches[e.pointerId] = new MyTouch(e.pointerId);
        }
        rescue(e.pointerId);
        touches[e.pointerId].setPos(e.clientX, e.clientY);
}
```

터치의 끝 

터치 생명주기의 마지막 부분은 터치의 죽음이다. touchend 이벤트(Listing 11.8)는 그 어떤 터치도 가지고 있지 않지만 대신 changedTouches 리스트를 가지고 있다. 그리고 그 리스트는 어떤 원을 킬(kill)해야 하는지 판단할 때 사용한다.

❖ LISTING 11.8 touchend 다루기

```javascript
var reap;

function touchend(e) {
        window.clearTimeout(reap);
        for (var i=0; i < e.changedTouches.length; i++) {
                kill(e.changedTouches[i].identifier);
        }
        // 제거(clean)되지 않은 터치를 킬한다.
        reap = window.setTimeout(reaper, 100);
}
document.addEventListener('touchend', touchend);
document.addEventListener('touchcancel', touchend);
```

이 예제에서 reaper 함수는 타임아웃에 호출된다. 많은 터치 이벤트를 다루다 보면 가끔씩 changedTouches 배열에 나타나지 않은 길 잃은 터치 식별자를 발견한다. reaper 함수는 사용자가 한가할 때 이런 터치들을 삭제한다.

이 기능은 마이크로소프트 브라우저에서는 더욱 간단하게 구현되지만 기본적인 내용은 동일하다(Listing 11.9).

❖ LISTING 11.9 MSPointerUp 다루기

```javascript
function touchendMS(e) {
        window.clearTimeout(reap);
        kill(e.pointerId);

        // 제거되지 않은 길 잃은 터치를 킬한다.
        reap = window.setTimeout(reaper, 100);
}
```

위 예제는 그리 나쁘지 않다. 하지만 너무 간단하다. 실제로 멀티터치 제스처를 구현하기는 무척 어려운 일이다. 다음에는 핀치 제스처를 어떻게 다루는지 알아보도록 하자. 핀치 제스처는 멀티터치 제스처에서 가장 많이 사용하는 것 중 하나다.

03

핀치 다루기

핀치 제스처는 멀티터치 장치에서 자연스럽게 생겨났다. 스와이핑과는 확연히 다르지만 몇 번 사용해 보면 금세 익숙해진다. 핀치는 대부분의 브라우저에서 지원해 왔기 때문에 사용자들이 어떤 엘리먼트를 자세히 보고자 할 때 자연스럽게 핀치를 이용해 줌을 시도한다. 브라우저에서 기본적으로 지원하기 때문에 오히려 문제가 되는 경우도 있다. 예를 들어 사이트의 레이아웃이 복잡하거나 또는 고정된 위치로 되어 있으면 네이티브 핀치로 줌을 했을 때 레이아웃이 모두 깨지게 된다. 이를 해결하는 방법은 핀치 제스처를 사용자 스스로 재구현하는 것이다. 핀치를 구현하기 위해서는 수학적 지식이 매우 요긴하게 쓰인다.

핀치 효과

터치포인트로부터 스케일(scale) 값을 얻는 것은 쉬운 일이다. 웹킷에서는 터치 이벤트에 스케일 값이 존재한다. 또한 IE10.0은 제스처를 사용할 때 스케일 값을 따로 제공한다.

스케일 값을 얻으면 네이티브 스케일을 이용해 엘리먼트의 크기 변환을 할 수 있게 된다. 하지만 이것만으로는 핀치 제스처의 목적을 완전히 만족할 수 없다. 핀치 제스처의 목적은 사람들이 효과적으로 크기 조절을 할 수 있게 하는 데 있다. 네이티브 스케일 방식은 각각의 제스처가 독립적으로 일어나기 때문에 무언가 부자연스러울 수밖에 없다.

보통 객체를 확대하면 그 객체의 중앙을 기준으로 확대된다. CSS 트랜스폼에서 이것은 트랜스폼-오리진으로 알려져 있다. 기본적으로 이 부분이 객체의 중앙이다(그림 11.1).

좀더 완벽한 효과를 위해서는 이미지가 터치포인트의 중간에서부터 확대되어야 한다. 따라서 트랜스폼-오리진은 두 터치포인트의 중간이어야 한다(그림 11.2).

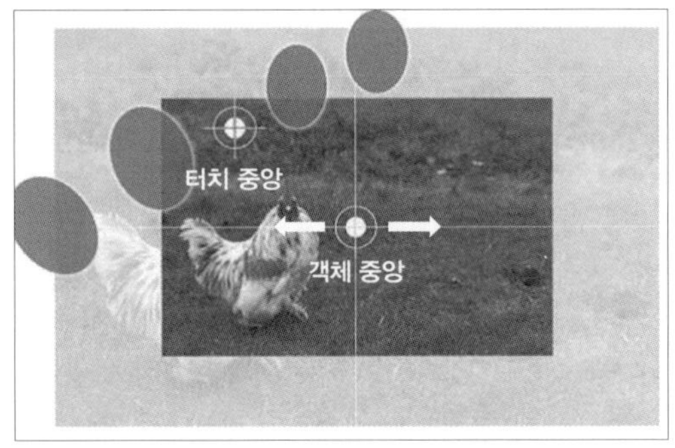

[그림 11.1] 네이티브 스케일은 터치포인트가 아닌 이미지의
중앙에서 크기 조절을 시작한다.

[그림 11.2] 객체의 중앙이 아닌 두 터치포인트의 중앙에서
크기 조절을 시작한다.

트랜스폼-오리진(Transform-origin) 

CSS에서는 트랜스폼-오리진을 변경할 수 있다. 방법은 매우 간단하다. 트랜스폼-오리진 프로퍼티를 수정하면 된다. 하지만 불행히도 이 방법은 핀치를 구현하는 데 사용할 수 없다.

트랜스폼-오리진을 설정하는 것은 간단한 효과를 설정하는 것과 비슷하지만 줌인을 했을 때 느끼는 차이점은 크다. 트랜스폼-오리진은 엘리먼트의 상대적인 위치 값으로 정의된다. 만약 엘리먼트가 100pxl×100pxl이라면 트랜스폼-오리진 값은 1과 100 사이의 값이다. 오리진 값을 변경하려면 원래 비율의 꼭짓점에 가장 가까운 값으로 하는 것이 좋다. 변경하려는 위치는 그 값과 비슷할 텐데 이때 스케일 팩터(scale factor)가 커질수록 에러가 발생할 확률도 높아진다. 결론적으로 터치포인트 아래에 있는 이미지가 슬라이드되면서 확대되기 시작하는데 그리 훌륭한 움직임을 보여주지는 않는다. 그렇다면 드랜스폼-오리진을 이동시키지 않으면서 다른 중앙 위치를 기준으로 객체를 확장할 수 있을까? 바로 트랜스폼이 하는 것과 동일한 작업을 해줄 필요가 있다.

이제부터 설명할 것은 줌을 구현하는 데 꼭 필요한 내용은 아닐 수 있지만 알아두면 분명 많은 도움이 될 것이다. 사실 수학에 익숙하지 않다면 이 부분은 건너뛰어도 된다.

브라우저 윈도우처럼 좌표 면에서 좌표는 한 쌍의 숫자로 표현된다. 첫 번째 숫자는 X좌표를, 두 번째 숫자는 Y좌표를 가리킨다. 일반적인 표기법으로 좌표는 대문자로 표현된다. 기하학에서 DOM 노드와 같은 사각형을 폴리곤이라 부른다. 사각형은 4개의 좌표로 이루어지기 때문에 역시 4개의 좌표로 인식할 수 있다:폴리곤 ABCD는 꼭짓점 A, B, C, D로 이루어진 사각형이다(그림 11.3).

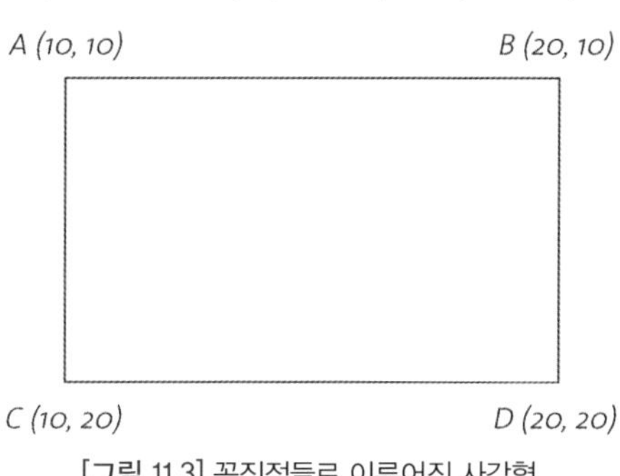

[그림 11.3] 꼭짓점들로 이루어진 사각형

기하학에서 폴리곤을 일정 비율로 축소 또는 확대하는 것을 dilation이라 부른다. dilation은 폴리곤의 모양을 변경하지 않으면서 꼭짓점을 이동한다. 좌표의 원래 위치에서 확대 또는 축소한다고 가정하면 dilation은 각 좌표에 스케일 팩터에 의한 곱하기 연산을 한다. X(a,b), Y(a,b)와 스케일 팩터 k가 주어지면,

```
Xa = kYa
```

꼭짓점 A(10,20)에 스케일 팩터 1.5를 적용하면 꼭짓점은 B = (10*1.5, 20*1.5) = (15,30)이 된다. 그러나 이건 쉬운 예 중 하나에 불과하다. Dilation은 직선 방향으로 확장 또는 축소될 수도 있다. 직선 방향은 교차점에서 시작하여 각 꼭짓점으로 일정한 길이만큼 나간다(그림 11.4).

핀치의 경우에는 터치포인트의 중앙에서 확대 또는 축소하려 한다. 따라서 기하학적인 관점에서 볼 때 엘리먼트의 중앙이 아니라 새로운 지점에서 dilation이 시작된다(그림 11.5). 이것을 구현하기 위해 X(a,b)와 Y(a,b)를 준비하고, dilation의 중앙은 C(a,b)이다. 그리고 스케일 팩터는 k이다.

```
Ya = Ca + k(Xa - Ca)
Yb = Cb + k(Xb - Cb)
```

이 수식으로 인해 폴리곤에 대한 dilation의 새로운 위치를 가질 수 있다. 이 위치를 가지고 핀치를 통한 줌을 구현해 보자.

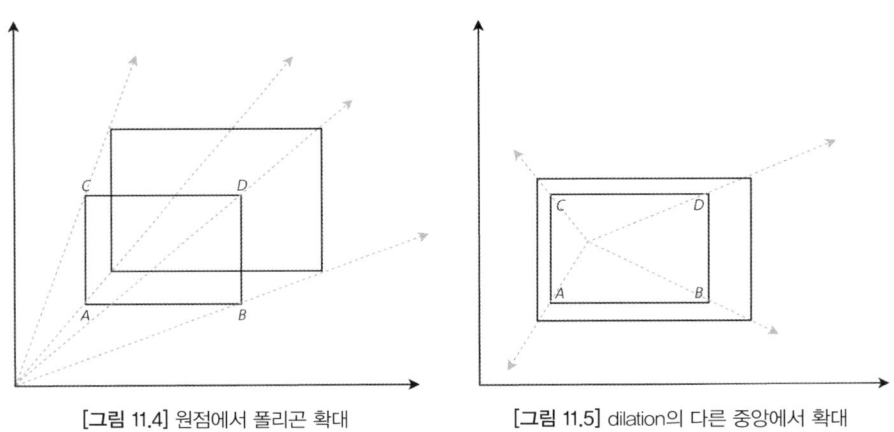

[그림 11.4] 원점에서 폴리곤 확대   [그림 11.5] dilation의 다른 중앙에서 확대

핀치를 통한 줌 구현하기 

수학을 사용하더라도 핀치를 구현하기는 쉬운 일이 아니다. 여기서는 동작만 겨우 하는 간단한 예제를 만들어보지만, 실제 제품에 사용하려면 각자의 애플리케이션에 맞게 많은 시간을 들여 구현해야 한다.

레이아웃 만들기

가장 먼저 할 일은 줌을 시도할 페이지를 만드는 것이다. 페이지에는 이미지가 포함되어 있고 그 이미지는 그림 11.6과 같이 페이지의 중앙에 위치하고 있다. 그리고 주소 바는 숨겨져 있다.

이 레이아웃은 매우 간단하다. 다만 viewport 중앙에 이미지를 위치하는 것과 주소 바를 숨기는 것은 약간 어려울 수 있다.

CSS에서 엘리먼트를 중앙에 위치시키는 것은 항상 어려운 일이다. 이 예제에서 우리는 이렇게 어려운 일에 자바스크립트를 사용할 것이다. 그러나 기본 작업은 일단 평범한 CSS와 HTML로 시작한다. HTML은 가능한 간단하게 만든다(Listing 11.10).

[그림 11.6] 줌을 위한 이미지

❀LISTING 11.10 핀치를 위한 HTML 코드

```
<!DOCTYPE HTML>
<html lang="en-us">
<head>
        <title>pinchy</title>
        <meta http-equiv="Content-Type" content="text/html;charset=UTF-8">
        <meta name="viewport" content="width=device-width,initial-scale=1,
        → maximum-scale=1,user-scalable=no">
</head>
<body>
        <div id="holder">
                <div id="img">
                </div>
        </div>
</body>
</html>
```

네이티브 줌을 불가능하게 하는 것은 매우 중요하기 때문에 viewport 메타 프로퍼티에 몇 가지 값을 더 추가한다. 만약 불가능 코드를 추가하지 않으면 새로 만드는 제스처와 충돌이 난다. initial-scale과 max-scale은 브라우저 자체의 확대 축소 시도를 방지한다. 스타일 시트는 이전과 마찬가지로 간단하다. 녹색 border를 추가하는 이유는 엘리먼트 확대를 좀더 확실하게 구분하기 위해서이다.

CSS를 보면 <body>에 매우 큰 height 값을 볼 수 있다(Listing 11.11). 이렇게 큰 height를 가지면 주소 바가 숨겨지게 되고 스크롤이 필요하게 된다. 이 경우 도큐먼트(document)가 너무 짧으면 기능이 정상적으로 동작하지 않게 된다. 각 디바이스별로 주소 바의 크기를 알 수 없기 때문에 정확한 height를 계산하기는 무리가 따른다. 따라서 height 값은 스크롤이 필요할 정도로 크게 잡는 것이 안전하다. 어차피 스크롤은 불가능 하게 할 것이기 때문에 인터페이스에 영향을 미치지 않는다.

확대 또는 축소할 엘리먼트인 #img에 엘리먼트의 중앙인 0,0으로 설정하는 트랜스폼을 수행한다.

✤LISTING 11.11 핀치를 위한 CSS

```
body {
        margin:0;
        padding:0;
        background: #fff;
        height:2000px;
        width: 100%;
}

#holder {
        margin:0;
        padding:0;
        position: absolute;
        box-sizing: border-box;
        top:0;
        left:0;
```

```css
        overflow: hidden;
        background: #fff;
        border: 5px solid green;
        bottom:0;
        right:0;
}

#img {
        -webkit-transform-origin: 0 0;
        transform-origin: 0 0;
        position: absolute;
        background: url('images/chicken_q.jpg');
        background-size: 100%;
        display: block;
        background-repeat: no-repeat;
        height: 200px;
        width: 300px;
}
```

초기화 및 레이아웃 수정하기

자바스크립트에서 가장 먼저 하는 일은 주소 바를 숨기는 것이다. 이것은 window. scrollTo(0,1)을 호출함으로써 간단하게 구현할 수 있다. 이 호출은 iOS에서는 즉시 수행되지 않는데 이유는 브라우저가 호출한 페이지에 height가 없기 때문이다.

이 문제를 해결하기 위해 50ms 타임아웃을 세팅하여 페이지 로딩을 약간 지연시킨다. 그런 뒤 #holder 엘리먼트를 화면에 맞춘다. 주소 바를 숨기는 스크롤이 끝났을 때 정확한 스크린 값을 알 수 있도록 또 다른 타임아웃이 필요하다. 마침내 사용자가 화면을 회전하면 수행되는 rebuild 함수가 orientationchange 이벤트에 등록되었다(Listing 11.12).

```
function rebuild(){

        setTimeout(function(){

                var box;
                // 브라우저 종류를 먼저 파악한 후 보여줘야 하는 화면 크기를 계산한다.
                // hchrome과 vchrome은 chrome OS에서 잘려진 화면이다.
                if(Math.abs(window.orientation) > 0 ) {
                        box = [screen.height, screen.width - hchrome];
                } else {
                        box = [screen.width, screen.height - vchrome];
                }

                $('#holder').style.height = box[1] + 'px';
                $('#holder').style.width = box[0] + 'px';
                hero.fitToBox(box);
                window.scrollTo(0,1);

        }, 50);
}

window.setTimeout(function(){
        window.scrollTo(0,1);
        rebuild();
}, 50);

document.addEventListener('orientationchange', rebuild);
```

이 예제는 크롬 브라우저에서 빼야 할 크기에 대한 계산 과정은 보여주고 있지 않다. 하지만
해당 내용은 웹사이트의 Listing 11.17의 전체 코드에서 확인해 볼 수 있다.
rebuild 함수에서 hero 객체를 볼 수 있는데 이 함수는 확대 또는 축소의 대상 객체를 캡슐
화한 싱글레톤(singleton) 함수다. fitToBox 함수는 이미지를 viewport에 위치시킨다(Listing
11.13).

```javascript
// 이미지 크기를 위한 하드코딩 값
var imageHeight = 1267;
var imageWidth = 1900;

function $(selector) {
        return document.querySelector(selector);
}

var hero = (function(init){

        var currentDims = [], top = 0, left = 0, center = [0,0]

        image = $('#img');

        setSrc('images/chicken_s.jpg');

        // 새로운 src 설정, 이미지 교체 전 새로운 이미지 로딩을 위한 기다림
        function setSrc(src) {
                var img = new Image();
                img.onload = function(){
                        console.log('loaded ' + src);
                        image.style.backgroundImage = 'url('+ src+ ')';
                }
                img.src = src;
        }

        function setScale(scale, animate) {
                /* Listing 11.15 참조 */
        }

        function fitToBox(dimsArr) {
                var imgw, imgh, scaleFactor;
                var w = dimsArr[0], h = dimsArr[1];
```

```javascript
            // landscape 사진이기 때문에 w > h라고 가정
            imgw = w;

            scaleFactor = w/imageWidth;
            imgh = Math.round(imageHeight * scaleFactor);
            image.style.width = imgw  +'px';
            image.style.height = imgh + 'px';
            currentDims = [imgw, imgh];
            top = (h/2) - (imgh/2);
            image.style.top = top + 'px';

        }


        function setCenter(centerArr) {
            center = centerArr;

        }


        return {

            setScale: setScale,
            setCenter: setCenter,
            fitToBox: fitToBox,
            setSrc:setSrc
        }
}());
```

이미지를 중앙에 위치시키기 위해 viewport의 중앙을 찾는다(height를 2로 나눈다). 그런 뒤 엘리먼트 height의 1/2을 빼서 중앙에 일직선으로 위치시킨다. 그리고 나중에 사용하기 위해 그 위치를 top에 저장한다.

스크롤링 방지

터치 이벤트를 다루기 전에 한 가지 더 해야 할 일이 있다. 줌은 viewport 메타 프로퍼티에서 불가능하게 했는데 스크롤은 불가능하게 하지 않았다. 스크롤 역시 핀치 제스처와 충돌이 나기 때문에 불가능하게 할 필요가 있다. 스크롤을 불가능하게 하기 위해서 preventDefault 함수를 도큐먼트 객체의 ontouchmove 멤버에 등록한다. addEventListener는 이런 경우 동작하지 않는다.

```
Document.ontouchmove = function(e){
        e.preventDefault();
}
```

터치 다루기

엘리먼트를 확대/축소하기 위해 2가지 일을 해야 한다. 핀치 제스처를 시작한 두 터치포인트의 중앙을 찾는 일과 스케일 팩터를 알아내는 것이다.

● 중앙 찾기

사파리는 실제로 터치 이벤트 객체에서 터치포인트의 중앙 위치를 제공하고 있다(event.pageX와 event.pageY). 이것은 매우 유용하지만 다른 브라우저에서는 지원하고 있지 않기 때문에 항상 유용하지는 않다. 대신 서로 다른 두 터치포인트에서 손쉽게 중앙 위치를 알아낼 수 있다. 중앙 위치는 두 터치포인트의 평균값이다.

두 위치 :

```
var x = (e.touches[0].pageX + e.touches[1].pageX)/2;
var y = (e.touches[0].pageY + e.touches[1].pageY)/2;
```

이러한 방식은 사파리, 파이어폭스, 그리고 멀티터치 안드로이드 브라우저에서 잘 동작한다.

● scaling factor 정의하기

사파리 이벤트 객체에서 scale 프로퍼티를 제공하기 때문에 필요할 때 손쉽게 가져다 쓸 수
있다. 그러나 이 역시 다른 브라우저에서는 제공하지 않으므로 우리는 스케일 팩터를 계산
할 것이다. 스케일 팩터는 터치포인트 사이의 거리를 시작 거리로 나눈 현재 거리 값이다. 두
터치포인트 사이의 거리를 구하기 위해 피타고라스 정의를 이용한다. A, B 두 점과 거리 d는
다음 공식에 의해 구해진다.

$$d = \sqrt{(x_A\ x_B)^2 + (y_A\ y_B)^2}$$

코드는 Listing 11.14를 참고한다.

✿LISTING 11.14 피타고라스 공식 이용

```
function dist(pointA, pointB) {
        return Math.sqrt(
                Math.pow((pointA[0] - pointB[0]),2) +
                Math.pow((pointA[1] - pointB[1]),2)
        );
}
```

다음으로 모든 터치 이벤트를 만드는 단일 함수를 만들어보자(Listing 11.15). hero 객체가
스케일 팩터와 중앙 위치를 계산하는 함수를 가지고 있기 때문에 관련 함수에 인자로 넘기
기 전에 터치 핸들러 안에서 스케일 팩터와 중앙 위치를 미리 정의한다.

✿LISTING 11.15 모든 터치 이벤트 다루기

```
var startLen;

function handleTouch(e) {
```

```javascript
e.preventDefault;

var x,y,len;

if(e.type == 'touchstart') {
        // src 업데이트
        hero.setSrc('images/chicken_l.jpg');

        if(e.touches.length > 1) {

        startLen = dist(
                [e.touches[0].screenX, e.touches[0].screenY],
                [e.touches[1].screenX, e.touches[1].screenY]
        );

        }

} else if(e.type == 'touchmove' && e.touches.length == 2) {

        x = (e.touches[0].pageX + e.touches[1].pageX)/2;
        y = (e.touches[0].pageY + e.touches[1].pageY)/2;

        hero.setCenter([Math.round(x),Math.round(y)]);


        len = dist(
                [e.touches[0].screenX,e.touches[0].screenY],
                [e.touches[1].screenX, e.touches[1].screenY]
        );


        hero.setScale(len/startLen);
} else if (e.type == 'touchend' || e.type == 'touchcancel'){
        hero.setScale(1, true);
}
}
```

CSS에서 크기 변경은 트랜스폼-오리진을 기준으로 일정 비율에 맞게 커지거나 또는 작아진다. 이 기능은 CSS에 완전히 내포되어 있기 때문에 기준이 왼쪽 위 꼭짓점이라는 사실만 알고 있으면 쉽게 구현할 수 있다. 나머지 꼭짓점들은 비율에 맞게 자동으로 늘어나거나 줄어들게 된다.

여기서 한 가지 어려운 부분은 CSS 트랜스폼을 이용해 크기 변경을 하는 것에 대한 성능이다. CSS 트랜스폼은 객체의 좌표에 의해 계산되는데 터치포인트의 위치는 브라우저의 왼쪽 위에 대한 상대적인 위치다.

DOM에 질의하는 것과 트랜스폼이 되는 엘리먼트의 크기를 정하는 것은 불가능하다(트랜스폼은 CSS 포지셔닝 이후에 적용되기 때문이다). 따라서 올바른 값을 구하기 위해 몇 가지 산술연산이 필요하다(Listing 11.16).

❖LISTING 11.16 트랜스포메이션 적용

```javascript
function setScale(scale, animate) {
    // 스냅백 애니메이션
    if(animate) {
            image.style[TRANSITION] = TRANSFORM_CSS + ' 0.2s ease-out';
    } else {
            image.style[TRANSITION] = 'none';
    }

    // center는 이전 트랜스폼 중앙 값
    var tx = center[0] + scale * (0 - center[0]);
    var ty = center[1] + scale * (top - center[1]);

    // 페이지 좌표를 객체 좌표로 변경
    // 이미지가 브라우저 옆면과 수평을 이루기 때문에  X에 대한 작업은 필요 없다.
    ty = ty - top;
    image.style[TRANSFORM] =
```

```
'matrix(' + scale+ ',0,0,' + scale + ',' + tx + ',' + ty +')';
```

```
}
```

위 예제에서 손가락으로 엘리먼트의 크기를 조절할 수 있다. 그런 후 제스처가 끝나면 원래의 위치로 스냅백(snap back)이 된다.

핀치 다음 단계 

지금까지 해온 것은 복잡한 제스처를 가지고 할 수 있는 것 중에서 시작에 불과하다. 여기서 소개하고 있는 핀치 예제 역시 하나의 기능만을 가지고 있다. 사용자의 손가락이 움직이면 제스처의 대상도 따라서 변경된다. 만약 이미지를 확대 또는 축소하려면 제스처가 특정 한계치 이상 행해져야 한다.

NOTE ▾

완전한 코드를 확인하려면 지침서 사이트에서 Listing 11.17 파일을 참조하면 된다.

```
} else if(e.type == 'touchmove' && e.touches.length == 2) {

    /** 생략 **/

        // 부모 범위 안의 변수
        lastScale = len/startLen;

    hero.setScale(len/startLen);



} else if (e.type == 'touchend' || e.type == 'touchcancel'){
```

```
if(lastScale < 1.5) {
        hero.setScale(1, true); // 애니메이션
} else {
        hero.setScale(2, true);
}
```

이 코드는 사용자가 항상 피드백을 받을 수 있도록 하여 인터페이스가 원활하게 동작하고 있다고 느끼게 한다. 또한 사용자에게 현재 일어나는 일을 부드러운 애니메이션으로 보여줘서 거부감을 없앴다.

이 예제에서 이미지를 확대 또는 축소하면 이미지가 흐려지는 것을 인지할 수 있다. 이는 7장 CSS 트랜지션, 애니메이션, 그리고 트랜스폼'에서 언급한 것처럼 GPU에 처리하기 전 엘리먼트가 렌더링되기 때문이다. 3D 트랜스폼에서 2D 트랜스폼으로 변경하면 흐려지는 것을 간단히 제거할 수 있다.

SUMMARY 정리

Part 11에서는 멀티터치 제스처에 대해 소개했으며 웹킷과 모질라의 터치 이벤트, 그리고 마이크로소프트의 포인터 이벤트에서 멀티터치를 어떻게 탐지하는지 배울 수 있다. 많은 제스처 구현에 일정 수준 이상의 복잡한 기하학 지식이 필요하다. 기하학을 적용하면 효과가 좋은 제스처를 구현할 수 있다. 수학에 대한 이해 역시 DOM과의 상호작용 없이 자바스크립트로 다양한 계산을 할 수 있게 한다.

이 책이 HTML5 터치 인터페이스를 시작하는 데 많은 도움이 되었기를 희망한다. 모바일 웹에서는 많은 것들이 빠르게 변한다. 그러나 한 가지 확실한 것은 모바일 웹은 계속 성장할 것이고 미래에 나올 모바일 기기들은 터치 인터페이스를 가지게 될 것이라는 점이다.

Part 10에서 스와이프 기능이 포함된 이미지 갤러리를 만들었다. 이제 거기에 줌 기능을 추가해 보자. 더블탭(100ms 내에 두 번 탭)을 하면 가장 커다란 크기로 줌 기능이 동작한다. 줌 기능은 애니메이션으로 동작해야 하며 스와이핑 동작에는 영향을 미치지 않아야 한다. 그러고 난 뒤 언핀치(unpinch)로 이미지를 확대하는 기능을 추가한다. 언핀치를 시도하면 이미지는 가장 큰 크기로 확대되거나 아니면 원래 크기로 돌아온다.

HTML5

부록

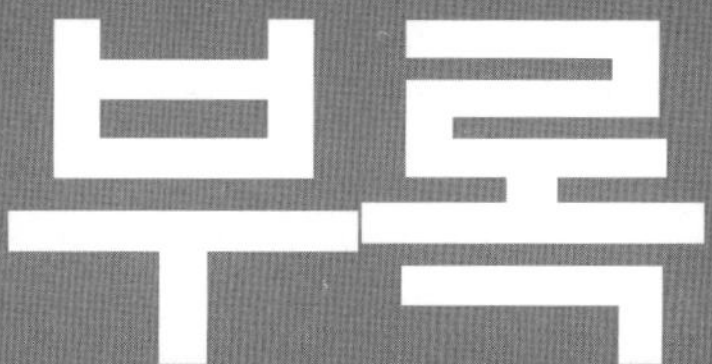

A 디버깅 도구들

데스크톱에서 자바스크립트와 CSS를 디버깅하는 것은 간단하다. 대부분의 브라우저는 디버거와 개발자 도구들이 내장되어 있다. 모바일 디바이스에서 디버깅은 조금 어려운 편이다. 그러나 최근 모바일 브라우저에서는 많이 쉬워진 편이며, iOS 사파리 리모트 디버거, 안드로이드 크롬 리모트 디버거, Weinre(cross-platform Web Inspector) 등 3개의 툴들은 반드시 가지고 있어야 한다.

iOS 사파리 리모트 디버거 

iOS 사파리는 조금은 빈약한 네이티브 콘솔과 경고(alert) 다이알로그들에 의존하기 때문에 디버깅에 많은 어려움이 있었다. 애플은 iOS6에서 데스크톱용 사파리 웹 디버거를 사용할 수 있도록 하면서 디버깅을 위한 가장 단순한 플랫폼을 만들었다.

실제 디바이스에서 디버깅

맥과 iOS6에서는 이 방식이 쉽지 않을 수 있다. iDevice에서 〈Settings〉을 열고 'Safari' 설정 패널로 들어간다. 〈Advanced〉로 들어가서 Web Inspector가 'ON'인지 확인한다(그림 A.1). 그다음 컴퓨터(Mac)에서 사파리의 〈Develop〉 메뉴가 'Visible'인지 확인한다 (Preference〈Advanced)(그림 A.2).

[그림 A.1] 디바이스에서 Web Inspector를 켠다.

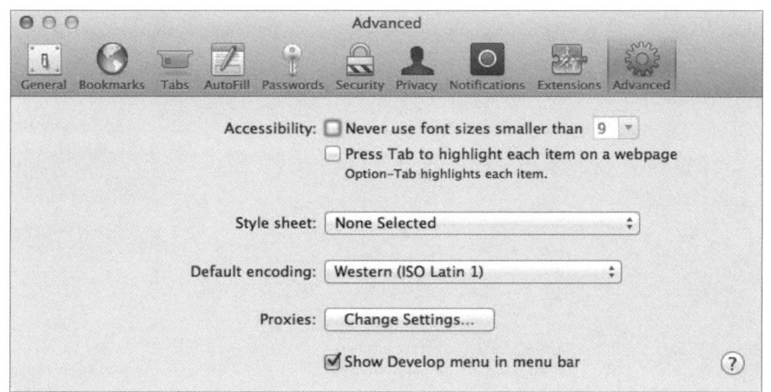

[그림 A.2] 사파리의 ⟨Develop⟩ 메뉴를 켠다.

다음으로 USB 케이블로 맥과 아이폰을 연결한다. ⟨Develop⟩ 메뉴에서 ⟨Device⟩ 메뉴를 확인한다. 이름으로 'Device'를 선택하고 'Safari' 탭을 선택하면 분석을 진행할 수 있다. Web Inspector가 시작되면 데스크톱에서 직접 Web Inspector를 사용할 수 있다.

iOS 시뮬레이터 사용

iDevice에 접속할 수 없거나, 다른 크기를 가진 화면에서 테스트하고 싶을 때는 Xcode를 포함하고 있는 iOS 시뮬레이터를 사용할 수 있다. 맥 앱스토어에서 Xcode를 무료로 다운로드할 수 있다.

시뮬레이터를 실행하기 위해서는 Xcode를 열어야 한다. 프로젝트를 새로 생성할 필요는 없다. Xcode 메뉴 안에서 'Open Developer Tool > iOS Simulator'를 선택한다. 시뮬레이터가 실행되는 중에 ⟨Device⟩ 메뉴에서 시뮬레이팅되는 디바이스를 변경할 수 있다.

사파리가 시뮬레이터에서 실행되고 있을 때, 데스크톱 사파리에 있는 inspector로 디바이스를 디버깅할 수 있다(그림 A.3).

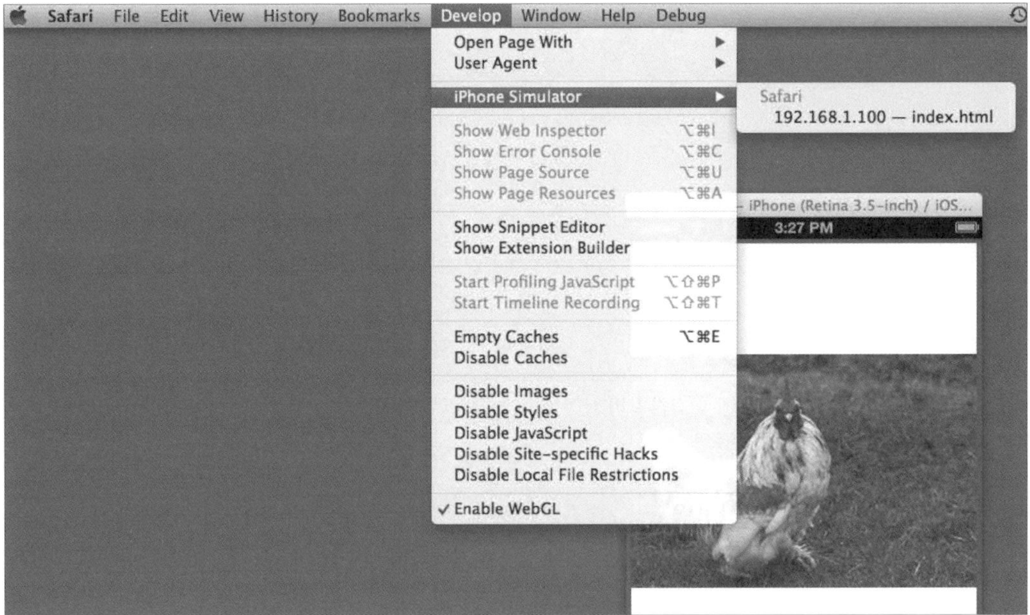

[그림 A.3] 사파리의 Inspector로 시뮬레이터를 디버깅●

iOS의 과거 버전은 Xcode preferences에 있는 다운로드 패널을 통해 애플에서 다운로드할 수 있지만, iOS6 이전 버전은 리모트 디버거를 사용할 수 없다.

시뮬레이터는 실제 디바이스와 일치하는 복사본이 아니고, 동일한 성능을 보이지도 않는다. 따라서 가능하면 실제 디바이스에서 테스트하는 것이 가장 좋다.

안드로이드 크롬 리모트 디버거 

안드로이드 크롬도 애플처럼 디버깅할 수 있지만, 실행하는 데 조금 복잡한 부분이 있다.

먼저 안드로이드 SDK(http://developer.android.com/sdk)를 다운로드해서 설치해야 한다. SDK는 Android Debug Bridge(ADB)라고 부르는 도구를 포함하고 있는데, 이것은 USB를

● 이 책에서는 기본적으로 언어 설정이 'English'로 되어 있는 환경을 기준으로 설명하고 있다. 예를 들어 그림 A.3에서 Web Inspector 가 한국어 환경에서는 '웹 속성'으로 명시되어 있다(역자 주).

통해 디바이스에 접속할 수 있는 기능을 제공한다.

USB를 통해 컴퓨터와 디바이스를 연결하고, 디바이스에서 크롬을 실행한다. 그리고 'Setting 〉 Advanced 〉 Developer tools'로 들어가서 'Enable USB Wen Debugging'이 체크되어 있는지 확인한다(그림 A.4).

이제 여러분의 시스템에서 실행 가능한 adb를 찾아야 한다. 저자의 경우 SDK I 버전(2012년 11월 13일)이고, 맥에서의 경로는 /Applications/android-sdk-macosx/platform-tools이다. adb를 다음 파라미터로 실행한다.

[그림 A.4] 안드로이드 크롬에서 USB Web debugging을 켠다.

```
./adb forward tcp:9222 localabstract:chrome_devtools_remote
```

크롬이 디바이스에서 실행되었다고 가정하면, http://localhost:922로 접속할 것이다. 그리고 'inpectable pages'의 리스트를 확인할 수 있다. 그 리스트 중에 관심 있는 하나를 클릭하면 마치 데스크톱에서 브라우저를 사용하는 것처럼 크롬 개발자 도구(Chrome Developer Tools)를 사용할 수 있다.

기타 브라우저들을 위한 WEINRE

다른 브라우저의 경우는 Weinre를 권장한다. 크롬 개발자 도구에 내장되어 있는 리모트 디버거로서, 안드로이드 네이티브 브라우저, IE10.0, 그리고 파이어폭스 모바일(FireFox Mobile)에 대한 디버깅이 가능하다.

IE10.0과 파이어폭스 모바일의 네이티브 디버깅 도구로도 추천할 만하다. IE10.0에 있는 도구들은 브라우저로 동일한 디바이스에서만 실행된다. 실제로 Windows RT 태블릿이 아닌 터치스크린을 가진 컴퓨터에서는 사용할 수 없다. 파이어폭스 모바일에서 사용할 수 있는 툴들은 Weinre에 비해 기능이 많이 빈약하다.

WEINRE 설치

컴퓨터에 NPM과 Node.js가 있다면 커맨드 라인에서 npm install -g weinre를 입력하면 된다. 그렇지 않으면 Node.js(http://nodejs.org/)를 먼저 설치해야 한다.

Weinre를 실행하기 위해서는 커맨드 라인에서 weinre를 입력하면 된다. 그 결과로 서버가 어떤 포트로 실행되는지를 보여준다(일반적으로 8081). 그다음 페이지에 아래 스크립트 태그를 추가해야 하는데, [your ip address]와 [weinre port]는 정확한 값으로 바꿔주어야 한다.

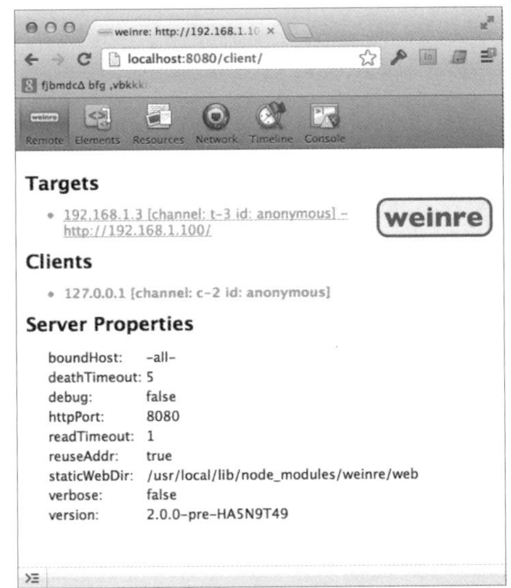

[그림 A.5] IP 192.168.1.3의 윈도폰에서의 Weinre 화면

```
<script src="http://[your ip address]:[weinre port]/target/
→ target-script-min.js"></script>
```

크롬을 열면 http://localhost/client로 접속하게 되고, Targets 항목에서 디버깅할 수 있는 대상들을 볼 수 있다(그림 A.5).

디버깅하고 있는 대상은 파란색으로 표시된다. 다른 클라이언트를 클릭하면 현재 디버깅하는 대상이 변경된다. Weinre는 모든 크롬 개발자 도구들을 접속할 수 있는데, 디버거와 프로파일러는 제외된다. 이런 제한적인 부분이 있긴 하지만 그래도 매우 강력한 도구이다(그림 A.6).

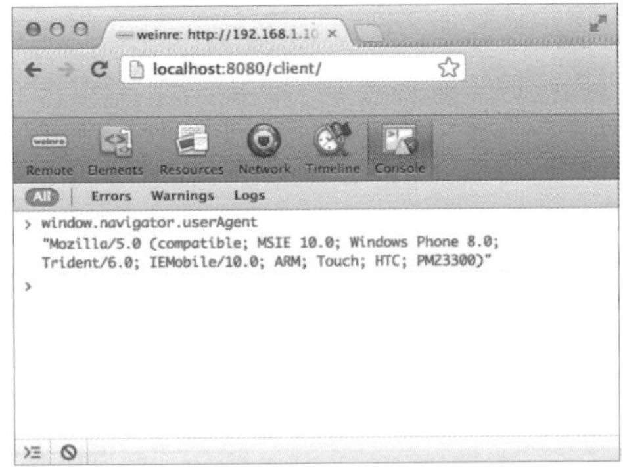

[그림 A.6] 크롬 개발자 도구로 IE10.0에서의 페이지 디버깅

모바일 프레임워크

이 책은 프레임워크에 대한 언급을 최대한 자제했다. 실제 환경에서 프레임워크를 사용하는 것이 적절한 곳에서는 프레임워크를 추천한다. 내가 어떤 문제와 씨름하고 있는데, 다른 누군가가 그 문제를 너무 명확하게 해결해 준 상황과 비슷하다고 할까?

이 부록에서는 4개 타입의 도구에 대해서 다루고자 한다.

첫 번째, 프레임워크가 아니라 가능한 최소한의 기능을 갖춘 모바일 라이브러리이며, 여러분이 작성해야 할 기본적인 표준 코드의 양을 줄이는 데 도움을 준다.

두 번째, 터치 UI 프레임워크는 모든 것을 갖춘 프레임워크다. 이들 대부분은 애플리케이션 컨트롤들을 빨리 제작하는 데 도움을 주는 위젯 라이브러리를 제공한다.

세 번째, MVC 프레임워크다. 무언가 크고 복잡한 것을 제작할 때 필요하다.

네 번째, 단 하나의 문제를 해결하기 위해 설계된 특수 목적의 라이브러리다.

모바일 라이브러리 

저자는 이것들을 프레임워크보다 라이브러리라고 부른다. 왜냐하면 이것들은 실질적인 구조를 제공하지 않는다. 단지 시간을 쓸데없이 낭비하지 않게 도와주는 도구들일 뿐이다. 이들 대부분은 jQuery 구문과 매우 유사하다.

ZEPTO

Zepto는 대부분 jQuery와 호환되도록 설계되었디. 그러나 모바일 브라우저들을 포함해서 최근 브라우저들만 대상으로 한 것은 아니다. jQuery의 훌륭한 기능 중 하나는 API들을 일반화하여 jQuery로 작성된 코드들이 브라우저 내 대부분 영역에서 동작이 가능하고, IE6.0을 포함한 과거 브라우저에서도 동작이 가능하다는 것이다. 그러나 이들 브라우저들을 지원하기 위해서는 많은 양의 코드가 요구된다는 단점을 가지고 있다. Zepto는 모바일에서는 필요

없지만 다양한 브라우저들을 지원하기 위해 필요했던 부분을 제거함으로써 라이브러리의 크기를 놀라우리만큼 줄였다.

일단 Zepto는 IE10.0을 지원하지 않는다. 이것이 여러분에게 문제가 될 수도 있고 그렇지 않을 수도 있다. 문제가 되지 않는다면 Zepto는 매우 효과적인 도구가 될 것이다.

웹사이트 : zeptojs.com

$DOM

$dom은 단순화된 DOM 동작에 초점을 맞춘 초경량 자바스크립트 라이브러리다. 노드들을 패치하고, 클래스들을 설정하고, 노드들을 테스트할 수 있는 몇 개의 단순한 메소드들을 제공한다. 많은 일을 하지는 않지만, 몇 가지 작업들을 잘 수행한다. 업데이트가 활동적으로 보이지는 않지만, 코드는 매우 단순해서 버그들을 쉽게 수정할 수 있다.

웹사이트 : julienw.github.com/dollardom/

XUI

Xui는 Zepto와 유사한 또 하나의 초경량 라이브러리다. PhoneGap용으로 개발한 라이브러리로 철저히 모바일을 위해 설계되었다. 인터페이스는 jQuery와 비슷하지만, jQuery와 호환되지는 않는다. XUI는 단순하고 깔끔하고, 모든 브라우저에서 동작하며, 코드 자체의 가독성이 뛰어나다.

웹사이트 : xuijs.com

터치 UI 프레임워크 

사용자 인터페이스(User Interface) 프레임워크는 문제 해결에 도움을 주는 코드 이상의 역할을 한다. 프레임워크는 위젯을 포함하여 모든 애플리케이션을 개발하는 데 도움을 준다. 이들은 기능성 애플리케이션을 개발하는 데 있어서 개발 기간을 크게 단축해 주기 때문에 단순한 라이브러리보다 더 인기 있다. 제한이 있다면 크고 복잡하다는 것이다. 다운로드할 코드가 많고, 문제를 해결하기 위해 이해해야 할 내용이 많다. 다음 4개의 리스트는 현재 활

동하고 있는 온라인 커뮤니티다. 이런 프레임워크를 사용할 때의 리스크(risk)는 실제 필요
한 것보다 더 많은 양의 코드를 필요로 한다는 것이다.

JQTOUCH

jQTouch는 모바일 웹사이트를 개발하는 데 필요한 모든 것을 가지고 있다. 트랜지션, 애니
메이션, 스와이프(swipe)를 제공하고, 심지어 아이폰용(iPhone-inspired) 위젯 라이브러리
도 제공한다. 네이티브 앱에 최대한 가깝게 만드는 데 초점을 둔 스타일을 지향하고 있다.
Sencha로 만들어졌고 널리 활용되고 있는 온라인 커뮤니티다.

웹사이트 : jqtouch.com

JQUERY 모바일

jQuery 모바일은 jQuery와 jQuery UI가 지원되는 확장판이다. jQuery가 가지고 있는 모든
것을 지원하고, 모바일 전용 위젯, 터치 이벤트 지원, PJAX 툴들도 제공한다. jQuery를 잘 아
는 개발자라면 매우 수월하게 사용할 수 있을 것이다.

웹사이트 : jquerymobile.com

SENCHA TOUCH

Sencha Touch는 기업용의 강력한 UI 프레임워크다. HTML5에서 네이티브에 가까운 앱을
빠르게 구현하는 데 초점을 두고 있다. Sencha는 툴을 사용하고, 교육을 받고, 지원을 받기
위해서는 금액을 지불해야 한다. 작은 규모의 팀으로 매우 크고 복잡한 애플리케이션을 개
발할 경우에 Sencha Touch가 도움이 될 것이다. 그러나 내장된 스킨 기능을 커스터마이징
하기가 매우 어려운 단점이 있다. jQuery보다는 ASP.NET을 생각나게 난다.

웹사이트 : www.sencha.com/products/touch/

JO APP

Jo App은 위젯을 포함한 프레임워크에 초점을 둔 단일 페이지(PJAX)다. 매우 가볍지만 호환
성은 떨어진다. 업데이트가 그다지 활동적이지는 않지만 온라인 커뮤니티가 있다.

웹사이트 : joapp.com

MVC 프레임워크 

MVC 프레임워크는 매우 뛰어나지만 눈에 띄게 복잡하다. 오랜 기간 동안 유지 보수를 해야 하는 큰 규모의 앱을 개발할 때 매우 훌륭한 프레임워크다. 하지만 단지 마케팅 사이트 정도를 만든다면, MVC 프레임워크를 사용하는 것은 너무 부담스럽다. 다음 프레임워크 중에 모바일에 초점을 맞춘 것은 없지만 틀림없이 모바일에서도 유용하게 사용될 수 있다.

BACKBONE.JS

Backbone은 클라이언트 MVC를 지향하여 시작된 프레임워크다. 꽤 독단적인 프레임워크로 서버상에서 레일과 함께 동작하며 매우 생산적이다. 가장 중요한 문제는 문서를 이해하기 어려울 수 있다는 점이다.

웹사이트 : backbonejs.org

EMBER.JS

자신의 웹사이트에서 Ember를 '야심찬 웹 애플리케이션을 만드는 자바스크립트 프레임워크'라고 표현한다. '야심찬'이라는 말은 이 프레임워크를 잘 표현한 말이다. Ember는 독단적인 것에 대한 부끄러움이 없다. Ember는 애플리케이션을 만드는 데 있어서 아주 명확한 아키텍처를 설명하고 있으며, 그 아키텍처에서 쉽게 벗어나지 않는다(계획적이다). Ember는 매우 재능 있는 팀이 개발한 놀라운 제품이다. 대규모 앱을 개발한다면 Ember way로 무언가를 할 준비가 되어 있어야 한다.

웹사이트 : emberjs.com

YUI

정확한 명칭은 YUI 앱 프레임워크이며, Ember와는 정반대의 프레임워크다. 이 프레임워크는 많은 기능과 명확한 아키텍처를 가지고 있지 않다. 그러나 애플리케이션 설계에 있어서 자유로운 인터페이스를 제공한다. YUI는 규모가 큰 앱을 관리하는 데 뛰어난 모듈 시스템을 가지고 있다. 앱 프레임워크 라우터는 매우 잘 설계되어 있고, Express 기반의 server-side

애플리케이션과도 잘 연동된다(완전 공개 : 저자가 YUI 코드를 커밋했고 야후에서 일했다).

웹사이트 : yuilibrary.com

ANGULAR.JS

Angular.js는 Google+를 위해 구글이 만든 프레임워크다. 매우 세심하게 계획된 툴이지만 설계가 다른 프레임워크와 많이 다르다. 데이터 바인딩이 HTML에 바로 쓰여지고 DOM 업데이트가 완전 자동으로 진행된다. 아주 강력한 라우팅도 내장되어 있다.

웹사이트 : angularjs.org

특수 목적의 라이브러리 

특수 목적의 라이브러리들은 단 하나의 문제에 초점을 맞추고 있으며, 일반적으로 다른 라이브러리들과 함께 사용된다. 그리고 여러분들이 자체적으로 만든 프레임워크들도 포함된다.

ISCROLL

정식 명칭은 '스크롤링/핀칭/패닝 라이브러리'로 정규 엘리먼트에 웹뷰와 같은 특징들을 부여하기 위해 설계되었다. 'Part 10 스크롤링과 스와이핑'에서 사용법을 설명했다.

웹사이트 : http://cubiq.org/iscroll

OVERTHROW.JS

Overthrow는 모든 브라우저에서 스크롤링 엘리먼트의 역할을 확실히 보장하기 위해 설계된 가벼운 도구다. Part 10에서 사용법을 설명했다.

웹사이트 : http://filamentgroup.github.com/Overthrow/

HAMMER.JS

Hammer는 멀티터치 제스처를 구현하기 위해 설계된 라이브러리다. 핀치를 지원하는 데 제한이 있으며, 'Part 11 핀칭과 다른 복잡한 제스처'에서 다룬 내용이다. 다음 사이트에 다운로드할 수 있다.

웹사이트 : eightmedia.github.com/hammer.js/

REQUIRE.JS

Require.js는 자바스크립트 모듈 로더다. 이것은 모든 것들이 적당한 시점에 적당한 순서로 로딩될 수 있도록 해주고 여러분이 의존하는 모든 것들을 제어할 수 있도록 해주는 가장 강력한 도구다.

웹사이트 : requirejs.org

C 모바일 웹 애플리케이션 개발

지금까지 주로 간단한 콘텐츠 사이트에 대해 설명했다. 여기서 간단하다는 것은 상대적인 것이다. 실제 콘텐츠 사이트들은 매우 복잡할 수 있다. 사람들은 모바일 웹을 포함한 웹이 콘텐츠를 보여주는 것 이상의 더 많은 것을 제공하리라 기대한다. 사용자들은 모바일 웹 앱뿐 아니라 데스크톱에서도 같은 것들을 제공하리라 기대한다. 웹 개발자들은 사용자의 이런 기대에 부응하기 위해 늘 고민한다. 네이티브 웹의 인기는 모바일 웹의 좋지 않은 성과와 연관이 있다. 저자는 파워가 부족한 모바일 디바이스에서 사용자에게 훌륭한 경험을 제공하기가 매우 어렵다는 것을 인성한다.

그러나 불가능한 것은 아니다. 이 책이 필요한 이유, 즉 모바일에서 잘 동작하기 위해 여러분은 부지런하고, 조직적이고, 세심해야 한다. 다양한 라이브러리, 위젯, 플러그인 등은 데스크톱에서는 잘 동작하지만 모바일 웹에서는 성능 문제가 발생한다.

이러한 이유로 여러분이 만든 앱이 논문이나 사진들을 보여주는 것뿐 아니라 더욱 복잡한 작업들을 수행하기 위해서는 코드를 매우 세심하게 구조화해야만 한다. 사용자 인터페이스를 구조화하기 위한 가장 좋은 방법이 Model-View-Contraller(MVC) 디자인 패턴이다.

MVC란 무엇인가? 

디자인 패턴은 단순히 특정 문제를 해결하기 위한 방법을 설명한 것이다. 여기서 문제는 단순하고 확장성이 고려된 그래픽 사용자 인터페이스(GUI)를 어떻게 구조적인 코드로 만들 수 있느냐 하는 것이다. 해결책은 1970년대에 유명한 Xerox PARC 리서치 센터에서 나왔다. 그들이 최초의 GUI 시스템을 개발하는 과정에서 코드가 매우 복잡하고 유지 보수가 어렵다는 것을 깨닫고, 복잡성을 해결할 수 있는 도구로 MVC를 제안했다.

GUI와 마찬가지로 웹 애플리케이션은 여러 가지 일을 수행해야 한다. 사용자의 행위를 이벤트를 통한 인터페이스를 가지고 핸들링할 수 있어야 하고, 인터페이스 엘리먼트들을 디스플레이해야 하며, 애플리케이션의 실제 데이터들을 관리할 수 있어야 한다. MVC에서는 이런 것들을 주된 관심사로 정의하여, 모델(데이터), 뷰(디스플레이), 컨트롤러(이벤트 핸들링) 이슈를 명확하게 분리할 것을 권장한다. 이들이 분리되어야 유지 보수와 개발이 더 쉽게 이루어질 수 있다. MVC를 사용하면 훨씬 적은 코드로 만들어낼 수 있는데, 이것은 모바일 웹사이트에서는 매우 중요한 부분이다.

전통적인 Model-View-Controller 패턴에서는 데이터의 흐름이 존재한다. 모델이 뷰를 업데이트하고 사용자로부터 받은 이벤트가 컨트롤러로 전달되고, 컨트롤러가 모델을 업데이트한다(그림 C.1).

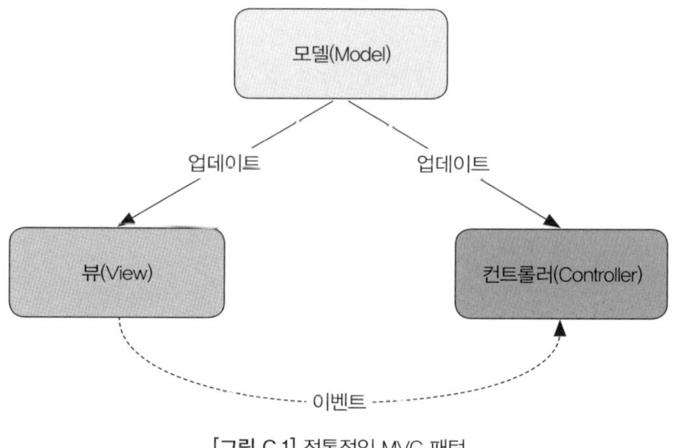

[그림 C.1] 전통적인 MVC 패턴

MVC 패턴이 클라이언트 웹 앱에 적용되면서 웹 환경 내에서 센스가 많이 개선되었다. 가장 일반적인 접근 방식(Backborn.jsp 프레임워크에 의해 개척되었다)은 이벤트를 핸들링하고 UI를 업데이트할 때, 컨트롤러를 사용하지 않는 대신 논리적 뷰를 사용하는 것이다. 그러기 위해서는 유스케이스(Use Case)에 의존해 때로는 템플릿을 랜더링하고 DOM을 수정해야 한다(그림 C.2).

모델은 데이터 수정을 핸들링하면서 서버와의 통신도 담당한다. 세 번째 컴포넌트는 라우터이고, 그 내용은 Part 05에서 다루었다. 라우터는 pushState와 popState를 간편하게 다루기 위해서 URL들을 핸들링한다.

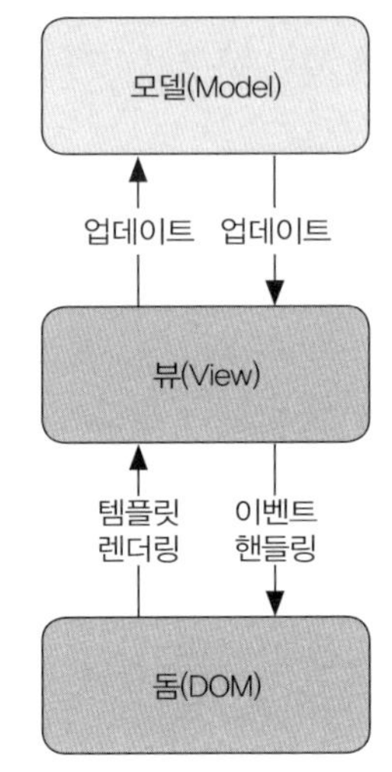

[그림 C.2] MVC의 client-side 웹 버전

Part 05에서 캘리포니아의 새들 사이트가 이 패턴을 대략적으로 따르고 있다. bird_data가 모델, pjax.js가 논리 뷰이고 라우터가 뷰 스위칭을 핸들링한다. 이 부록에서는 더 복잡한 앱을 개발하려고 하는데, 그것은 바로 새에 관한 퀴즈 앱이다.

헐거운 커플링(결합)

보다 복잡한 소프트웨어 애플리케이션을 개발할 때, 컴포넌트 간의 통신은 각각 매우 밀접하고 직접적인 결합(Tightly coupled)으로 이루어진다. 각각의 모듈들이 다른 모듈들을 장악하는데, 이렇게 되면 애플리케이션은 불안정할 수밖에 없다. 하나의 컴포넌트에서 작은 수정 사항이 발생하더라도 다른 컴포넌트에 문제를 야기할 수 있다.

또한 밀착 결합(Tightly coupled) 시스템은 문제가 커지는 경향이 있다. 문제를 회피하기 위한 작은 수정이 큰 수정을 야기한다. 작고 느린 디바이스에서 소프트웨어의 불안정성은 낮은 성능의 원인이 된다. 뿐만 아니라 애플리케이션의 유지 보수가 더 어려워지고, 사용자에게는 최악의 경험이 될 것이다.

이 문제에 대한 해결책이 헐거운 결합(loose coupling)이다. 각각의 컴포넌트들이 다른 컴포넌트에 대해 가능한 조금 알고 있어야 한다. 이것은 컴포넌트 간의 통신을 위해 커스텀 이벤트를 이용한 이벤트 드리븐(event-driven) 클라이언트와 컴포넌트 간의 단순한 인터페이스를 통해 가능하다. 새에 관한 퀴즈(Bird Quiz) 앱에서는 관찰자 패턴(observer pattern)과 MVC에 기반을 둔 프레임워크를 사용할 것이다. 이 접근 방식으로 프레임워크 코드를 이용해 헐겁게 결합된(loose coupled) 애플리케이션을 개발할 수 있다. client-side 애플리케이션 프레임워크의 세계를 알아가다 보면 이 접근 방식이 사용되고 있다는 것을 알게 된다. 불필요하다고 생각된다면 여러분만의 방법으 개발해도 된다 그러나 근본적인 개념만은 이해하기 바란다.

새에 관한 퀴즈 

놀랍게도 새(Bird) 재단이 다시 우리를 불렀다. 이제 우리 고객들은 좀 더 복잡한 사이트를 원하고 있다. 단순히 새에 대해 공부하는 것을 넘어서, 재단에서는 멤버들이 지식을 테스트하기 위한 퀴즈 사이트를 원한다(그림 C.3).

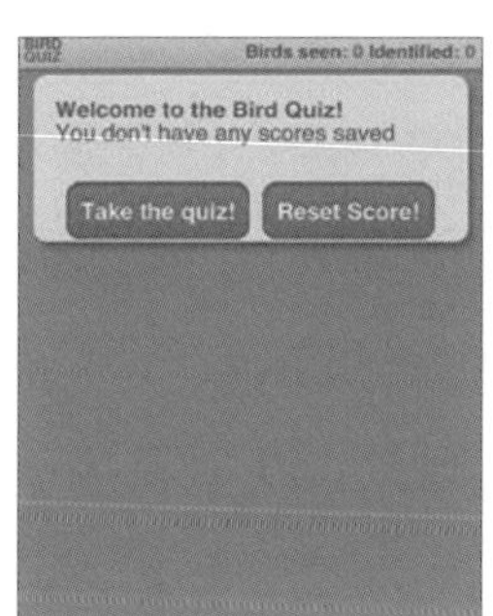
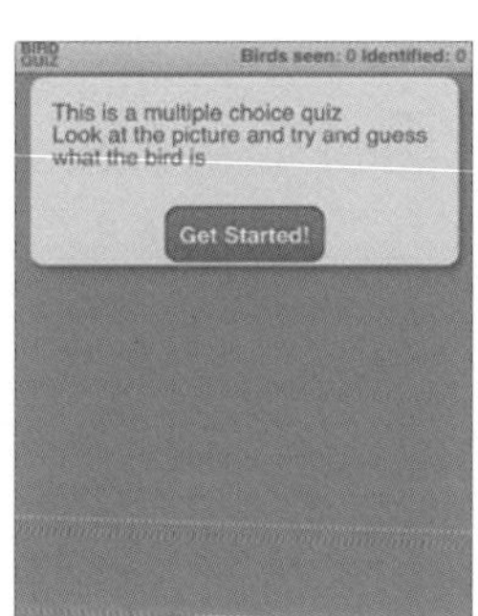

[그림 C.3] '새에 관한 퀴즈'를 위한 4페이지 디자인(mock-up)

프레임워크 생성 

프레임워크는 헐거운 연결을 지원하는 접착제와 같다. 기본 클래스들이 플러밍(Plumbing)을 핸들링할 수 있기 때문에 애플리케이션 코드가 애플리케이션의 실질적인 문제를 해결하는 데 초점을 둘 수 있다. 그 하나의 예로 우리는 이제 애플리케이션에서 쓰여질 모델과 뷰 기본 클래스들을 만들 것이다.

모델

이 애플리케이션의 모델들은 관찰자 패턴(Observer pattern)이라고 부르는 디자인 패턴을 따를 것이다. 관찰자 패턴에서는 공급자(Subject, 또는 관찰 대상 객체)와 관찰자(Observer)가 존재한다. 공급자는 자신의 관찰자 리스트를 관리한다. 무언가 중요한 일이 발생했을 때 관찰자는 자신의 모든 구독자(Subscriber)에게 이 내용을 알려준다.

자바스크립트에서 구독자는 콜백으로 리스너(관찰자)를 등록할 수 있다. 이 내용들이 여러분에게 친숙하게 들릴 수도 있는데, 그 이유는 관찰자 패턴이 DOM 자체 내에서 구현되기 때문일 수도 있다. addEventListener는 DOM에서 관찰자를 등록할 수 있는 네이티브 메소드다. 이 앱의 모든 데이터들은 새, 점수, 질문을 나타내는 단순한 자바스크립트 객체들이다. 앞에서도 언급했지만 모델의 목적은 문제점을 확실하게 분리하는 것이다. 데이터는 모델 안에 있고 상호작용과 뷰는 뷰 안에서 업데이트된다.

모델은 그 속성들에 직접 접근하지 않고 'get'와 'set' 메소드를 호출해서 수정한다. 뷰들은 change 이벤트를 통해 모델이 변경된 것을 알게 된다. 모델은 관찰자 패턴으로 구현할 것이다. 개인 키들은 'keyChange' 이벤트를 통해 변경되고 모든 변경은 'change' 이벤트를 통해 진행된다.

'Listing C.1에서 보듯이 모델은 생성자(Constructor)를 통해 시작된다.

✿LISTING C.1 모델 생성자

```javascript
function Model(data) {

    if(!data) {
        this._data = {};
    } else {
        this._data = data;
    }
```

```
        this._listeners = {};
}
```

생성자는 'data' 객체를 취해서 인스턴스를 생성할 때 데이터를 가진 모델을 생성할 수 있다. 그리고 의사 개인 속성(pseudo-private property)에 데이터를 숨겨서 setter와 gettter를 이용해 데이터를 조작하는 것을 대신할 수도 있다. getter를 이용하면 모델에서 변경된 것을 알려주는 코드를 삽입할 좋은 위치를 확보할 수 있다.

```
Model.prototype = {

    constructor: Model,

    // 일반적인 setter, 데이터가 변경된 후에 "change" 이벤트를 보낸다.
    //
    set: function (key, value) {
        this._data[key] = value;
        this.fire(key + 'Change');
        this.fire('change');
    },


    // 여러 개의 값을 설정할 수 있는 가장 편리한 메소드
    //
    setData: function (data) {
        var key;

        for (key in data) {
                if(data.hasOwnProperty(key)) {
                        this._data[key] = data[key];
                        this.fire(key + 'Change');
                }
        }
```

```javascript
        this.fire('change');
    },

    // getter
    get: function (key) {
        return this._data[key];
    },

    // 일반 객체로 모든 데이터를 얻을 수 있는 메소드
    toJSON: function () {
        return this._data;
    },

    // 오버라이드(override)를 위한 빈 함수
    load: function () {

    }

}
```

커스텀 이벤트 시스템을 만들기 위해서는 구독자가 리스너를 위한 메소드를 가져야 하고, 기록을 유지할 수 있는 방법과 구독자에게 알려주는 방법이 요구된다.

NOTE ▾

이 이벤트 시스템은 니콜라스 자카스(Nicholas Zakas)가 그의 웹사이트에 설명한 내용을 참고한 것이다. 이런 형태의 헐거운 결합 시스템에 대해 더 자세한 정보를 원하면 http://www.nczonline.net/blog/2010/03/09/custom-events-in-javascript/를 방문하길 바란다.

모델에서 구독자 메소드는 'on'이다.

```javascript
on: function (/*string*/ type, /* function */ listener) {
```

```javascript
        // 이 이벤트 타입에 해당하는 리스너가 있는지 체크한다.
        // 없으면 type을 생성한다.
        if (typeof this._listeners[type] === "undefined") {
                this._listeners[type] = [];
        }


        // 리스너 추가
        this._listeners[type].push(listener);


        // remove 함수를 가지는 핸들러 리턴
        return {


                remove: function () {


                        if (that._listeners[myEvent] instanceof Array) {
                                var listeners = that._listeners[myEvent];
                                for (var i = 0, len = listeners.length; i <
                                        len; i++) {
                                        if (listeners[i] === listener) {
                                                listeners.splice(i, 1);
                                                break;
                                        }
                                }
                        }
                }
        }


}
```

'fire' 메소드가 실질적으로 리스너에게 변경 내용을 알려주는 역할을 한다:

```javascript
fire: function (event) {
        if (this._listeners[event] instanceof Array) {
```

```
                        var listeners = this._listeners[event];
                        for (var i = 0, len = listeners.length; i < len; i++) {
                                listeners[i].call(this, event);
                        }
                }
        }
```

이것은 단지 'fire' 메소드를 구현하는 가장 단순한 방법이지만, 우리의 목적만으로 보면 가장 좋은 방법이다.

뷰

이 프레임워크에서 뷰는 DOM 이벤트, HTML 렌더, HTML 업데이트를 핸들링한다. 일찍이 우리는 커스텀 템플릿 엔진을 사용했다. 이 앱에서는 약간의 정교함이 필요하다. 그래서 Handlebars.js라는 오픈 소스 템플릿 엔진을 사용하려고 한다.

HANDLEBARS 소개

Handlebars는 자바스크립트 템플릿 엔진이다. Handlebars 구문은 Mustache라고 하는 다른 템플릿 언어의 일부다. Mustache는 'logicless'로 설계되었다.

템플릿 언어를 사용하는 이유 중 하나는 로직과 표현(Presentation)의 구분을 강요하고 있다는 것이다. 그러나 많은 템플릿 언어의 표현력 문제로 인해 프로젝트들이 깔끔한 구분과는 멀어지게 되고, 비즈니스 로직이 템플릿되어 버린다. Mustache는 이런 일이 불가능하도록 설계되었다. Mustache는 기능이 제한되어 있어서 로직이 복잡해지는 것 자체가 불가능하다. Mustache는 과격한 아이디어다. 실제로는 엄격한 제한으로 인해 템플릿(루프와 조건문) 내의 일부 단순한 태스크(task)들이 쓸데없이 복잡하다. Handelbars는 이 단점을 보완하도록 설계되어 최소한의 템플릿을 유지하고 있다.

구문은 의도적으로 단순하다. 템플릿은 그냥 HTML이고, Handlebars 표현식은 '{{'와 '}}'로 구분되어 있다.

```
<h1>{{message}}</h1>
<p>{{foo}}</p>
```

템플릿을 렌더하기 위해서 먼저 컴파일한다:

```
var template = Handlebars.compile("<h1>{{message}}</h1><p>{{foo}}</p>");
```

그 다음 템플릿을 호출한다:

```
var str = template({message:"hello, world", foo: "bar"});
```

콘텐츠는 다음과 같이 쓴다:

```
<h1>Hello, world</h1>
<p>bar</p>
```

단순한 변수 치환과 함께, Handlebars는 블록 표현식(Block expression)을 지원한다. 블록들은 변수 식별을 위해 분리된 컨텍스트를 생성한다. 예를 들어 다음의 데이터가 주어졌다고 하자:

```
{
    title: 'A bird',
    bird: {
            name: "Brown Pelican",
            latin: "Pelecanus occidentalis"
    }
}
```

그리고 템플릿은 다음과 같다:

```
<h1>{{title}}</h1>
{#bird}
<h2>{{name}}<h2>
<p><em>({{latin}})</em>
{{/bird}}
```

결과는 다음과 같다:

```
<h1>A bird</h1>
<h2>Brown Pelican</h2>
<p><em>Pelecanus occidentalis </em></p>
```

내장된 블록 헬퍼를 이용해 단순한 루프를 만든다:

```
    Data:
{
    birds: [
      {
            name:'robin',
            color:'red'
      },
      {
            name:'gull',
            color: 'white'
      }
      ]
}
    Template:
<ul>
    {{#each birds}}
            <li>A {{name}} is {{color}}</li>
    {{/each}}
</ul>
```

이것은 Handlebars에 대해 살짝 수박 겉핥기 식이다. 그러나 이러한 단순한 구문들이 여러분을 훨씬 빛나게 할 것이다. hanlebarsja.com에서 모든 관련 문서들을 확인할 수 있다.

클래스에 기반한 뷰

뷰 API는 대부분 생성자를 제외하고 render, hide, show 세 종류의 메소드가 있다. render는 제공된 모델에 기반한 뷰를 렌더한다. hide와 show는 따로 설명하지 않아도 알 것이다.

뷰 클래스를 위해 생성자로 시작할 것이다. 이 경우(Listing C.2) 생성자는 데이터 객체가 아니라 설정(Configuration) 객체를 취한다.

❄LISTING C.2 뷰

```
function View(config) {

        this.template = config.template || null;

        // 셀렉터는 템플릿이 렌더할 DOM 노드를 의미한다.
        this.container = config.container || 'body';

        this.events = config.events || {};

        this.model = config.model || null;

        this._listeners = {};

        this._eventsBound = false;

        if(config.init) {
                this.init = config.init;
                this.init();
        }
}
```

다음 2가지는 매우 중요하다.

- 뷰는 일반적으로 뷰와 관련된 모델을 가진다.
- 인스턴스를 생성하는 'init' 메소드를 정의하는 것은 옵션이다.

또한 config 안에 'events'도 옵션이다. 뷰가 생성되고 소멸될 때, 그리고 엘리먼트가 렌더들 사이에서 변경될 때, 각각의 렌더에 이벤트를 추가하는 것은 그야말로 부담스러울 수 있다. 이렇게 이벤트 위임(delegation)을 사용하면 성능이 매우 훌륭하게 향상될 수 있다.

```
{
    '.submit' : {
        click: function(e) {
            // click 이벤트 처리
        }
    },

    'input.foo' : {
        change: function(e) {
            // change 이벤트 처리
        },

        click: function(e) {
            // click 이벤트 처리
        }
    }
}
```

다음으로 render 메소드를 정의한다. 기본 클래스 안에서 단순하게 컴파일된 템플릿을 호출하고 컨테이너에 삽입한다.

```
View.prototype.render = function() {
```

```javascript
        var tmplData = {}, container;

if(this.model) {
        tmplData = this.model.toJSON();
}

if (typeof this.template === 'function') {
        container = this.getContainer();
        container.innerHTML = this.template(tmplData);
        this.containerNode = container;
}


// address bar를 숨김
window.scrollTo(0,1);


};
```

getContainer 메소드는 셀렉터를 기반으로 실제 노드를 리턴한다. 또한 생성자 내에서 특정한 이벤트를 바인드한다. 이것은 어디에서 이벤트 위임을 사용할 수 있을지를 말해준다. 일반적으로 이벤트는 어태칭(Attaching) 리스너로 각 엘리먼트들을 처리한다. 이것은 이벤트 리스너가 CPI와 메모리 관점에서 매우 비용이 많이 들어간다는 것을 나타낸다. 따라서, 리스너가 적을수록 장점이 크다. 뷰 코드(Listing C.3)는 가능한 최소한의 이벤트 리스너를 시도한 것이다. 반면 이벤트 핸들링은 등록된 리스너로 위임한다.

❖LISTING C.3 뷰

```javascript
View.prototype.getContainer = function() {

        var c, type, selector, thisObj, that = this, len;

        c = document.querySelector(this.container);
```

```javascript
// 이벤트가 이미 바인드되었으면, 노드를 리턴
if(this._eventsBound) {
        return c;
}

// 이벤트에 대한 루프, 리스너 배열에 내용 추가
for(selector in this.events) {

        if (this.events.hasOwnProperty(selector)) {

                thisObj = this.events[selector];

                for(type in thisObj) {
                        if(!thisObj.hasOwnProperty(type)) {
                                continue;
                        }
                        if(this._listeners[type]) {
                                this._listeners[type].push(
                                    {
                                            handler: thisObj[type],
                                            selector: selector
                                    }
                                );
                        } else {
                                this._listeners[type] = [];
                                this._listeners[type].push(
                                    {
                                            handler: thisObj[type],
                                            selector: selector
                                    }
                                );
                        }
                }
        }
}
```

```javascript
// 실제 이벤트 리스너를 바인드
for(type in this._listeners) {
        c.addEventListener(type, function(e){
                var type = e.type, i;
                len = that._listeners[type].length;

                for (i=0; i < len; i++) {
                        // 셀렉터들을 테스트해서 매치가 되면,
                        // 이벤트를 위임
                        if(testSelector(e.target, that._listeners[type]
                            [i].selector)){
                                that._listeners[type][i].handler.
                                    call(that, e);
                        }
                }

        }, true);

    }

    this._eventsBound = true;
    return c;

}
```

이벤트 리스너를 바인드할 때, 셀렉터가 매치되는지 확인해 이벤트 타깃을 테스트하는 통상적인 콜백을 사용한다. 그리고 이벤트를 위임한다. 테스트는 testSelector 함수에서 이루어지는데, 이 함수는 래퍼함수로 셀렉터 API인 matchesSelector를 호출한다. 셀렉터 API는 최근 생긴 표준이기 때문에, 메소드는 각 브라우저마다 접두어가 붙는다. 규격이 결정되면 메소드는 아마도 단순하게 matches로 불려질 것이다.

속도를 향상하기 위해 알맞은 접두어를 구분하는 익명의 함수를 사용할 것이다. 그리고 실제 함수를 생성해서 나중에 동일한 함수를 호출하면 특성을 확인하지 않아도 된다.

실제 특성을 확인하는 것은 각 접두어가 붙은 함수들이 노드에 존재하는지를 체크하여 진행한다.

```javascript
var testSelector = (function() {

        var prefixList, len, i, testFunc, bd;
        prefixList = ['webkit', 'moz', 'ms', 'o'];
        len = prefixList.length;
        bd = document.body;

        for (i=0; i < len; i++) {
                if (bd[prefixList[i] + 'MatchesSelector']) {
                        testFunc = prefixList[i] + 'MatchesSelector';
                        break;
                }
        }

        return function(node, selector) {
                return node[testFunc](selector);
        }

})();
```

또한 라우터(Listing 5.9)를 재사용할 것이고 앞선 장의 bird_data를 재사용할 것이다. AJAX는 'Part 05 AJAX를 이용한 터치 효과 향상'의 단순한 AJAX 컴포넌트를 사용할 것이다. 이제 프레임워크는 인터페이스를 구성할 준비가 되었다. 디자인 목업(mock-up)들은 많은 그레이언트, 그림자, 삽입할 텍스트를 보여준다. 네트워크 대역폭을 고려해서 우리는 이 모든 것을 CSS로 만들 것이다. 그래서 결국 사용자는 새의 사진만 다운로드하면 된다.

템플릿

이 앱은 Handlesbars 템플릿에 대한 의존도가 높다. 그러나 메인 인터페이스는 페이지들 간에 변경되지 않는다. 이렇게 변경되지 않기 위해서 우리는 그냥 HTML(Listing C.4)을 사용할 것이다.

❋LISTING C.4 퀴즈 템플릿

```
<body>
    <div class="main">
        <header class="hd">
            <div class="logo">
                <h2 class="logotype l1"><a href="index.html">Bird</a></h2>
                <h2 class="logotype l2"><a href="index.html">Quiz</a></h2>
            </div>
            <div class="score">
                <span class="label">Birds seen:</span>
                <span class="count" id="total">0</span>
                <span class="label">Identified:</span>
                <span class="count" id="score">0</span>
            </div>
        </header>

        <div id="home">
            <div class="loading spinner"></div>
        </div>
        <div id="quiz">
            <div class="loading spinner"></div>
         </div>
    </div>
</body>
```

'home'과 'quiz' 엘리먼트들은 뷰들을 잡고 있는데, 우선은 그것을 무시할 것이다. 이 설계는 그림자(Shadow)를 가지는 고정된 헤더, 회색(Gray) 백그라운드와 지속적인 점수를 필요로 한다. 우리는 안정적인 방법으로 스타일들을 연결하기 위해 단순한 클래스들을 포함할 것이다.

```css
html {
        background-color: #929292;
        font-family: Helmet, Freesans, sans-serif;
        color: #393939;
}


.hd {

        height: 25px;
        background: #d4d2d3; /* Old browsers */
        background: -moz-linear-gradient(top, #d4d2d3 0%, #bcb9b9 100%);
        background: -webkit-linear-gradient(top, #d4d2d3 0%,#bcb9b9 100%);
        background: -o-linear-gradient(top, #d4d2d3 0%,#bcb9b9 100%);
        background: -ms-linear-gradient(top, #d4d2d3 0%,#bcb9b9 100%);
        background: linear-gradient(to bottom, #d4d2d3 0%,#bcb9b9 100%);
        box-shadow: 0px 0px 5px #000;
        position: fixed;
        top: 0;
        left: 0;
        width: 100%;
}


.spinner {
        width: 16px;
        height: 16px;
        // 스피너 애니메이션은 데이터로 URI를 포함하고, 파일 크기는 직다.
        // 공간을 확보하기 위해 URI를 모두 표기하지 않았고, 전체 URI는 웹사이트에 있다.
        background: url('data:image/gif;base64,...');
}


.loading {
        margin: 50px auto;
        width: 16px;
}
```

```css
.main {

        height: 1200px;
}


.logo {
        padding: 3px;
}


.logotype {
        text-transform: uppercase;
        line-height: .9em;
        text-shadow: 0px 1px #dfdddd;
        font-weight: bold;
        font-size: 11px;
}


.logotype.l2 {
        color: #cb2027;
}


.logotype a {
        text-decoration: none;
        color: inherit;
}


.score {
        position: absolute;
        text-align: right;
        top: 6px;
        right: 5px;
        width: auto;
        font-size: 13px;
        font-weight: bold;
        text-shadow: 0px 1px #dfdddd;
```

```
}

.score .count {
        color: #cb2027;
}
```

"card" 엘리먼트는 클라이언트에서 렌더될 것이다. 요청을 절약하기 위해서 우리는 스크립트 블록 안에 있는 페이지에 템플릿을 포함할 것이다. 브라우저는 알려지지 않은 타입을 가지는 〈script〉 엘리먼트는 무시한다. x/handlebars 타입은 Handlebars가 추천하는 타입이지만 불필요하다.

첫 번째 'card'는 홈페이지다.

```
<script type="x/handlebars" id="t-home" charset="utf-8">
    <div class="card">
      <div class="info">
          <h2>{{headline}}</h2>
          {{^total}}
          <p>You don't have any scores saved</p>
          {{/total}}
          {{#if total}}
          <p>Current Score: {{^score}}0{{/score}}{{score}}/{{total}}</p>
          {{/if}}
      </div>
      <div class="cta">
          <button id="go" class="button">Take the quiz!</button>
          <button id="reset" class="button">Reset Score!</button>
      </div>
    </div>
</script>
```

스타일들은 스타일시트 안으로 들어간다(Listing C.6).

❖LISTING C.6 Card 스타일

```css
.card {
        width: 300px;
        margin: 30px auto 0 auto;
        background: #ddd;
        border-radius: 10px;
        border-bottom: 1px solid #333;
        border-top: 1px solid #fff;
        box-shadow: 3px 3px 5px #555;
}

.card img {
        width: 100%;
}

.card h2 {
        margin-bottom: 0px;
        text-shadow: 0px 1px #fff;
}

.right {
        color: green;
}

.info {
        padding: 15px;
}

.cta {
        padding-top: 10px;
        text-align: center;
}
```

그림 C.4는 렌더되었을 때 갤럭시 S3에서 어떻게 인터페이스가 나타나는지를 보여준다.

퀴즈 환영 페이지, 문제 페이지, 그리고 정답 페이지는 모두 템플릿을 공유하고, 무엇을 보여줄지 결정하기 위한 조건들이 존재한다.

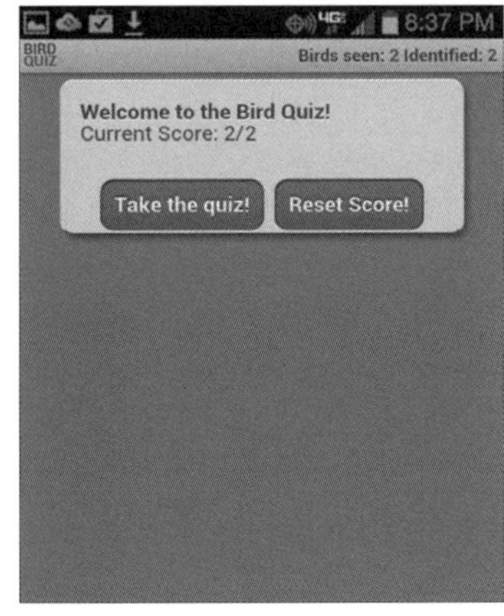

[그림 C.4] 갤럭시 S3에 렌더된 홈페이지

```
<div class="card">
    {{^question}}
    <div class="info">
        <p>이것은 선택형 퀴즈입니다</p>
        <p>그림을 보고 어떤 새인지 맞혀보세요</p>
    </div>
    {{/question}}
    <div class="cta">
        {{#question}}
            {{#image}}
            <a href="//www.flickr.com/photos/{{owner}}/{{id}}">
                <img src="{{url_m}}">
            </a>
            {{/image}}
            <ul class="answers{{#if answered}} answered{{/if}}">
            {{#each wrong}}
                <li class=
                "answer{{#if right}} right{{/if}}{{#if wrong}}
                wrong{{/if}}">
```

```
                    <input id="{{id}}" type="radio"
                        name="bird" value="{{id}}">
                    <label for="{{id}}">
                        {{name}} <span class="la">({{latin}})</
                        span>
                    </label>
                </li>
            {{/each}}
            </ul>
        {{/question}}
        {{#if question}}
            {{#if question.answered}}
        <button class="button next" class="button">Next</button>
            {{else}}
        <button class="hidden button submit"
          class="button">Submit</button>
            {{/if}}
        {{else}}
            <button class="button next" class="button">Get
                Started!</button>
        {{/if}}

        </div>
    </div>
```

서사는 이선 스타일들을 기반으로 이 인터페이스를 만들었다.

```
.cta {
    padding-top: 10px;
    text-align: center;
}
```

```css
.answers {
        list-style: none;
        text-align: left;
        padding: 5px;
}

.answer {
        position: relative;
}

.answer input{
        position: absolute;
        top: 0;
        left: 0;
        opacity: 1;
}

.answered .answer input {
        display: none;
}

.answers .right {
        color: green;
        font-weight: bold;
}

.answers .wrong {
        text-decoration: line-through;
}

.answer {
        padding-left: 20px;
        margin-bottom: 10px;
```

```css
}

.answered .answer {
      padding-left: 0;
}


.la {
      font-size: 10px;
      font-style: italic;
}


.button {
      font-size: 16px;
      padding: 10px;
      font-weight: bold;
      font-size: 16px;
      border: 0;
      text-shadow: 0 -1px 0px #000;
      color: #fff;
      border-radius: 10px;
      box-shadow: inset 0px 1px 3px #000, 0px 1px 2px #fff;

      background: #ff3019;
      background: -moz-linear-gradient(top, #ff3019 0%, #cf0404 100%);
      background: -webkit-linear-gradient(top, #ff3019 0%,#cf0404
          100%);
      background: -o-linear-gradient(top, #ff3019 0%,#cf0404 100%);
      background: -ms-linear-gradient(top, #ff3019 0%,#cf0404 100%);
      background: linear-gradient(to bottom, #ff3019 0%,#cf0404 100%);
      opacity: 1;
}


.button.hidden {
```

```css
        opacity: 0;
}
```

앱 확장

이제 우리는 앱 안에 이 모든 것을 연결할 준비가 되었다. 라우트(Route)를 처리하기 위해 정의된 함수들이 존재하고, 각 함수들은 적절한 뷰들을 생성한다. 우리는 함수를 통해 사용자들이 딥 링크(Deep link)를 방문할 수 있도록 하고, 불필요한 코드는 실행되지 않도록 할 것이다.

먼저 템플릿을 컴파일하고 라우트를 설정한다(Listing C.7).

❖LISTING C.7 앱 코드

```javascript
var d = document;

var homeTemplate = Handlebars.compile(d.getElementById('t-home').innerHTML);
var quizTemplate = Handlebars.compile(d.getElementById('t-quiz').innerHTML);

router.addRoute(/\/index\.html/, homePage, homePage);
router.addRoute(/\/quiz\.html/, quizPage, quizPage);
```

우리가 만들 첫 번째 모델은 사용자의 게임 스코어를 저장하고, localStorage를 이용해 방문하는 사이트마다 스코어를 관리해 줄 스코어보드다. 이것은 영구적이지는 않다. 사용자가 브라우저 저장소를 시우면 최고 스코어도 지워진다.

```javascript
var scoreBoard = new Model({
        headline: 'Welcome to the Bird Quiz!'
});

scoreBoard.load = function(){

        var score = parseInt(localStorage.getItem('score'), 10);
```

```javascript
    var total = parseInt(localStorage.getItem('total'), 10);

    if(score){
        this.set('score', score);
    }

    if(total) {
        this.set('total', total);
    }

    this.fire('load');

};
```

우리는 또한 스코어를 증가시키고, 리셋하고 localStorage에 저장하는 방법이 필요하다.

```javascript
// localStotage 내 values들을 리셋
scoreBoard.reset = function() {

    this.setData({
        score: null,
        total: null
    });

    localStorage.removeItem('score');
    localStorage.removeItem('total');
}

// 마이너스 증가이면, 오답으로 처리
scoreBoard.incScore = function(inc) {
    var score = this.get('score');
    var total = this.get('total');
```

```javascript
        if(!score) {
                score = 0;
        }

        if(!total) {
                total = 0;
        }

        total += Math.abs(inc);
        score += inc;

        if(score < 0) {
                score = 0;
        }
        this.setData({
                score: score,
                total: total
        });

        this.save();

}


scoreBoard.save = function(){
        var score = this.get('score');
        var total = this.get('total');
        localStorage.setItem('score', score);
        localStorage.setItem('total', total);
}


scoreBoard.load();
```

'load'를 바로 호출하는 이유는 그렇게 하지 않으면 사용자는 스코어가 로딩되기 전까지 앱을 사용할 수 없기 때문이다. 다음은 퀴즈 모델이다. 퀴즈 모델은 서버로부터 새들의 리스트를 패치해야 하고, 랜덤 퀴즈를 만들어야 하고, 질문을 보여주기 위한 이미지도 패치해야 한다. 우리는 새들 리스트를 리턴하는 birds.jason이라는 단순한 API를 만들 것이다. 이 리스트 안에 있는 각 엘리먼트들은 새의 이름, 새의 라틴 이름, 새의 고유 식별 ID, 3개의 키 값을 가지고 있다.

```
{
     "latin":" Dendrocygna autumnalis",
     "name":"Black-bellied Whistling-Duck",
     "id":"b-505e9428cef44"
}
```

load 메소드는 단순하다. 일단 새들 리스트를 캐시하지는 않는다.

```
var quizModel = new Model({
     headline: 'Quiz',
     birds: []
});


quizModel.scoreBoard = scoreBoard;


quizModel.load = function() {
     ajax.makeRequest('birds.json', function(xhr){
          var data = JSON.parse(xhr.responseText);
          this.set('birds', data);
          this.fire('load');
     }, this);
}
```

퀴즈 모델은 scoreBoard 인스턴스를 참조하여 스코어를 업데이트할 수 있다. 다음으로 필요한 함수는 리스트에서 랜덤으로 새를 얻어오는 함수다. 이 값은 말할 필요도 없이 읽기 전용이다.

```javascript
quizModel.getRandomBird = function() {
    var birds = this.get('birds'),
        len = birds.length,
        index = Math.floor(Math.random() * len);


    // 이것은 객체의 복제본이다.
    // 따라서 다음 질문 시에는 수정 사항이 반영되지 않는다.
    function Bird(){};
    Bird.prototype = birds[index];
    return new Bird();
};
```

각 질문은 랜덤이다. 각 답변 순서와 오답도 랜덤으로 구성되어 있다. 'question' 속성은 현재 질문에 대한 정보를 항상 가지고 있다.

```javascript
quizModel.setUpQuestion = function() {

    var that, thisBird, list, wrong1, wrong2;

    that = this;
    thisBird = this.getRandomBird();
    wrong1 = this.getRandomBird();
    wrong2 = this.getRandomBird();

    // 두 오답이 다른지 확인한다.
    while (wrong1.id === wrong2.id) {
        wrong2 = this.getRandomBird();
    }


    var list = [wrong1, wrong2, thisBird];
```

```javascript
        list.sort(function(){
                // array.sort 비교기를 가지고 있다.
                // 리턴 값이 양수이면 아무 일도 일어나지 않은 것이고,
                // 리턴 값이 음수이면 스위치된 것을 말한다.

                // 이것은 배열이 랜덤하게 구성된 것을 말한다.
                // Math.random은 0~1 사이의 값이지만, 0 또는 1로 반올림했다.
                // Math.random is a value between 0 and one, but rounded
                    it is
                // 0.5를 빼면, 그 결과는 0.5 또는 -0.5가 된다.
                return (Math.round(Math.random())-0.5);
        });
        birdData.fetchPhotos(thisBird.latin, function(photo){

                that.set('question', {
                        image: photo[Math.round(Math.random() * photo.
                            length)],
                        name: thisBird.name,
                        latin: thisBird.latin,
                        id: thisBird.id,
                        wrong : list
                });
        });
};
```

마지막으로 사용자의 이름을 확인하는 메소드가 필요하다. 또한 우리는 이 메소드를 스코어를 업데이트하는 데도 사용할 것이다.

```javascript
quizModel.checkAnswer = function(id) {

    var score = this.scoreBoard.get('score');
    if(id === this.get('question').id) {
        this.scoreBoard.incScore(1);
```

```
                return true;
        }else {
                this.scoreBoard.incScore(-1);
        }


        return false;
};


quizModel.load();
```

load 이벤트는 바로 발생한다. 따라서 사용자가 홈페이지를 보거나 퀴즈 환영 페이지를 보는 동안 백그라운드로 질문 데이터를 로딩할 수 있다.

첫 번째 뷰로 top bar를 표현하도록 만들 것이다.

```
// 스코어보드는 모든 페이지에서 보인다.
var scoreBoardView = new View({
        model: scoreBoard,
        container: 'header.hd',
        init: function() {
                var that = this;
                this.model.on('change', function(){
                        that.render();
                });
        }
});
```

init 메소드에서 모델의 변경 이벤트를 감지할 수 있다. 그래서 언제든지 모델의 변화를 뷰가 렌더할 수 있다. 그러나 top bar는 단순하다. 실질적으로 렌더링 템플릿은 다소 부담스러운 부분이 있어서 기본 렌더 메소드를 오버라이드할 것이다. 왜냐하면 스코어보드는 항상 현재 스코어를 보여줘야 하므로 바로바로 렌더해야 하기 때문이다.

```javascript
scoreBoardView.render = function() {
    // 이벤트를 바인드한다.
    var c = this.getContainer();

    var score = this.model.get('score');
    var total = this.model.get('total');

    var scoreEl = document.getElementById('score');
    var totalEl = document.getElementById('total')

    scoreEl.innerHTML = score ? score : 0;
    totalEl.innerHTML = total ? total : 0;

}
scoreBoardView.render();
```

퀴즈와 홈페이지 뷰는 다시 인스턴스를 할당하지 않도록 우리가 라우트를 할당한 함수안에
래핑되어 있다.

```javascript
function homePage(path){

    if(quizView) {
        quizView.hide();
    }

    if(homeView) {
        homeView.show();
        return;
    }
```

홈 뷰는 모델이 변경되면서 렌더될 것이다. 그러나 템플릿을 사용하므로 기본 클래스 렌더 메
소드는 문제가 없다.

```javascript
homeView = new View({

        template: homeTemplate,

        container: '#home',
        model: scoreBoard,

        events: {
                '#go' : {
                        click: function(e) {
                                e.preventDefault();
                                router.handleRoute('/quiz.html');
                        }
                },

                '#reset' : {
                        click: function(e) {
                                e.preventDefault();
                                this.model.reset();
                        }
                }
        },

        init: function() {

                var that = this;

                this.model.on('change', function(){
                        that.render();
                });

        }

});
```

〈Go〉 버튼을 누르는 것은 라우터를 대신하고, 〈reset〉 버튼은 모델의 reset 메소드를 호출한다. quizPage 함수는 동일하지만 quiz 뷰는 좀 복잡하다. 〈Submit〉 버튼을 클릭하면 답의 유효성을 체크해야 하기 때문이다. 또한 change 이벤트를 받는 리스너는 답을 선택하자마자 〈Submit〉 버튼을 보여주어야 한다:

```
quizView = new View({
      emplate: quizTemplate,

      container: '#quiz',

      model: quizModel,

      events: {
            '.submit' : {

                  click: function(e) {
                        var answer, answers, question, list, i, len;

                        question = this.model.get('question');

                        // <radio> 버튼 중에서 어떤 것이 체크되어 있는지 확인한다.
                        answers = document.querySelectorAll('.answer
                            input');
                        for (i=0, len = answers.length; i < len; i++) {

                              if(answers[i].checked) {
                                    answer = answers[i];
                              }

                        }

                        list = question.wrong;
```

```javascript
                // 정답과 사용자가 선택한 답을 구분하기 위해 모델을 업데이트한다.
                if(this.model.checkAnswer(answer.value)) {

                        question.rightAnswer = true;
                        for (var i=0, len = list.length; i <
                            len; i++) {
                                if(list[i].id == answer.
                                value) {
                                list[i].right = true;
                        }
                }

        } else{

                question.wrongAnswer = true;

                for (var i=0, len = list.length; i < len;
                    i++) {
                        if(list[i].id == answer.value) {
                                list[i].wrong = true;
                        }
                        if(list[i].id == question.id) {
                                list[i].right = true;
                        }
                }
        }

        question.answered = true;

        this.render();

}
```

```javascript
        },

        '.next' : {
            click: function(e) {
                this.containerNode.innerHTML =
                        '<div class="loading spinner"></div>';
                this.model.setUpQuestion();
            }

        },

        '.answers input' : {
            change: function(e) {
                var b = this.containerNode.querySelector('.
                    button');
                b.className = b.className.replace('hidden', '');
                // 뷰 안에 엘리먼트들을 스크롤하여 사용자가 클릭할 수 있도록 한다.
                b.scrollIntoView(false);
            }
        }
    },

init: function() {

    var that = this;

    this.model.on('change', function(){
                that.render();
        });

    }

});
```

일단 우리가 코드를 통합해서 축소하고 페이지 하단에 추가하고 나면, 앱은 실행할 준비가 된 것이다(그림 C.5). 처음에는 이런 방식이 지나치게 복잡해 보일 수 있다. 그러나 작업하다 보면 헐거운 결합과 client-side 템플릿의 장점을 알게 될 것이다. 수정하기 더 쉽고, 단순한 작업들을 구현하기 위한 코드의 양이 더 줄어들 것이다. 그 예로 스코어보드는 어디에서나 바로 반영된다. 새로운 기능들을 적은 코드로 만들 수 있고, 적은 코드는 앱의 성능이 더 빨라질 수 있다는 것을 의미한다.

[그림 C.5] 안드로이드 4.0.4에서 렌더된 정답 페이지

그러나 앱을 실행했을 때 기대했던 만큼 '매끄럽게' 동작하지 않는다고 느낄 수도 있다. 탭들이 즉각적으로 핸들링되지 않는 것처럼 보일 수도 있고, 페이지 로딩이 조금 느리게 느껴질 수도 있다. 이것은 코드에 원인이 있는 것이 아니라 브라우저 이벤트의 문제다. 좀더 빠르게 느낄 수 있도록 만드는 방법에 대해서는 Part 06에서 이미 설명했다.

이 부록에서는 단순한 client-side '단일 페이지' 앱을 위해 MVC 프레임워크를 만드는 방법에 대해 설명했다. 이것은 매우 유용한 지식이 될 것이다. 그러나 실제 프로젝트를 개발할 때는 여러분 소유의 프레임워크를 만들면 안 된다. 가장 훌륭한 오픈 소스 MVC 프레임워크 중 하나를 사용해야 한다. '부록 B'에는 MVC 프레임워크 종류 중 일부가 설명되어 있다. 애플리케이션을 구조화하는 다른 방법들도 있지만, 가장 유익한 애플리케이션은 이런 접근 방식으로 잘 동작해야 하고 프레임워크들을 쉽게 의지할 수 있어야 한다.

이 부록에서 프레임워크를 사용해 일반적인 퀴즈 애플리케이션을 만들었다. 주어진 질문과 정답 리스트를 가진 질문 카드가 자동으로 생성된다.

1. 사용자들은 각 질문을 직접 넘기면서 자신들이 쓴 답을 확인할 수 있지만, 답을 바꾸지는 못한다.
2. 사용자가 퀴즈를 다시 풀 수 있도록 허용하고, 이전 스코어는 저장한다.
3. 홈페이지에는 최고 스코어와 최근 스코어를 보여준다.